★ 国家出版基金资助项目
★ 湖北省学术著作出版专项资金资助项目

**高等教育与社会发展论丛**
董泽芳◇主编

# 困境与突破：
## 一流大学个性化人才培养模式研究

王晓辉 著

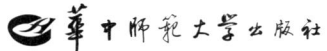
华中师范大学出版社

新出图证（鄂）字 10 号

**图书在版编目（CIP）数据**

困境与突破：一流大学个性化人才培养模式研究/王晓辉著． —武汉：华中师范大学出版社，2018.12
（高等教育与社会发展论丛/董泽芳主编）
ISBN 978-7-5622-8387-4

Ⅰ．①困… Ⅱ．①王… Ⅲ．①高等教育— 人才培养—培养模式—研究—中国 Ⅳ．①G649.2

中国版本图书馆 CIP 数据核字（2018）第 230339 号

困境与突破：一流大学个性化人才培养模式研究
ⓒ 王晓辉　著

| | |
|---|---|
| 责任编辑：石亚培　冯会平 | 责任校对：罗　艺 |
| 封面设计：罗明波 | |
| 编辑室：学术出版中心 | |
| 出版发行：华中师范大学出版社 | 电话：027－67863220/7792 |
| 电话：027－67863426（发行部） | 社址：湖北省武汉市洪山区珞喻路 152 号 |
| 传真：027－67863291 | 027－67861321（邮购） |
| 网址：http://press.ccnu.edu.cn | 邮编：430079 |
| 印刷：湖北恒泰印务有限公司 | 电子信箱：press@mail.ccnu.edu.cn |
| 开本：710mm×1000mm　1/16 | 督印：王兴平 |
| 版次：2018 年 12 月第 1 版 | 字数：279 千字 |
| 印张：18.75 | 印次：2018 年 12 月第 1 次印刷 |
| | 定价：65.00 元 |

欢迎上网查询、购书

敬告读者：欢迎举报盗版，请打举报电话 027－67861321

# 总　　序

　　高等教育是社会大系统中的一个极其重要的子系统，它与经济、政治、文化等子系统之间有着相互依存的关系。高等教育作为培养高层次专门人才的社会活动，与人的发展更有着极为密切的联系。同时，高等教育自身又是一个多层次、多类型、多主体的系统，不仅大学之间，大学内部各组织之间，领导、教师与学生之间关系错综复杂，而且与社会的方方面面都有着千丝万缕的联系。随着时代的发展，多层次的高等教育与多元化的社会之间形成了越来越密切的互动关系。现代社会，高等教育的存在和发展越来越离不开政府和社会在人力、物力、财力，以及政策、环境等方面的支持与促进；社会的发展也越来越离不开高等教育及其研究的引领与推动。美国经济学家弗里德曼用经济学"核心—边缘"理论研究二战后的经济社会现象与教育特别是与高等教育的关系时，发现在知识成为经济社会赖以存在和发展的基本资源与生产要素后，高等教育逐渐从游离于社会之外的"象牙塔"进入社会的边缘区，并渐次成为推动经济社会发展的"中心"要素，从而提出了著名的高等教育"从边缘走向中心"的发展趋势理论。从二战后高等教育对许多国家发展的实际影响来看，高等教育已成为促进国家科技振兴、经济发展、政治民主、文化繁荣的必要条件；从高等教育对社会个体的影响来看，高等教育不仅是提高个人素质、开发个人潜能的重要基础，更是促进社会流动、实现人生价值的主要途径。的确，高等教育对社会及个人的影响力从来没有像今天这样巨大，社会变革对高等教育的影响也从来没有像今天这样深刻。

　　然而，随着现代科技的发展和工业化进程的加速，科学文化及其内含的经济价值和工具价值得以彰显，高等教育发展中理性主义与功利主义的冲突日趋激烈。同时，高等教育大众化的进程加快及其与政府、市场、大学三者关系日益复杂，加之财政困难，高等教育商业化、官僚化、技术至上和教育质量下降等问题凸显，高等教育发展的现状和社会的期望之间的鸿沟逐渐加深，高等教育与社会发展之间的冲突也不断加剧。著名的高等教育学家约翰·S.布鲁贝克在其《高等教育哲学》一书中，专门从冲突论的视角，论述了高等教育发展中认知论与政治论、自治与控制、学术自由与社会责任、精英教育与大众教育、普通教育与专才教育五方面的冲突，还就传统的高等教育与现代的高等教育、学术研究与社会现实道德、大学与教会等方面的冲突展开了论述。联合国教科文组织前总干事费德里克·马约尔在1995年发布的联合国教科文组织关于"高等教育的变革与发展的政策性文件"中更明确指出，"全世界几乎所有国家的高等教育都处于危机之中"。

在我国，随着社会现代化进程的加快，人们已愈来愈清楚地认识到，高等教育与社会的良性互动和协调发展不仅是政治稳定、科技振兴、经济发展、文化繁荣、人民幸福的必要前提，而且是保障高等教育健康发展、高效运行的基本条件。然而，现实的高等教育与社会互动机制仍不够健全，高等教育与社会发展不协调的现象也普遍存在。尤其是在社会大转型的今天，新旧体制、新旧观念与新旧因素的对立与摩擦，以及由此产生的社会失序、混乱与震荡，不仅使高等教育与社会的互动日趋复杂，也使高等教育与社会的协调发展严重受阻。有关高等教育与社会发展的关系的研究也面临着一系列值得研究的新问题。

从宏观的层次讲：一是社会结构转型与高等教育制度的调适问题。社会转型主要包括政治结构、经济结构、文化结构等在内的社会结构的整体性变迁过程。社会转型必然引起与原有社会结构相配套的规则与程序不同程度的失效，而新社会结构要素的生长亟待制度创新来促进和保障。高等教育制度如何调适与创新，如何形成与各种新的社会结构要素协调发展的关系，如何实现高等教育自身健康发展与着眼于学科发展、促进社会全面协调发展的双重目标等问题，必须通过高等教育社会学的研究才能作出科学的回答。二是高等教育与社会关系的变化及高等教育的社会功能重构。社会结构的全面转型必然对高等教育产生巨大的影响，并使高等教育与社会的关系出现一系列新变化。如市场经济的发展打破了高等教育自我封闭的格局，加强了高等教育对市场的关注；民主政治的推进提升了高等教育的自主地位，弱化了高等教育对政府的依赖；对外开放格局的形成拓展了教育者的视野，加强了高等教育同世界的联系，等等。在这种情况下，如何重新认识高等教育的社会价值，如何重构高等教育的各种社会功能，如教育对市场经济的适应、支持与矫正功能，对政治的维护、监督与批评功能，对国外文化的选择、吸收与融合功能，等等，也是高等教育社会学研究的重要任务。三是高等教育与社会冲突的加剧及高等教育的整合机制。社会全方位的变革使高等教育赖以生存的基础发生了变化，高等教育本身也进入了一个剧变时期，旧的运行机制正在被打破，新的运行机制尚未被建立，高等教育与社会的冲突大量存在。如社会经济发展对高等教育的人才需求结构与高等教育的人才培养、输出结构的冲突，高等教育发展对投入的需求与社会经济承受力的冲突，高等教育对理性精神的追求与社会现实的功利取向的冲突，高等教育的价值观念取向与社会文化观念更新的冲突，等等。诚然，高等教育社会冲突的出现并不必然产生消极的后果。如果通过高等教育社会学的研究能够形成比较健全的教育与社会的整合机制，高等教育与社会之间的冲突就会向积极的方面转化。

从中观的层次讲，主要是社会转型带来的各种社会分化引发了一系列新的高等教育社会问题。如区域分化与高等教育发展的失衡问题，阶层分化与弱势群体子女的高等教育问题。急剧的社会转型使原有社会阶层结构产生了前所未有的大分化，进而导致利益的大分化，这必然会在不同利益主体间产生广泛的矛盾和冲突。由此引发了地区之间高等教育差距扩大、高等教育资源配置不合理、高等教育机会不均等等新的高等教育社会问题。

从微观的层次看，主要有社会行为无序与大学行为失范问题，高等教育时空拓展与高校师生关系变化问题，大学校内、校外环境变化与大学教师角色冲突问题，商业的价值原则渗透与大学生的功利行为问题，等等。这些现实的问题，都是令人感到困惑的新的教育问题、社会问题，迫切需要高等教育社会学的探讨与解决。

在这种情况下，高等教育社会学理应顺应时代的要求，调整研究的视角，真正树立起高等教育与社会一体化协调发展的观念，加强对高等教育与社会互动机制的研究，努力探寻高等教育与社会协调发展的规律，促进我国高等教育的健康发展和社会的全面进步。本丛书的出版目的正在于促进这一研究。

本丛书在编写上突出了下列特点：一是研究立场的本土性与研究内容的时代性。从中国近代高等教育的发展过程看，过去高等教育学的研究在一定程度上存在着过于依赖西方教育理论和教育观念的问题，相关研究缺乏本土意识。本丛书强调立足中国国情来解决中国高等教育实践中的问题。在研究内容上，牢牢把握当下中国社会大转型这一时代背景，直面因新旧体制、新旧观念及新旧因素的对立与冲突所产生的社会失序、混乱及震荡给高等教育发展带来的冲击与挑战，紧紧围绕"高等教育与社会和谐发展"这一核心主题，提出了摆脱困境、战胜危机所要解决的一系列重要问题，并通过实实在在的研究，给出了明确回答。本丛书提出的这些问题，都是"高等教育与社会和谐发展的中国问题"，或者说是"中国的高等教育与社会和谐发展问题"。而丛书作者通过研究作出的回答，可视为有助于解决问题的一些"中国答案"。

二是研究视域的广泛性与研究视角的多层性。高等教育与社会发展都是多层次、多类型、多主体的系统，探讨二者的关系应该有广阔的视域和多层的视角。在研究的视域上，本丛书既着力审视整个社会的结构与文化、体制与机制同整个高等教育之间的关系，也努力探明区域分化、地方传统文化同地方高等教育之间的关系，并用力探究具体高校中的职业性别政治、权力关系及角色冲突等问题。在研究的视角上，本丛书立足于高等教育学，比较倚重于社会学，但并不局限于社会学，而是根据研究的具体问题及主要目的，将研究的视角延展至经济学、文化学、人类学、教育学等学科。开阔的学术视野与多样的研究视角，使得丛书内容格外丰富多彩。

三是研究方法的多元性与研究手段的实证性。本丛书遵循了理论研究与实证研究相结合、立足国情与合理借鉴相结合、问题分析与对策探讨相结合等原则，注重多种方法的综合运用。尤为强调运用实证分析的手段，将研究结论建立在翔实的资料基础之上，力图更多地用客观事实说话，用实际材料说话。如制度政策的文本分析、形式多样的问卷调查、扎根实地的田野研究、已有统计数据的二次分析等，在本丛书中都有合理运用，从而为发现高等教育与社会协调发展中存在的问题、揭示成因、寻觅对策提供了必要依据。通过开展实证研究，本丛书改变和克服了老套社会科学研究"从概念到概念"、"从理论到理论"、"从问题到问题"的不良倾向，增强了理论研究的"问题导向"与策略研究的"有的放矢"。

本丛书得以出版，既要感谢华中师范大学出版社新老领导的精心策划与大力支持，也要感谢编辑部主任和各位编辑的认真审读与细致编校，更要感谢顾明远先生与吴康宁先生的充分肯定与郑重推荐。

本丛书的作者主要是高等教育与社会发展研究方向的博士和博士后，丛书多是在他们的博士学位论文的基础上修改而成，虽然研究宗旨与写作要求一致，但每本书的主题思想与写作风格各异。作为丛书主编，我希望本丛书的出版能够为促进我国高等教育与社会协调发展起到一定的作用，也希望高等教育与社会发展的议题能受到学界更多的关注。由于作者的水平以及对高等教育与社会协调发展规律的认识有限，本丛书必有诸多不足之处，诚望诸位学者、读者不吝赐教。

董泽芳<br>
2017 年 6 月 6 日

# 前　言

通过培养创新人才实施创新战略是知识经济时代世界各国的共识。一流大学是培养创新人才的重要基地，一流大学的本科教育在培养创新人才中处于基础性地位。要提高一流大学本科教育质量，必须对一流大学本科人才培养模式进行改革和创新。近年来，我国社会对一流大学人才培养质量的批评和质疑越来越多，钱学森曾意味深长地指出，"为什么我们的学校总是培养不出杰出人才？一个重要原因是没有一所大学能够按照培养科学技术发明创造人才的模式去办学"。无疑，"钱学森之问"是对我国大学人才培养质量的重磅发问，是我国一流大学必须直面和反思的重要问题。

当前，国家的"双一流"战略正在深入推进，一流的人才培养是一流大学的重要标志，也是一流大学建设的应有之义。在国务院印发的《统筹推进世界一流大学和一流学科建设总体方案》中，将"培养拔尖创新人才"作为核心建设任务之一，其具体的建设内容为："突出人才培养的核心地位，大力推进个性化培养，全面提升学生的综合素质、国际视野、科学精神和创业意识、创造能力等。"随后，在教育部、财政部、国家发展改革委制定的《统筹推进世界一流大学和一流学科建设实施办法（暂行）》中，也明确指出人才培养是一流大学遴选的重要条件，要"在拔尖创新人才培养模式、协同育人机制、创新创业教育方面成果显著；资源配置、政策导向体现人才培养的核心地位；有高质量的本科生教育和研究生教育；人才培养质量得到社会高度认可"。

教育只有通过促进个性的充分发展才能真正推动社会发展。创新人才培养模式，实施个性化教育已成为国内一流大学改革发展的共识，同时，国家也陆续出台了推动大学人才培养模式改革的系列政策，在此背景下，我国许多一流大学对构建个性化人才培养模式进行了积极探索，并取得了一定成效，然而，探索中也暴露出诸多问题，这些问题反映了我国一流大学深化个性化人才培养模式改革面临着理论上和实践上的双重困境。因此，及时开展一流大学个性化人才培养模式研究，提出具有针对性和可操作性的突破困境之策，其重要意义是不言而喻的。本研究将沿着文献梳理—理论建构—比较研究—现状分析—对策探讨—总结展望的思路展开，包括导论、理论探讨、比较研究、现状分析、问题与原因剖析、对策思考、结语等七个部分。

　　导论部分，阐述了本研究的背景和意义，呈现了文献综述和研究起点，介绍了研究视角和研究方法，阐明了研究思路和研究框架。通过文献梳理，本书认为应该从四个方面加强个性化人才培养模式研究，一是强化研究的人本意识；二是加强综合研究；三是重视理论建构；四是注重理论分析和实证研究的紧密结合。因此，本书加强了个性化人才培养模式的理论研究，采用比较的视角和综合的视角，运用多种研究方法，尤其是注重运用社会学的调查方法，以期准确把握目前我国一流大学个性化人才培养模式改革的现状。

　　理论探讨部分，首先对一流大学、个性与个性化、人才培养模式、个性化人才培养模式等核心概念进行了界定。本书认为个性化人才培养模式就是培养主体为了实现特定的人才培养目标，在一定的教育理念指导和一定的培养制度保障下设计的，由若干要素构成的注重提升培养对象独特性、主体性、创造性与和谐性过程的理论模型与操作式样。大学个性化人才培养模式由人才培养理念、专业设置模式、课程设置方式、教学制度体系、教学组织形式、教学管理模式、隐性课程形式、教学评价方式等八大要素构成。然后阐释了研究的主要理论基础，即多元智能理论、个性发展理论和高等教育分流理论。最后分析了我国一流大学构建个性化人才培养模式的重要意义，即提高高等教育质量实现人才强国的重要途径、提升人才培养质量推进大学发展的核心环节、践行以人为本促进学生个性发展的关键举措。

　　比较研究部分，精选了国外八所一流大学，从个性化人才培养模式的八个构成要素出发，分析了这些一流大学人才培养模式的主要特点，总结了他们个性化人才培养模式的共同创新经验，即重视更新人才培养理念，强调创造个性培养；积极改进专业设置模式，强化独特个性发展；不断优化课程设置方式，促进个性自由发展；注重改革教学制度体系，着眼个性全面发展；大力创新教学组织形式，助推主体个性提升；深入改革教学管理模式，适应个性发展要求；重视培育隐性课程形式，促进和谐个性发展；注重完善教学评价方式，引导个性全面发展。

现状分析部分，选择了我国中部地区四所一流大学的个性化人才培养模式进行调查研究。首先介绍了调查目的与意义、调查对象与方法，然后对调查结果进行了分析，分别总结了四种个性化人才培养模式的基本情况和主要特点，并对其中两种模式的问卷调查结果进行了数据分析。问题与原因剖析部分，基于调查结果的分析，认为我国一流大学个性化人才培养模式的问题是：人才培养理念功能弱化、专业设置模式有待完善、课程设置方式不够合理、教学制度体系亟待健全、教学组织形式面临革新、教学管理模式刚性过强、隐性课程建设重视不够、教学评价方式亟待改革。问题形成的原因主要有三个方面：传统文化的影响、基础教育的制约、高等教育的积弊。

对策思考部分，主要分为两个层面，一是国家加强人才培养宏观调控，即发挥高等教育文化功能，让一流大学积极引领文化创新；调整高等教育价值取向，更加重视促进大学生个性发展；做好人才培养顶层设计，引导一流大学构建个性化模式；改革高等教育管理体制，促进一流大学形成个性化模式。二是一流大学推进个性化人才培养模式改革，即凝炼人才培养理念，突出大学生个性培养；完善专业设置模式，适应大学生独特个性；优化课程设置方式，着眼大学生个性发展；健全教学制度体系，促进大学生个性发展；革新教学组织形式，提升大学生主体个性；创新教学管理模式，服务大学生个性发展；加强隐性课程建设，培养大学生和谐个性；改革教学评价方式，关注大学生创造个性。

结语部分，总结了研究得出的主要结论，分析了研究可能的创新之处，指出了研究存在的不足，并对进一步的研究作了展望。

人才培养模式的改革创新在我国高等教育的理论研究和实践活动中

是一个历久弥新的主题,在建设一流大学和推进个性化教育的时代背景下,开展一流大学个性化人才培养模式研究,显得尤为必要和迫切,本书只是做了一些初步的探索,相信未来会有更多更好的研究成果出现。

  本书的出版得到了华中师范大学出版社周挥辉社长、严定友副总编和冯会平主任的关心指导,石亚培编辑为本书的编辑出版付出了辛勤劳动,在此一并致以诚挚的谢意。

  限于作者学识和研究水平,书中一定存在诸多缺陷和不足,恳请各位专家同仁和广大读者批评指正。

王晓辉

2018 年 7 月

# 目 录

第一章 导 论 ················································································ 1
　第一节 研究背景与研究意义 ························································ 2
　　一、研究背景 ········································································· 2
　　二、研究意义 ······································································· 10
　第二节 文献综述与研究起点 ······················································ 12
　　一、文献综述 ······································································· 12
　　二、研究起点 ······································································· 29
　第三节 研究视角与研究方法 ······················································ 34
　　一、研究视角 ······································································· 34
　　二、研究方法 ······································································· 35
　第四节 研究思路与研究框架 ······················································ 36
　　一、研究思路 ······································································· 36
　　二、研究框架 ······································································· 37

第二章 一流大学个性化人才培养模式构建的理论探讨 ····················· 39
　第一节 核心概念界定 ······························································· 39
　　一、一流大学 ······································································· 39
　　二、个性与个性化 ································································· 40
　　三、人才培养模式 ································································· 43
　　四、个性化人才培养模式 ························································ 49
　第二节 主要理论基础 ······························································· 54
　　一、多元智能理论 ································································· 54
　　二、个性发展理论 ································································· 58

三、高等教育分流理论 …………………………………………… 61
第三节 我国一流大学构建个性化人才培养模式的重要意义 ……… 66
　一、一流大学构建个性化人才培养模式是培养创新人才的重要途径
　　 ……………………………………………………………………… 66
　二、一流大学构建个性化人才培养模式是提高教育质量的核心环节
　　 ……………………………………………………………………… 67
　三、一流大学构建个性化人才培养模式是发展学生个性的关键举措
　　 ……………………………………………………………………… 68

## 第三章 国外一流大学个性化人才培养模式的特点及共同创新经验
　………………………………………………………………………… 70

第一节 国外一流大学个性化人才培养模式的主要特点 ……… 71
　一、哈佛大学本科人才培养模式的主要特点 ………………… 71
　二、普林斯顿大学本科人才培养模式的主要特点 …………… 78
　三、斯坦福大学本科人才培养模式的主要特点 ……………… 85
　四、牛津大学本科人才培养模式的主要特点 ………………… 90
　五、剑桥大学本科人才培养模式的主要特点 ………………… 97
　六、慕尼黑工业大学本科人才培养模式的主要特点 ………… 101
　七、巴黎高等师范学校本科人才培养模式的主要特点 ……… 104
　八、东京大学本科人才培养模式的主要特点 ………………… 107
第二节 国外一流大学个性化人才培养模式的共同创新经验 … 115
　一、重视更新人才培养理念，强调创造个性培养 …………… 116
　二、积极改进专业设置模式，强化独特个性发展 …………… 116
　三、不断优化课程设置方式，促进个性自由发展 …………… 117
　四、注重改革教学制度体系，着眼个性全面发展 …………… 118
　五、大力创新教学组织形式，助推主体个性提升 …………… 118
　六、深入改革教学管理模式，适应个性发展要求 …………… 118
　七、重视培育隐性课程形式，促进和谐个性发展 …………… 119
　八、注重完善教学评价方式，引导个性全面发展 …………… 119

## 第四章 我国一流大学个性化人才培养模式的调查分析 … 121
第一节 调查目的与意义 ……………………………………… 121

一、调查的目的 …………………………………………………… 121
　　二、调查的意义 …………………………………………………… 122
　第二节　调查对象与方法 …………………………………………… 123
　　一、调查的对象 …………………………………………………… 123
　　二、调查的方法 …………………………………………………… 123
　第三节　调查结果与分析 …………………………………………… 127
　　一、模式一："张之洞实验班"的调查结果与分析 ……………… 128
　　二、模式二："弘毅学堂"的调查结果与分析 …………………… 158
　　三、模式三："博雅计划"的调查结果与分析 …………………… 186
　　四、模式四："楚才学院"的调查结果与分析 …………………… 192

第五章　我国一流大学个性化人才培养模式的问题及原因剖析 …… 198
　第一节　我国一流大学个性化人才培养模式存在的问题 ………… 198
　　一、人才培养理念功能弱化 ……………………………………… 198
　　二、专业设置模式有待完善 ……………………………………… 201
　　三、课程设置方式不够合理 ……………………………………… 206
　　四、教学制度体系亟待健全 ……………………………………… 212
　　五、教学组织形式面临革新 ……………………………………… 219
　　六、教学管理模式刚性过强 ……………………………………… 221
　　七、隐性课程建设重视不够 ……………………………………… 225
　　八、教学评价方式亟待改革 ……………………………………… 226
　第二节　我国一流大学个性化人才培养模式存在的问题及原因 … 230
　　一、传统文化的影响 ……………………………………………… 231
　　二、基础教育的制约 ……………………………………………… 232
　　三、高等教育的积弊 ……………………………………………… 235

第六章　我国一流大学个性化人才培养模式改革的对策思考 ……… 241
　第一节　国家加强人才培养宏观调控 ……………………………… 241
　　一、发挥高等教育文化功能，让一流大学积极引领文化创新 … 241
　　二、调整高等教育价值取向，更加重视促进大学生个性发展 … 244
　　三、做好人才培养顶层设计，引导一流大学构建个性化模式 … 245
　　四、改革高等教育管理体制，促进一流大学形成个性化模式 … 246

第二节 一流大学推进个性化人才培养模式改革 ………… 247
　一、凝炼人才培养理念，突出大学生个性培养 ………… 247
　二、完善专业设置模式，适应大学生独特个性 ………… 248
　三、优化课程设置方式，着眼大学生个性发展 ………… 250
　四、健全教学制度体系，促进大学生个性发展 ………… 251
　五、革新教学组织形式，提升大学生主体个性 ………… 253
　六、创新教学管理模式，服务大学生个性发展 ………… 254
　七、加强隐性课程建设，培养大学生和谐个性 ………… 256
　八、改革教学评价方式，关注大学生创造个性 ………… 257
结　　语 …………………………………………………… 259
参考文献 …………………………………………………… 264
附　　录 …………………………………………………… 277
后　　记 …………………………………………………… 283

# 第一章　导　论

在人类社会发展进程中，人才是国家繁荣昌盛、社会文明进步、人民富裕幸福的重要推动力量。当今世界正处于深刻的发展、变革、调整期，世界多极化、经济全球化深入发展，科技进步日新月异，知识经济方兴未艾，人才资源成为各国的第一资源，人才战略是在激烈的国际竞争中赢得主动的第一战略。培养人才是大学的基本职能。能否培养担当一定历史使命的高质量的人才，是决定大学兴衰成败的关键因素。回眸现代大学发展史，展现给我们的是一幅千帆竞发、百舸争流的蔚为壮观的历史画卷，在世界一流大学之林，既有历经近千年沧桑、积淀浓厚历史底蕴的中世纪大学，又有以其独特的理念和运作模式而快速崛起的新兴大学，大学的荣辱兴衰和得失成败，固然受到传统、政治、经济、文化等诸多外部因素的影响，然而，只有培养高质量的人才，才是大学永葆生机活力的法宝。在我国建设创新型国家及实施"双一流"战略的历史背景下，培养大批拔尖创新人才和数以千万计的高素质专门人才既是时代赋予高等教育的神圣使命，也是高等教育实现内涵发展、推动世界一流大学建设的关键途径。一流大学是国家创新体系的重要组成部分，一流大学本科教育在创新人才培养中处于极其重要的基础性地位，它一方面担负着直接培养创新人才的重任，另一方面要为更高层次的研究生教育输送高质量的生源。面对国家对创新人才培养发出的强烈呼唤，我国一流大学传统的、强调刚性划一的本科生培养模式已越来越不能适应创新人才培养的要求。因而，近年来国家陆续出台了多项改革政策推动本科人才培养模式创新，许多一流大学积极探索构建个性化人才培养模式，并取得了一定成效。因此，适时从理论层面对我国一流大学本科个性化人才培养模式的构建进行研究，有利于及时了解现状，总结现有的成功经验，深入分析存在的问题及原因，并为今后改革的方向提供路径指引。

## 第一节 研究背景与研究意义

任何一种研究都处于一定的时代背景中，不可避免地受到所处时代背景的影响，反映时代的特征与面貌。在人类社会的发展愈来愈依赖于智力资源的推动之时，一流大学培养创新人才的职能日益受到世界各国的重视，持续进行本科教育改革和构建个性化人才培养模式成为我国高等教育改革发展的重要趋势。

### 一、研究背景

1. 国际背景

综观当今世界各国，为了在激烈的国际竞争中赢得主动、占得先机，纷纷将培养创新人才及改革本科教育提升到国家战略高度。

（1）大力吸引和培养创新人才成为世界各国的共识。知识经济和全球化的蓬勃发展，使知识、信息、科技成为经济发展和国家实力提升的主要驱动力，而知识、信息、科技的生产者——创新人才，在全球化的大潮中，自然成为各国培养和争夺的对象。实际上，当今世界各国之间的竞争已经演变成为高端人才的竞争，衡量世界各国的综合实力和国际竞争力的重要指标之一就是创新型人才的质和量。为此，大力培养和吸引创新人才，实施创新战略已经成为许多国家的重大战略，许多国家出台了专门的研究报告和政策措施来培养和争夺创新人才。

美国为了在日益激烈的国际竞争中占据主动地位，愈加重视创新人才的培养。早在1989年美国就出台了《2061计划》研究报告，针对本国教育相对落后于科学技术发展，并且严重制约创新人才培养的问题，提出要从根本上改变教育体制，加快创新人才培养，造就新一代高素质国民。进入21世纪以来，美国连续出台、修订了《美国竞争力法案》、《加强自然科学、技术、工程学及数学教育法案》等一系列有关国家未来科技人才发展规划的重要法案及政策，整体反映出美国政府的人才战略和强烈的忧患意识，其主要举措有：一是政府通过制定移民政策吸引急需的高端人才;二是政府通过设立各种基金、援助计划奖励使用高端人才;三是持续加大对各国留美学生的吸引力度;四是大力发展猎头产业,将猎头产业提升到执行和落实国家人才战略的高度。2010年美国国家科学委员会发布了《培养未来科学、技术、工程和数学(STEM)领域的杰出创新人才》的研究报告,并对科技领域杰出创新人才的培养模式进行改革,改革的动因源于美国社会各界认为,在科学、技术、工程、数学等科技领域杰出创新人才的培养现状不容乐观,难以满足社会对杰出人才的需求。报告建议,美国今后除了继续用优厚的工作环境和薪资待遇吸引世界各国的创新人才来美国工作以外,更重要的是,在高等教育国际化和全球人才争夺日益激烈的背景下,美国需要加大力度甄别、选拔和培养本国的科技创新人才。报告认为,美国年轻人已经逐渐失去了学习自然科学类基础学科和工程学科的兴趣,大量的这类学位颁给了外国留学生,因此,美国需要培养本国的一流人才,保持在科技领域的竞争力[1]。同在北美的加拿大,在人才培养和争夺上也不甘落后,1999年加拿大政府拨出巨资设立"首席科学家计划"(Canada Research Chair,CRC),每年投资3亿加元资助该国大学面向全球招聘2000名高层次人才。此外,还通过加大对创新基金会、自然科学和工程研究基金会等国家级基金的财政支持力度,调整签证政策等措施进一步增强吸引优秀人才的竞争力。

欧盟为了整合内部高等教育资源和打通教育体制,破解影响创新人才培养的主要障碍,在1999年正式实施"博洛尼亚进程",欧盟高等教育一体化正式启动。"博洛尼亚进程"通过打通欧洲国家的高等教育体制,建立统一的学分制度,实现学分、学历和学位的相互承认,促进教师、学生的自由流动,以达到充分利用各国的教育资源,增强欧洲高等教育竞争力的目的。2004年欧盟委员会创立了"伊拉斯谟世界计划",该计划成为"博洛尼亚进程"中促进学生流动的主要实施项目,该计划不但为欧盟内的学生提供游学的项目和资金支持,还为欧盟以外的优秀

---

[1] 万东升,张红霞.杰出创新人才的培养:美国最新动态[J].外国教育研究,2012(2):68-74.

学生和学者提供到欧洲游学或访学的机会以及资金支持。值得一提的是，该计划第二期（2009—2013年）的预算达到9.3亿欧元，并大力加强了同中国、印度、巴西等新兴国家的合作。该计划也成为国际上最为成功和最有影响力的高等教育国际合作交流项目。在2008年欧盟还成立了欧洲创新技术研究院，旨在进一步加强教育、科研的有效整合，促进学研产的结合，构建培养创新型人才的有效平台。2009年，欧盟又设立了以引进高层次人才为目的的"蓝卡计划"，对欧盟以外的高层次人才的入境、居住和就业等提供优惠和便利。以上项目的实施，为欧洲吸引和培养创新型人才起到了至关重要的作用[1]。

（2）通过改革本科人才培养模式培养创新人才成为国际高等教育发展的热点。作为汇聚和培养创新人才的主阵地，高等教育的改革发展日益受到世界各国尤其是西方发达国家的重视。研究型大学是高等教育系统中培养创新人才的主要力量，其本科教育在创新人才培养中处于基础性地位，没有一流的本科生教育，就没有一流的研究生教育。但长期以来研究型大学所出现的重科研轻教学、重研究生教育轻本科生培养的倾向一度使研究型大学本科教育质量出现严重下滑，这种现象日益饱受社会诟病和有识之士的批评。近年来，发达国家逐步提高了对本科生教育的重视程度，不断创新本科人才培养模式，大力提高本科教育质量。

早在上世纪80年代，美国高等教育界就不断发表关于本科生教育质量的研究报告，如1984年的《投身学习：发挥美国高等教育的潜力》和1987年的《学院：美国本科生教育的经验》，这两份报告对当时美国的本科教育质量提出了批评和预警，如后者把美国本科生教育喻为"一所被割裂的房子"。报告引起了美国高校尤其是研究型大学的关注，并引发了研究型大学本科生教育的改革与重建。在1995年，由卡内基教学促进基金会资助并成立了研究型大学本科生教育全国委员会（后更名为博耶研究型大学本科生教育委员会），该委员会在1998年发布了题为《重建本科生教育：美国研究型大学发展蓝图》的报告（通称"博耶报告"），报告提出了10条改革和创新本科生培养模式的建议，如建立以

---

[1] 柯常青. 欧盟创新人才培养政策举措[J]. 中国人才, 2012（2）：51-52.

"研究为本"的学习标准;建立以探索为本的新生年;消除跨学科教育的障碍;把交流与沟通技能和课程学习结合起来等。"博耶报告"发表后,对当时美国研究型大学的本科生教育改革和培养模式创新产生了很大影响,一些研究型大学还将其作为本科教育改革的指导性文件①。进入21世纪,在以上研究报告的建议及推动下,美国许多研究型大学在各自办学理念及本校校情的基础上,纷纷对本科生培养模式进行了改革创新,形成了个性化和多元化的人才培养模式。虽然各校的培养模式改革不尽相同,但却具有一些共同的趋势,如在人才培养理念上更强调通才教育和创新精神的培养,注重建立以研究为基础的教学制度体系,调整课程体系强调知识的广度和基础性并开设大量跨学科课程等。

英国高校本科人才培养模式近年来也进行了持续不断的变革,20世纪90年代开始了立足"能力教育",实施"基于行动的学习"的变革。变革的指导思想和教育理念就是要对英国高校传统的以传授知识和培养智力为主的教育思想进行修正。为此,在本科人才培养模式上,提出要开展自主性、探究性学习,进一步提高交叉学科课程的比例,在教学中更加凸显学生的主体地位,并加大导师的指导力度,训练和提高批判性思辨能力。培养学生自主思考、自主选择和自我负责的能力,提高社会适应能力和团队工作等综合能力②。当前,英国正在实施新一轮的高等教育改革,这次改革更加突出了学生利益至上的理念,通过实施教学卓越框架(Teaching Excellence Framework,TEF),旨在构建一种教学与科研平等地位的文化,在教学质量评估上主要以学生的满意度、学业保留率、升学率和雇主对毕业生的评价为指标,将评估结果与经费激励挂钩,扩大学生的选择面和提高学习方式的个性化程度,以此促进高等教育市场的充分竞争,为学生提供更加高质量的高等教育③。

---

① 刘宝存. 美国研究型大学本科生教育重建:进展·问题·走向 [J]. 外国教育研究,2006(6):8-14.

② 张彦通. 英国高等教育"能力教育宣言"与"基于行动的学习"模式 [J]. 比较教育研究,2000(1):11-16.

③ 崔军,将迪尼,顾露雯. 英国高等教育改革新动向:市场竞争、学生选择和机构优化 [J]. 外国教育研究,2018(1):20-32.

在日本，其本科教育改革更多是因国家战略的变化，20世纪90年代提出"科学技术创新立国"战略，为实现新战略，日本政府将教育当作根本动力，从而引发了高等教育变革。在《关于教育改革的第四次咨询报告》中，日本提出教育改革要铲除教育根深蒂固的弊病——划一性、封闭性、僵硬性，确立重视个性的原则，从根本上重新认识教育的目的、内容、方法、制度等。为了促进创新型人才的培养，日本的东京大学、京都大学等顶尖大学纷纷开始本科教育个性化改革，如自由选择专业、开设大量选修课和实行小班研讨教学，积极构建个性化人才培养模式。近年来，日本通过实施"国立大学法人化"和《国立大学改革计划》等重要改革政策，更加重视提升国立大学的国际竞争力和促进创新人才的培养[①]。

2. 国内背景

在我国，改革开放后随着经济社会的高速发展，大学扩招使高等教育规模迅速扩大，高等教育毛入学率迅速提高，我国快步跨入了高等教育大众化阶段。与此同时，一方面我国传统的专业化培养模式难以满足经济社会发展对人才需求的变化，高等教育大众化中的精英教育和创新人才培养受到影响；另一方面，如何进一步改革和完善高校个性化人才培养模式，成为新的课题。

（1）提高本科教育质量促进创新人才培养是时代发展的迫切要求。从1999年开始实行大规模扩招至今，我国高校无论是在学校数量、招生规模、校均规模以及高等教育毛入学率等方面都有了大幅度的提高，一定程度上适应了经济社会发展的需求，满足了广大人民群众接受高等教育的愿望。但是，随着高等教育大众化的快速推进，高等教育的规模、结构、质量间的矛盾日益突出，高等教育未能完全满足和适应经济社会发展的要求，尤其是高等教育的质量问题愈来愈受到社会的关注，一些高校的办学偏离育人宗旨，本科教育未受到足够的重视，大学生的创新精神和实践能力亟待加强。我国高校传统的人才培养模式源于借鉴

---

① 施雨丹. 21世纪以来日本高等教育的改革与发展：访日本广岛大学高等教育研究开发中心主任丸山文裕[J]. 世界教育信息，2016（13）：3-8.

苏联的高等教育体系，学科专业设置强调专而精，培养规格整齐划一，犹如工业流水线，这样的培养模式满足了新中国成立后社会主义建设初期对各类专业技术人才的需求，为当时的经济建设、社会发展做出了贡献，在我国建设和发展的前期发挥了较好的作用。但随着改革开放和社会主义市场经济的建立，经济社会发展要求高等教育培养出个性鲜明、知识基础宽厚、视野开阔、自主学习能力和社会适应能力强的多样化、复合型人才，尤其是随着知识经济的推进，我国提出了建设创新型国家的目标，要求高校更加重视学生创新精神和实践能力的培养，在这样的时代背景下，我国许多高校仍在沿袭传统的专业化培养模式，培养出的学生知识和学科视野狭窄、综合素质不强、发展后劲不足、创新意识和能力欠缺，传统的强调刚性划一的本科人才培养模式已经不能适应经济社会的发展要求。

本科教育是高等教育的基础和主体。近年来，国家和社会对本科教育质量的关注正在不断加强，教育部也陆续出台了关于本科教育的多部政策文件，强调提高本科教育质量。如2001年《关于加强高等学校本科教学工作提高高等教育教学质量的若干意见》；2004年颁布了《关于进一步加强高等学校本科教学工作的若干意见》；2007年教育部和财政部联合实施的"六大举措，七大系统，九大目标，十组数字"的高等教育"质量工程建设"；2012年教育部启动实施《关于全面提高高等教育质量的若干意见》，以及"高等学校创新能力提升计划"，这是继"211工程"、"985工程"之后，我国大力提升高校创新能力、巩固本科教学的基础地位和人才培养的核心地位、促进拔尖创新人才培养、全面提高高等教育质量的重大决策；2015年国务院印发的《统筹推进世界一流大学和一流学科建设总体方案》以及2017年教育部、财政部、国家发展改革委制定的《统筹推进世界一流大学和一流学科建设实施办法（暂行）》等"双一流"建设的纲领性文件中，都对于高质量的本科生教育和一流人才的培养在一流大学建设中的重要地位做了突出强调。2018年6月，教育部在四川成都召开新时代全国高等学校本科教育工作会议。教育部部长陈宝生在会上指出，高教大计、本科为本，本科不牢、地动山摇。人才培养是大学的本质职能，本科教育是大学的根和本，在高等教育中是具有战略地位的教育，是纲举目张的教育。会议强调，要加快建设高水平本科教育，全面提高人才培养能力，造就堪当民族复兴大任的时代新人。

（2）构建个性化人才培养模式成为提高本科教育质量的重要途径。面对国家社会对提高本科教育质量培养创新人才的强烈呼唤，我国部分重点大学从上世纪90年代开始就已对构建个性化人才培养模式进行了积极的探索，其中以北京大学的"元培计划"和南京大学"匡亚明学院"较具有代表性。1999年，北京大学成立了"本科教学发展改革战略研究小组"，在对国内外本科教育现状进行考察之后，认为北大现行的本科人才培养模式与国外先进的人才培养模式相比存在较大差距，不利于学生的个性发展和创新人才的培养，该研究小组提出了本科教学的改革计划，决定在2001年成立"元培计划"实验班。"元培计划"的定位是：进行小范围和小规模的本科人才培养模式改革探索，加强个性化培养，力争造就一批知识基础宽厚和综合能力突出的本科毕业生，同时为研究生教育输送高质量、创新型、能够胜任交叉学科研究的生源，为他们在完成整个高等教育之后可能成为具有国际竞争力的领军人物奠定基础。其特色在于，低年级实行通识教育（以修读素质教育通选课和文理科平台课为主要手段），高年级实行宽口径的专业教育。"元培计划"的制度特色是：一定限度内的自由选择专业制、以自由选课为基础的学分制、导师制、弹性学制等。南京大学"匡亚明学院"成立于2006年，其前身是基础学科教育学院，由1989年成立的基础学科教学强化部发展而来。"匡亚明学院"的指导思想在于：建立和完善以通识教育与个性化专业培养相结合的人才培养模式；利用学校优势学科资源，依托重点学科培养优秀人才，学生前期按较为宽泛的学科群学习基础知识，后期在一级学科内分流；培养有国际视野的宽基础、高素质、创新型一流人才。"匡亚明学院"的具体培养模式是：按照大文科（文、史、哲）和大理科（数学、物理、化学、生物、地理、地质等）两大类设置课程计划，学生在一、二年级分别学习文科基础课和理科基础课，由"匡亚明学院"统一组织教学和管理；学生在三年级分流到专业学院，由各院系组织教学和管理①。

2007年，经国务院批准，教育部和财政部联合发布《关于实施高等学校本科教学质量与教学改革工程的意见》，该意见的主旨在于深化本科教学改革和提高本科教育质量，被誉为是"211工程"和"985工程"之后，我国在高等教育领域实施的又一项重要工程②。质量工程将"高校本科人才培养模式改革取得突破，学生的创新精神和实践能力显著增强"作为关键目标，通过"择优选择和重点资助500个左右人才培养模式创新实验区，推进高等学校进行人才培养模式的综合改革，以倡导启发式教学和研究性学习为核心，探索教学理念、课程体系、实践环节、管理机制的全方位创新"。为此，中央财政调拨专项资金支持质量工程建设，教育部和财政部联合成立了质量工程领导小组，协调有关的重要方针政策和具体规划。2009年，教育部又联合中组部、财政部启动实施"基础学科拔尖学生培养试验计划"，该计划旨在培养数学、物理、化学、生物、计算机等5个基础学科的拔尖人才，通过选择一批高水平研究型大学作为该计划的承担学校，支持这些项目承担学校的本科人才培养模式改革，构建个性化、特色化培养模式，形成基础学科优秀人才成长的专门通道。未来，教育部将会把该计划进一步升级为2.0版本，将在自然科学方面再增加8个学科专业，同时将涵盖哲学社会科学的文、史、哲、经济等学科，达到更宽广的学科覆盖面，参与该计划的大学也将再增加10~20所，实现拓围、增量、提质、创新③。自国家的"双一流"战略正式发布和启动以来，提高本科教育质量和改革本科人才培养模式成为"双一流"战略的重心之一。在"双一流"建设的总体方案和实施办法中，将"培养拔尖创新人才"作为核心建设任务和遴选一流大

---

① 熊思东，李均，王德峰，等. 通识教育与大学：中国的探索［M］. 北京：科学出版社，2010：110.

② 李斌. 我国高校"质量工程"达到预期目标［N］. 中国青年报，2010-07-10.

③ 教育部. "介绍加快建设高水平本科教育有关情况"新闻发布会［EB/OL］. ［2018-06-26］. http://www.moe.gov.cn/jyb_xwfb/xw_fbh/moe_2069/xwfbh_2018n/xwfb_20180622/201806/t20180621_340503.html.

学的重要条件，突出强调"大力推进个性化培养"，并在改革任务中将"加快推进人才培养模式改革"作为"实现关键环节突破"的重要目标和任务。在建设一流大学和一流本科教育的改革趋势之下，构建个性化人才培养模式并促进拔尖创新人才的培养正成为我国高等教育领域的一场重要改革浪潮。

## 二、研究意义

人才队伍靠教育事业培养，人才素质由培养模式决定。加强我国一流大学个性化人才培养模式的理论研究，为本科人才培养模式改革提供实践方略，具有重要的理论意义和实践价值。

1. 理论意义

第一，有利于丰富人才培养模式概念的内涵。我国人才培养模式研究起始于上世纪80年代，至今研究成果已较为丰富，但已有的研究对人才培养模式概念的界定要么回避，要么界定相对随意，使作为核心概念的人才培养模式的内涵与外延，一直处于众说纷纭、莫衷一是的状态。本研究通过对20余年人才培养模式研究的回顾，在全面总结人才培养模式概念界定的基础上，按照人才培养的有关规律和逻辑学的规则，通过界定模式、人才培养等基础概念来厘清人才培养模式的内涵与外延，并对人才培养模式、教育模式、教学模式、办学模式等相关概念进行了辨析。在澄明人才培养模式概念的基础上，进而对个性化人才培养模式进行界定。以上有关概念的界定、辨析，极大地弥补了以往研究的不足，丰富了人才培养模式及个性化人才培养模式等概念的内涵。

第二，有利于拓展个性化人才培养模式的理论体系。要构建本科教育个性化人才培养模式培养创新人才，既需要了解我国现阶段人才培养模式的优势与不足，又必须研究国际上创新人才成长的一般规律。通过引入多元智能理论、个性发展理论等作为理论基础，探索创新人才培养与个性化培养模式之间的关系，提出个性化人才培养模式的理论模型，分析个性化人才培养模式的特征，拓展我国一流大学个性化人才培养模式的理论体系。

第三，有利于深化对人才培养规律的认识。通过对个性化人才培养模式的研究，有助于强化研究中的人本意识，纠正一直以来人才培养模式研究中过于注重社会本位的倾向,把促进大学生的和谐发展做研究和实践的出发点,也就是在促进学生共性发展的基础上,更要重视个性化发展,要认识到教育只有促进人的个性化发展,才能真正推动社会的发展。人才培养模式创新要遵循个性化原则,要尊重学生的个性差异,重视学生发展的多样性,促进大学生和谐发展,这些都有利于深化我们对人才培养规律的认识。

2. 实践意义

第一,通过对我国一流大学个性化人才培养模式现状的研究,为政府制定和调整本科人才培养政策提供参考。培养模式是一个系统性概念,具有特殊的功能和运行规律。对其研究能使我们以系统论的观点把握其构成要素之间的关系,把握要素的组合及其功能之间的关系,便于政府从国家层面对人才培养模式进行顶层设计,进行整体性的和质的改革,不再局限于局部的改进。通过剖析我国一流大学个性化人才培养模式的问题,探寻其原因,有利于我国的教育行政管理部门能够及时、准确地把握时代发展对人才培养的性质和特点的要求以及我国一流大学人才培养模式的现状,促进逐步完善和落实人才培养的政策和措施,推进我国一流大学本科人才培养模式改革,提升人才培养质量。

第二,通过对国外一流大学个性化人才培养模式的比较研究,为我国一流大学构建个性化人才培养模式提供借鉴。国外一流大学之所以能培养出大量的杰出人才,与他们注重本科教育,重视本科人才培养模式的改革有密切的关系,而改革的目标就在于构建特色鲜明和行之有效的个性化人才培养模式。本研究将选择国外若干所注重本科教育的有代表性的世界一流大学,对其个性化人才培养模式进行分析,总结每一所大学个性化人才培养模式的特点,并概括提炼这些个性化人才培养模式的一般特征,在充分考虑我国国情的基础上,采取辨证吸收,洋为中用的原则,得出若干对我国一流大学构建和完善个性化人才培养模式具有借鉴意义的启示。

第三,通过对我国一流大学个性化人才培养模式的对策研究,为一流大学构建和完善个性化人才培养模式提供有针对性的建议。在理论探讨、比较借鉴、现状研究及问题分析的基础上,提出我国一流大学构建和完善个性化人才培养模式的有关对策。从而在宏观上推进整个国家的文化、体制和制度创新，推进高等教育价值取向的调整和管理体制的改革；促进我国一流大学人才培养理念的更新、深化对人才培养有关规律的认识，更加重视学生的个性发展，通过个性化人才培养模式的构建，从根本上突破我国当前本科人才培养模式僵硬划一的困局，优化人才成长的制度机制和文化环境，通过在培养理念、专业设置、课程体系、教学制度、教学管理以及隐性课程等方面开展积极和富有成效的探索，促进学生的全面、协调和可持续发展。

## 第二节　文献综述与研究起点

"人才培养模式"是从 20 世纪 90 年代中期开始在我国普遍使用的一个新概念，带有较浓厚的中国色彩，国外很少使用。本研究通过搜索中国期刊网、中国期刊网优秀博硕论文全文数据库、ProQuest 等中外文数据库，并查阅近年来出版的有关学术专著，从国外和国内两个方面进行综述和评析，力争全面收集和深度梳理有关此研究主题的重要信息，将有关学者的观点进行系统呈现、归纳和评述。

### 一、文献综述

1. 国外关于大学本科人才培养模式的研究

本科教育从中世纪大学伴随学位制度诞生以来，先后经过英国、德国和美国的发展，在与不同文化和社会发展水平的适应调整中，形成了今天各具特色的人才培养模式。本科人才培养一直是国外学者极为关注的研究课题，虽然国外很少使用"人才培养模式"这一概念，也缺乏对人才培养模式的系统研究，但从已出版的高等教育经典著作来看，许多研究从不同角度和层面涉及了人才培养模式。

从理论研究来看，国外有关研究主要从以下三个视角出发：

第一，哲学的视角。有关的研究从哲学及高等教育哲学角度对人才培养的思想与理念、教育目的等进行了探讨。按照有关文献问世的时间顺序梳理，在历史上，第一个对现代大学的目的、性质和秩序进行理念层次上探讨的或许是德国哲学家康德，在 1798 年出版的《学部冲突》中，他提出人的理性自由应当是大学存在的前提和发展动力，大学要培养的人就是理性化的人;《耶鲁学院1828年报告》从捍卫古典课程出发,强调"训练"和"装备"心灵的理性主义教育理念;纽曼《大学的理想》(1852)提出了经典自由教育哲学的大学理想,认为大学教育应为自由教育而设,应为知识本身而追求知识;唯布伦《学与商的博弈——论美国高等教育》(1918),从其理性主义大学观出发,强烈批评大学的功利化和世俗化,表达了对大学人文精神衰落的忧虑,强调大学出于真理和高深学问而进行科学探究,提出大学应该培养科学和学术人才;弗莱克斯纳《现代大学论》(1930),在批判性分析美、英、德大学的基础上,提出大学必须回应社会的理智需求,培养知识丰富和具有批判精神的人;赫钦斯《美国高等教育》(1936)从其永恒主义哲学观出发,极力主张训练理性是高等教育的唯一目的,强调古典名著课程在理性培养上的价值;奥尔特加·加塞特《大学的使命》(1946)提出大学应该进行文化传授、专业教学、科学研究和科学家培养;雅斯贝尔斯《大学的理念》(1946)、《什么是教育》(1977)从其存在主义哲学观出发,提出大学有四项任务,即科学研究、培养人才、精神交往和追求真理,他强调大学应该用思想来唤起学生的自我意识,大学应该培养精神贵族;布鲁贝克《高等教育哲学》(1978)围绕高深学问展开论述,提出认识论与政治论的高等教育哲学,认为现代意义上的高深学问不再是传统的狭窄深奥,而是由许多专门知识组成,主张高等教育用结构分化来化解精英教育与大众教育的矛盾;约翰·怀特《再论教育目的》(1982)从分析哲学的角度提出大学教育不应只是增进知识和发展能力,还应该帮助学生从道德伦理的角度形成一套完整的生活计划。

第二,历史的视角。爱弥尔·涂尔干《教育思想的演进》以教育为切入点,考察了长达十几个世纪的教育制度和观念史,对中世纪大学的起源、巴黎大学的诞生以及大学的教学制度、学位制度、组织制度等诸多方面进行了分析,并提出了三重修养(即语言修养、科学和历史修养、全面发展的人)的培养目标;查尔斯·霍默·哈斯金斯《大学的兴起》对中世纪大学的起源及教育活动进行了详实的历史考察,并详细描述了教授的教学和学生的学习活动;雅克·韦尔热的《中世纪大学》从中世纪大学的思想贡献和培养活动出发,考察了其社会建制基础和在精英教育上的功能与价值；克拉克·克尔《大学的功用》、《美国高等教育的伟大转型》、《美国高等教育的忧患时期》、《高等教育不能回避历史》等，从二战以后美国高等教育急速发展的宏观历史及自己的实践经历出发，提出了既普遍入学又促进优秀的高等教育模式，强调了高等教育在大众化进程中不能失去精英教育的理想和培养优秀人才的使命。

第三，比较的视角。伯顿·克拉克《高等教育新论——多学科的研究》从八个学科比较的视角，对高等教育系统的特殊组织与学科结构进行了分析，并对人才培养中的教学与科研平衡、专业组织模式的构建提出了自己的观点；弗兰斯·F. 范富格特《国际高等教育政策比较研究》，从教学科研政策、治理结构等方面对美国、英国、澳大利亚等国家的高等教育政策进行了比较研究；约翰·范德格拉夫《学术权力——七国高等教育管理体制比较》从学术权力的角度对美国、英国、德国等七国的管理体制进行了比较分析，将学术组织分为讲座—学部—大学—联合大学—州政府—中央政府等六级层次，对每一层次的招生方法与入学机会、课程与考试、研究决策、师资预算配置等进行了研究。

2. 国内关于大学本科人才培养模式的研究

在我国，自上世纪90年代以来，关于大学本科人才培养模式的研究逐渐成为高等教育研究的热点。经文献检索后发现，关于本科人才培养模式研究的期刊论文较多，而系统性的研究专著和博士学位论文较少，而且目前还没有出现与本选题相同的研究。但已有的相关研究为本论题提供了一定的研究基础。

与本研究有关的专著，经过搜集，有林金辉主编的《高素质创新人才培养模式研究》（2016）、侯爱荣、李涛所著的《地方综合性大学人才培养模式研究》（2016），张秋生、张力主编的《创新人才培养模式培养拔尖创新人才》（2015），杨立岗所著的《高素质创新人才培养模式研究》（2014），孙昊哲所著的《"世纪之问"的思索——大学生创新素质培养模式研究》（2013），张大良主编的《高等教育人才培养模式改革》（2012），陈洪玲等所著的《高校扩招后人才培养模式的理论与实践》（2011），魏所康所著的《培养模式论——学生创新精神培养与人才培养模式改革》（2004）以及程静主编的《高校人才培养模式多样化：诠释与应对》（2003）等。

与本研究有关的研究生学位论文，经检索相关数据库，博士学位论文为4篇，即史慧《高校创新人才培养模式研究》（2015）、陈浩《基于知识联盟的政产学协同人才培养模式与机制研究》（2015）、叶俊飞《南京大学"大理科人才培养模式"研究》（2014）、成中梅《学习型高校人才培养模式研究》（2008）。硕士学位论文相对较多，如王晓婷《我国高校本科创新人才培养模式研究》（2017）、谷晓瑞《高校综合改革背景下的创新型人才培养模式研究》（2017）、王艺蓉《高水平农业大学创新人才培养模式研究——以华南农业大学"丁颖创新班"为例》（2016）、仇婕《我国本科拔尖创新人才培养模式研究》（2015）、孙会明《我国高校创新人才培养模式改革现状调查研究》（2015）、张永雷《研究型大学拔尖创新人才培养模式研究——以兰州大学为例》（2011）、徐昕《拔尖创新人才本科阶段的培养模式探索——基于国内高水平大学实验班的研究》（2011）、邵丽《以人为本价值取向下的高等学校人才培养模式研究》（2011）、徐秀秀《我国高校精英人才培养模式个案研究》（2010）、赵秀玲《主体性教育思想与我国大学人才培养模式改革》（2010）、张崴《大学创新实验班培养模式研究——以大连理工大学为例》（2008）等。以上专著和学位论文对本研究具有一定的参考借鉴价值。

在中国期刊网上，"人才培养模式"这一概念最早见于文育林1983年的文章《改革人才培养模式，按学科设置专业》。从1990年以后，关于人才培养模式的文章开始逐渐增多。本研究以中国期刊网为检索工具，以"培养模式"为检索词，以篇名为检索项，以核心期刊为检索范围，检索时间跨度从1990年至2018年，共检索出5190条结果。按照本研究的范畴，经过对文献的进一步筛淘，结合有关著作梳理后发现，关于大学本科人才培养模式的研究呈现出下列特点：

（1）注重对本科人才培养模式概念内涵的界定

关于人才培养模式概念的界定甚多，以下仅列举较有代表性的十种观点。

第一是"人才培养结构"说。至于是何种结构，又有不同观点，有人认为"是学校为学生构建的知识、能力、素质结构，以及实现组合这种结构的方式"①；有人提出，"是教育各要素如课程、教学、评价等的结合，是一个动态的、强调运行过程的结构"②。

第二是"人才培养系统"说。该观点强调人才培养模式"是为实现人才培养目标而把与之有关的若干要素加以有机组合而成的一种相互联系、相互制约、相互作用的系统结构"③。相似观点如"对人才培养实践进行直接指导的大学人才培养系统模型、实施框架与操作样式"④。

第三是"人才培养方案"说。即"可以让人们照样子去实施的标准教育方案"⑤；或者"是可供教师和教学管理人员在教学活动中借以进行操作的既简约又完整的实施方案"⑥。

第四是"人才培养规范"说。即"指一定的教育机构或教育工作者群体普遍认同和遵从的关于人才培养活动的实践规范和操作样式"⑦。

第五是"培养活动样式"说。即认为人才培养模式是培养活动或教育教学活动的样式及其运行方式，至于是何种样式，则表述各异。有人认为是"教育教学活动的组织样式和运行方式"⑧；有人强调是"人才培养活动结构样式和运行机制"⑨；有人提出是"人才培养活动的结构框架

---

① 曾冬梅，黄国勋.人才培养模式改革的动因、层次与涵义 [J].高等工程教育研究，2003（1）：21-24.

② 刘献君，吴洪富.人才培养模式改革的内涵、制约与出路 [J].中国高等教育，2009（12）：10-13.

③ 李硕豪，阎月勤.高校培养模式刍议 [J].吉林教育科学·高教研究，2000（2）：43-44.

④ 聂建峰.关于大学人才培养模式几个关键问题的分析 [J].国家教育行政学院学报，2018（3）：23-28.

⑤ 刘金星，李萃茂.现代大学教育理念与全面发展人才培养模式的构建 [J].黑龙江高教研究，2006（11）：114-115.

⑥ 修朋月，张宝歌.新世纪高等院校人才培养模式研究与实践 [J].黑龙江高教研究，2003（4）：138-142.

⑦ 魏所康.培养模式论 [M].南京：东南大学出版社，2004：24.

⑧ 杨杏芳.论我国高等教育人才培养模式的多样化 [J].高等教育研究，1998（6）：69-72.

⑨ 陈洪玲，于丽芬.高校扩招后人才培养模式的理论与实践 [M].北京：北京师范大学出版社，2011：5.

和活动程序"①；还有人认为是"为实现培养目标所设计形成的某种标准构造样式和运行方式"②。

第六是"培养过程样式"说。强调人才培养模式是一种过程范畴，是"培养过程的某种标准构造样式和运行方式"③；或者是"培养过程中所采取的某种能够稳定培养学生掌握系统的知识、能力、素质的结构框架和运行组织方式"④。

第七是"培养过程总和"说。即"按照特定的培养目标和人才规格，以相对稳定的课程体系和良好的成长环境，实施人才培养的过程的总和"⑤。

第八是"培养要素组合"说。该观点提出人才培养模式是若干培养要素的组合及这种组合的运作形式。对于培养要素的构成，则有不同观点，有学者认为，"是培养目标、教育制度、培养方案、教学过程诸要素的组合"⑥；有学者提出是"包括培养目标、培养内容、培养方式和培养条件在内的人才培养诸要素"⑦。

第九是"教育运行机制"说。即"各级各类教育为实现培养目标而采取的组织形式及运行机制"⑧；或者"是教育教学和教育管理的组织形式及运行机制"⑨。

---

① 陈厚丰，谢再根. 论大学创造性人才培养模式的构建与实施 [J]. 江苏高教，1999（4）：43-46.

② 郑群. 关于人才培养模式的概念与构成 [J]. 河南师范大学学报（哲学社会科学版），2004（1）：187-188.

③ 龚怡祖. 略论大学培养模式 [J]. 高等教育研究，1998（1）：86-87.

④ 金佩华，楼程富. 研究型大学本科人才培养模式探索 [J]. 高等工程教育研究，2004（5）：34-36.

⑤ 汪明义. 关于加快教育理念和人才培养模式转变的探索 [J]. 中国高等教育，2011（8）：9-11.

⑥ 俞信. 对素质和人才培养模式的基本认识 [J]. 高等工程教育研究，1997（4）：9-11.

⑦ 钟秉林. 人才培养模式改革是高等学校内涵建设的核心 [J]. 高等教育研究，2013（11）：71-76.

⑧ 阴天榜，张建华. 论培养模式 [J]. 中国高教研究，1998（4）：46-47.

⑨ 徐兆仁. 新世纪文科人才培养模式探析 [J]. 中国高等教育，2006（17）：22-24.

第十是"教育管理规则"说。该观点认为学校为达到培养目标须采用一定的管理与教育方式,而"这种管理与教育方式所遵循的规则或格式,称之为人才培养模式"①。

(2) 关注对本科人才培养模式构成要素的解析

为了厘清高校人才培养模式的构成要素,有关学者对此也做了较多的探索,主要提出了以下观点:

三要素说:有人认为是"目的要素、内容要素、方法要素"②;有人提出是"培养目标、培养规格和培养方式"③;也有人强调是"培养目标、课程和教学"④。

四要素说:持这一观点的学者较多,但对于要素的构成,则众说纷纭。有人认为是"培养目标、培养规格、培养过程和教育评价"⑤;有人提出是"培养目标、培养过程、培养制度、培养评价"⑥;有人主张是"教育理念、培养过程、培养制度和质量评价"⑦;有人强调是"教育目的、教育内容、培养方式、培养评价"⑧;还有人认为是"教育观念、培养目标、培养规格、培养方式"⑨。

五要素说:有人认为是"教育思想与教学观念、培养目标、专业设

---

① 蒋太善,孟建新,刘洪波. 人才培养模式的研究与实践 [J]. 教育发展研究,2000(S1):38-39.

② 魏所康. 培养模式论 [M]. 南京:东南大学出版社,2004:26.

③ 周远清1998年在第一次全国普通高等学校教学工作会议上的讲话,转引自魏所康. 培养模式论 [M]. 南京:东南大学出版社,2004:22.

④ 马凤岐,王伟廉. 教学方法改革在人才培养模式改革中的地位 [J]. 中国大学教学,2009(3):11-13.

⑤ 阴天榜,张建华. 论培养模式 [J]. 中国高教研究,1998(4):46-47.

⑥ 郑群. 关于人才培养模式的概念与构成 [J]. 河南师范大学学报(哲学社会科学版),2004(1):187-188.

⑦ 刘智运. 创新人才的培养目标、培养模式和实施要点 [J]. 中国大学教学,2011(1):12-15.

⑧ 李振东. 关于新阶段我国本科教育人才培养模式的思考 [J]. 继续教育研究,2010(10):134-137.

⑨ 李波. 按培养模式重构地方高校课程体系 [J]. 教育研究,2011(8):59-63.

置、课程体系和培养方式"①;也有人提出是"培养目标、教学运行和组织机制、课程结构、专业设置、培养途径等"②。

六要素说:有人认为是"导向性要素培养目标、实质性要素课程体系、凭借性要素教学方法、组织性要素教学形式、调控与制约性要素教育教学的运行机制、补充性要素非教学培养途径等"③;有人提出是"教育思想、目标指向、教育和教学计划、内容和方式、教育和教学方法与手段、管理制度和运行机制"④;还有人认为是"教师教书育人能力、专业教学条件与设施、实践教学环节、校园文化、学生主体地位及学生培养质量评价考核制度"⑤。

七要素说:即认为是"专业设置模式、课程体系状态、知识发展方式、教学计划模式、教学组织形式、非教学或跨教学培养形式和淘汰模式等"⑥。

八要素说:即认为是"培养目标、选拔制度、专业结构、课程结构与学科设置、教学制度、教学模式、校园文化、日常教学管理"⑦。

(3) 重视对本科人才培养模式中问题的研究

通过归纳,学者们提出的问题主要表现在以下方面:

第一是人才培养理念陈旧偏颇。有人认为,我国传统教育理念存在"重经世轻致用、重人伦轻格物、重传习轻创新"的时代局限⑧,在其影

---

① 修朋月,张宝歌. 新世纪高等院校人才培养模式研究与实践 [J]. 黑龙江高教研究,2003 (4):138-142.

② 李元元. 开放环境下的研究型大学拔尖创新人才培养模式构建 [J]. 现代教育管理,2011 (5):98-101.

③ 杨杏芳. 论我国高等教育人才培养模式的多样化 [J]. 高等教育研究,1998 (6):69-72.

④ 韩维仙,陈世瑛. 培养模式多样化的内涵、动因和特点 [J]. 现代大学教育,2001 (3):49-51.

⑤ 徐和清,胡祖光. 人才培养模式及其绩效的实证研究 [J]. 高等工程教育研究,2007 (5):72-77.

⑥ 龚怡祖. 略论大学培养模式 [J]. 高等教育研究,1998 (1):86-87.

⑦ 李硕豪,阎月勤. 高校培养模式刍议 [J]. 吉林教育科学·高教研究,2000 (2):43-44.

⑧ 魏所康. 培养模式论 [M]. 南京:东南大学出版社,2004:164.

响下，教育被当作获取社会身份的跳板，"分数成为对学生'身份分类'的依据"①，以生为本的理念未受到尊重，学生的主体性及创新意识受到严重抑制。近年来，受利益驱动及功利主义理念的影响，"研究型大学将主要精力投入到科学研究和学科建设方面，对本科教育的重视和投入不足"②，并且，高校在人才培养过程中"没能体现出以用为本的基本理念"，导致毕业生缺乏实践和动手能力③。

第二是人才培养目标单一模糊。有人指出，"过去我国高等教育目标选择的特点是重社会功能轻个体功能"，并认为计划经济时代人才培养目标的单一和专门化特征至今没有发生实质性的变化④。人才培养目标的单一模糊"首先体现为重点与非重点院校的培养目标一样，同一个学科专业只有一个目标"⑤；其次，与哈佛大学的培养目标相比，我国部分一流大学的培养目标依旧非常笼统，没有具体的标准和可操作性，类似"宽、强、厚"，"精、深、通"等含糊其词的表述仍然存在⑥。

第三是人才培养方式落后封闭。有人认为，我国今天的大学，仍采用的是落后的"大锅饭"式的人才培养方式，没有跳出原来的专业教育模式⑦，其弊端"是学生'被教育'或'被学习'，学生缺失主体性，其潜能得不到充分的发挥，也没有自我发展的权利"⑧；有人则指出我国研

---

① 王树国. 关于一流大学拔尖人才培养模式的思考 [J]. 中国高等教育，2011（2）：9-11.

② 付景川，姚岚. 研究型大学本科人才培养模式：问题及改进策略 [J]. 教育研究，2010（6）：77-82.

③ 袁兴国. 基于人才强国战略的高校人才培养模式改革探析 [J]. 黑龙江高教研究，2011（12）：79-82.

④ 熊庆年. 改革人才培养模式要着眼于价值重建 [J]. 中国高等教育，2009（19）：27-29.

⑤ 杨杏芳. 论我国高等教育人才培养模式的多样化 [J]. 高等教育研究，1998（6）：69-72.

⑥ 徐高明，张红霞. 我国一流大学创新人才培养模式的新突破与老问题 [J]. 复旦教育论坛，2010（6）：61-66.

⑦ 邬大光. 本科教育需要更深入更全面的改革 [N]. 科学时报，2008-08-19.

⑧ 顾明远. 个性化教育与人才培养模式创新 [J]. 中国教育学刊，2011（10）：5-8.

究型大学本科人才培养方式的主要特点是封闭性，具体反映为四大问题，即科研与教学地位失衡、通识教育与专业教育相互游离、教学管理制度的设计理念与实施成效错位、学科专业壁垒森严，学科交叉优势尚未发挥①。有对研究型大学人才培养模式的调查显示，本科课程和教学活动与人才培养目标之间的联系非常松散，知识本位的人才培养模式在高校依然占据着主导地位，学生的课程学习经历较为单一，大多数还是停留在课堂教学中的结构化学习，结合专业知识进行社会实践的机会较少，学生参与科研活动、进行研究性学习的情况并不是很普遍②。

第四是人才培养评价脱离目标。有人指出，人才培养评价与培养目标存在脱节问题，培养目标难以发挥对教师教学活动的引导和调控作用，导致考试内容常围绕课程教学内容，往往与培养目标关系不大③；有人进一步指出，现行的考试模式存在"以考试代替评价、以考试结果代替评价结果"的误区，弱化了考试的手段功能，强化了目的性，对考试育人功能的认识不够深刻，考试的反馈功能不全面④。传统的"纸—笔"考试在学生评价活动中仍占据主导地位，大部分学生评价活动是基于"知识"的评价，而不是基于"能力"的评价⑤。

（4）着力于本科人才培养模式改革对策的探讨

有关人才培养模式改革对策的探讨可分为宏观、中观和微观等三个层面：

从宏观的国家层面所提对策主要有：一是在人才培养模式改革的依

---

① 付景川，姚岚. 研究型大学本科人才培养模式：问题及改进策略 [J]. 教育研究，2010（6）：77-82.

② 莫甲凤. 中国研究型大学人才培养模式：概念模型与基本特征——基于全国15所"985工程"高校学生的调查分析 [J]. 中国高教研究，2016（9）：69-76.

③ 王伟廉. 提高教育质量的关键：深化人才培养模式改革 [J]. 教育研究，2009（12）：30-34.

④ 刘朝亚，王润孝，支希哲. 以优化课程考试推进人才培养模式改革 [J]. 中国大学教学，2011（3）：31-33.

⑤ 莫甲凤. 中国研究型大学人才培养模式：概念模型与基本特征——基于全国15所"985工程"高校学生的调查分析 [J]. 中国高教研究，2016（9）：69-76.

据上,有学者提出要遵循"人的发展规律和大学的内在发展规律"①;二是在人才培养模式改革的顶层设计上,有人强调应从整体上思考高等教育的目标定位,但不宜强化马太效应②;有人主张"不应再搞大一统",而应该在改革的"大框架"下,多"给学校留有空间余地"③,"让大学有自主决定培养规格、类型、内容、方式的权利"④;三是在人才培养模式政策引导上,有人主张放宽政府管治,要"尽可能减少与人才培养模式改革缺乏联系的各种评选,对民间的评价机构应该有一定的约束和导向"⑤。

从中观的高校层面所提对策主要集中在如何形成有特色的人才培养模式,其具体对策:一是要培育有特色的大学精神,认为"应在开掘普遍意义的大学精神的基础上,形成独具特色的、个性化的大学精神"⑥。二是要确立新的人才培养理念,如以人为本、面向社会、素质教育、创新教育和教育国际化等理念⑦。有学者认为,在教育领域,第三次工业革命带来了个性化、数字化、远程化、定制化、差异化、分散合作、扁平式组织结构等新的教育理念⑧。三是人才培养模式构建要立足于高校定位,而定位的依据是"高校的实际状态和所处的经济社会环境"⑨。四

---

① 熊庆年. 改革人才培养模式要着眼于价值重建 [J]. 中国高等教育,2009 (19):27-29.

② 潘艺林. 人才培养模式创新的目标与路径思索 [J]. 中国高等教育,2009 (23):36-38.

③ 浩歌. 改革人才培养模式亟需上下互动 [J]. 中国高等教育,2010 (18):1.

④ 熊庆年. 改革人才培养模式要着眼于价值重建 [J]. 中国高等教育,2009 (19):27-29.

⑤ 王伟廉. 人才培养模式:教育质量的首要问题 [J]. 中国高等教育,2009 (8):24-26.

⑥ 付景川,姚岚. 研究型大学本科人才培养模式:问题及改进策略 [J]. 教育研究,2010 (6):77-82.

⑦ 刘献君. 创新教育理念推动人才培养模式改革 [J]. 中国高等教育,2009 (1):18-20.

⑧ 周洪宇,鲍成中. 第三次工业革命与人才培养模式变革 [J]. 教育研究,2013 (10):4-9.

⑨ 卢晓中. 高等教育走向"社会中心"与人才培养模式变革 [J]. 教育发展研究,2011 (19):27-30.

是要根据不同的培养目标来确定多样的人才培养方案,因此有人提出"首先要确定目标具体需求及框架,然后对目标进行合理分解,最后对目标进行反馈评价"①。五是要因校制宜进行专业与课程设置,如重庆大学②、华中农业大学③等高校实行按学科大类招生,后两年专业分流模式;西南大学则构建了"通识+学科基础+专业发展+个性化课程"课程体系④。六是要重视教学管理制度创新,如重庆大学试行学分制、弹性学制⑤,武汉大学施行和完善主辅修制、第二学士学位制,跨校修读双学位制⑥。七是要改革教学评价制度,"要有预期使用效用的评价指标,用多学科的手段来确定指标体系,形成评价的多元化、多层面特征"⑦,要"建立科研成果向教学转化的评价和激励机制"⑧。八是要重视资源共享,如华东师大通过"建设国际联合研究机构、创办国际教育园区、拓展与世界一流大学的战略合作"探索国际化战略⑨。

从微观的课程与教学层面所提对策主要集中在教学组织形式、教学方法与课程考试改革与创新等方面。从创新教学组织形式看,有人提出

---

① 王伟廉,马凤岐,陈小红.人才培养模式的顶层设计和目标平台建设[J].教育研究,2011(2):58-63.

② 唐一科.高校人才培养模式的改革与实践创新[J].中国高教研究,2003(1):39-41.

③ 王平祥,唐铁军,刘薇等.构建人才培养模式创新实验区的探索[J].中国大学教学,2010(5):50-52.

④ 张卫国.完善体制机制探索创新型人才培养模式[J].中国高等教育,2011(22):21-22.

⑤ 唐一科.高校人才培养模式的改革与实践创新[J].中国高教研究,2003(1):39-41.

⑥ 赵菊珊.依托"三创"教育探索建立综合性大学创新人才培养模式[J].中国大学教学,2011(5):15-18.

⑦ 袁兴国.基于人才强国战略的高校人才培养模式改革探析[J].黑龙江高教研究,2011(12):79-82.

⑧ 卢晓中.高等教育走向"社会中心"与人才培养模式变革[J].教育发展研究,2011(19):27-30.

⑨ 俞立中.推进大学国际化战略深化人才培养模式改革[J].中国高等教育,2011(17):10-11.

要加强"探讨式教学、研究式学习、开放式实验、体验式实践、慎独式修身"①，有人主张要"针对学生差异，因材施教，进行分层教学、分类指导、分级达标"②，也有人提出"培育跨学科、跨领域的科研与教学相结合团队"③。从创新实践教学形式看，有学校强调依据行业特色创新实践形式，如华中农业大学开展"兴农实践"④，西南大学实行"顶岗实习支教"⑤。从改革教学方法看，有人主张"要处理好教师的规范与学生的自我建构的关系"⑥，有人则强调"把知识与实践结合起来、促进学生自主学习、鼓励学生独立思考"⑦。从改进课程考试看，有人提出要"提高试题质量、强化育人功能、改革考试方法、强化过程评价、完善考试分析、强化信息反馈"⑧。

3. 国内关于本科个性化人才培养模式的研究

经过文献梳理，显示国内学界对本科个性化人才培养模式的理论研究相对落后于实践探索。到目前为止，还没有出现以本科个性化人才培养模式改革为主题的研究专著和博士学位论文。但在期刊论文方面，已经有少数学者关注到我国高校正在实施的个性化人才培养模式改革探索，并进行了初步的研究，有关研究主要集中在以下方面：

---

① 陈岩. 基于科学发展观的我国高校创新人才培养模式研究 [J]. 江西社会科学，2011 (11)：222-225.

② 张建斌，张颖洁. 高等教育大众化背景下人才分型培养模式探析 [J]. 黑龙江高教研究，2010 (12)：144-146.

③ 卢晓中. 高等教育走向"社会中心"与人才培养模式变革 [J]. 教育发展研究，2011 (19)：27-30.

④ 王平祥，唐铁军，刘薇等. 构建人才培养模式创新实验区的探索 [J]. 中国大学教学，2010 (5)：50-52.

⑤ 张卫国. 完善体制机制探索创新型人才培养模式 [J]. 中国高等教育，2011 (22)：21-22.

⑥ 杨杏芳，朱曼. 高等教育人才培养模式变革的策略 [J]. 大学教育科学，2003 (2)：10-11.

⑦ 马凤岐，王伟廉. 教学方法改革在人才培养模式改革中的地位 [J]. 中国大学教学，2009 (3)：11-13.

⑧ 刘朝亚，王润孝，支希哲. 以优化课程考试推进人才培养模式改革 [J]. 中国大学教学，2011 (3)：31-33.

（1）关于个性化人才培养模式改革的实践

我国部分高校对本校的个性化人才培养模式改革实践进行了总结，较有代表性的高校及其实践举措主要有：

武汉大学个性化人才培养模式的改革探索：武汉大学主要采取了四个方面的举措：第一，紧紧围绕育人为本的办学理念，强调促进学生的个性发展，鼓励学生自主学习、自主探究。为此，武汉大学以构建和完善制度环境为切入点，促进本科生自主发展和主动成才。这些制度包括：依据有关规定自主选择专业制度、自主选修课程制度、自主选择辅修和修读双学位制度等。旨在给予学生更多的自主学习时间，提高学生的自主学习能力。第二，搞活管理机制，探索建立开放型的办学模式和培养模式，例如在教学管理上实行按学分收费选课制度，给学生更大的选课自由，并与同城的其他高校推行跨校选课和跨校修读双学位制度。大力推进国际化办学，探索中外联合办学，引入国外一流大学原版教材和实行英文教学等。第三，构建有利于因材施教的多层次、多样化教学制度体系，如制定了"基础学科拔尖学生培养试验计划"实施方案，并且专门组建"弘毅学堂"，该学堂分设数学、物理、化学、生物等七个实验班，每年遴选一批优秀本科学生进入这些实验班进行个性化超常规培养。学校也希望通过"弘毅学堂"的引领和示范，推动全校的拔尖创新人才培养模式改革。第四，通过通识课程体系建设加强通识教育，提高学生综合素养[①]。

北京师范大学励耘实验班个性化培养模式的探索：励耘实验班培养模式的主要特点是：加强通识教育、拓宽专业培养口径、促进学科综合、实施研究性教学、提倡自主探究和促进个性发展。在实验班探索的前期，北师大先后在2001级到2003级组建了理科类、文科类和综合类三种实验班，实行"2+2"或"1+3"分段式培养，本科教育前期实行通识教育和专业基础教育，后期进入专业学院分流培养。三类班级的总规模大约为130人，从高考报名的学生中直接选拔，入学后独立编班，

---

① 赵菊珊. 依托"三创"教育探索建立综合性大学创新人才培养模式[J]. 中国大学教学，2011（5）：15-18.

挂靠院系或基础教学部进行教学管理。在 2004 年，为了总结前期实验班的成绩与缺陷，北师大又实施了"励耘优秀人才培养计划"，旨在对前期实验班模式所暴露出的偏差进行修正，主要将前期的分段培养模式调整为通识教育和专业教育融合贯通模式，学生在所属学院完成 4 年本科教学计划内的学习，然后接受学校所安排的专门培训，包括外语、计算机、方法论和科研训练等①。

华中师范大学"博雅计划"培养模式的实践："博雅计划"的目标是培养知识基础宽厚、创新思维突出、个性与人格健全发展的优秀本科生。为此，"博雅计划"培养模式的总体思路是：在本科二年级的非师范专业学生中选拔少量优秀学生进行个性化培养，实施个性化的培养方案，学校集中优势教育资源，提供优越的培养条件和学习资源，通过个性化、精英化培养，为学生成为精英人才奠定坚实基础。具体举措有：加强外语、科研方法等方面的专门训练，并为学生提供较多的学术讲座；提高课程设置的自由度，为学生在全校范围内自由选课提供便利；实行导师制、学分制、弹性学制、双学位制，并与同城的其他部属高校联合实施跨校选修和辅修制度等②。

华中农业大学人才培养模式创新实验区的探索：为了使人才培养模式创新实验区目标明确、改革取得实效，华中农业大学首先确立了培养精英人才的改革目标，认为这样的人才应该知识面宽广，人文素养较高，学术视野和国际视野开阔，创新能力和实践能力突出，并且能引领农业和社会发展。在具体改革实践上，一是促进通识教育与专业教育融合。强调要以发展个性、强化通识、加强基础为原则来制定新的人才培养方案，在本科生的前两年学习阶段，不分专业，以通识课程和学科基础课程为主，拓宽学生的知识面，形成合理的知识结构，并且在此阶段学生可以自由而广泛地选修课程，发现和培养自己的专业兴趣。后两年学生依据兴趣进行专业分流，进入专业学院接受专业教育。二是突出学

---

① 虞立红，李艳玲，李敏谊. 本科优秀人才培养模式探索：北京师范大学励耘实验班建设与改革经验 [J]. 中国大学教学，2009 (1)：24-26.

② 刘建清，郑伦楚. 重点大学复合型创新英才培养模式探讨：华中师范大学本科人才培养"博雅计划"的实践 [J]. 中国大学教学，2009 (12)：36-38.

生为主体、教师为主导的培养方式,通过小班研讨教学、课程设置的弹性化、以导师制为依托加强学生科研创新能力培养等方式,并且强化学生实践能力培养,通过深入农村、农场等开展社会实践实习,培养学生高尚的人格和投身农业、农村发展的社会责任感[①]。

中国人民大学在人文社会科学领域培养拔尖创新人才的探索:从2003年开始,中国人民大学创立了多个拔尖创新人才培养实验班,如经济学—数学实验班、金融学—数学实验班、国学教育实验班等。这些实验班培养模式的基本经验是:以学生的学习兴趣为出发点来选拔优秀学生,强调多学科交叉培养,加强导师尤其是名师的指导,实施因材施教,提倡知行合一以及拓宽学生的国际视野等[②]。

(2)关于个性化人才培养模式中存在的问题

对于当前国家正在倡导和建设的人才培养模式创新实验区,有学者就实验的整体目标定位和操作路径中可能出现的问题提出了自己的看法。一是目标定位偏颇。有学者认为,在我国高等教育系统中,"人"的因素被忽视了,人之为人的教育被异化了,表现为学生的德、智、体等诸方面的素质被割裂。在人才培养的规格和要求上,至今还存在着高度单一化、职业化倾向。在高等教育效益提高与规模扩张的同时,我们却经常忽视了教育中核心的要素,即教养教育的成分日趋减少,单纯地强调训练使许多"人才"知识丰富却人格畸形,学历不断攀高却文化教养缺失。学校的功利化导致教育远离育人宗旨,高校中的教师和教授没有时间去思考和培育人才。二是质量评价标准不当。教育质量评价一定程度上出现了向企业界质量观看齐的倾向,甚至"发财致富"都可以成为质量的依据[③]。

对于当前高校个性化人才培养模式中的具体问题,有学者指出,一

---

① 王平祥,唐铁军,刘薇,等.构建人才培养模式创新实验区的探索[J].中国大学教学,2010(5):50-52.

② 洪大用.积极探索人文社会科学拔尖创新人才培养模式[J].中国高等教育,2010(13/14):41-43.

③ 潘艺林.人才培养模式创新的目标与路径思索[J].中国高等教育,2009(23):36-38.

是人才培养方案只限于局部的修修改改，课程设置依旧存在不合理和不自由的地方，如必修课占据绝大部分比例，选修课程比例太低，使得学生没有多少选修的余地和自由度，也没有充足的时间选修；二是没有实行真正意义上的学分制，没有充分的条件保障个性化选修课程，学分制无法发挥应有作用，个性化培养模式的效果大打折扣[1]；三是通识教育未与专业教育建立良性衔接，本科四年中，如果将通识教育和专业教育分段实施，即无论是"2+2"还是"1+3"模式，学生都存在难以建立专业归属感的问题，有些学生在专业分流后，在顺利融入院系和专业上出现困难。四是课程设置没有合理整合，学生选修课程存在盲目性。五是配套的教学管理机制有待理顺。教学管理存在多头管理和无人管理的情况，致使师生无所适从[2]。

（3）关于改进个性化人才培养模式的对策建议

关于个性化人才培养模式的改革对策：在宏观上，一是要从整体上思考和确立高等教育的价值取向和目标定位，应该通过人才培养模式的探索和创新，培育具有自主性、责任感以及合作精神的领军人才，推动社会的进步。二是要认识到教育效果的滞后性，大学需要在创新和保守上维持必要的平衡。三是要坚持人才培养质量评价标准的多样化，同时也要有必要的底线[3]。

在中观上，有学者指出，一是高校需要进行合理的定位，甚至高校内的不同学院和专业都应该有不同的定位，然后根据自己的定位来制定多样化的培养方案，为了满足个性化培养的需要，同一个专业内也可以有不同的培养模式，让每一个学生都可以根据自己的个性、特长、兴趣，找到适合自己的成长方向。二是要进行课程改革，优化基础课程和专业课程体系，减少必修课时，提高选修课比例，更新课程内容，使学

---

[1] 于晓红，张慧，景志红. 个性化人才培养模式与教学方法的研究 [J]. 中国大学教学，2009（2）：34-36.

[2] 虞立红，李艳玲，李敏谊. 本科优秀人才培养模式探索：北京师范大学励耘实验班建设与改革经验 [J]. 中国大学教学，2009（1）：24-26.

[3] 潘艺林. 人才培养模式创新的目标与路径思索 [J]. 中国高等教育，2009（23）：36-38.

生了解学科前沿的发展动态。三是要完善学分制、导师制、弹性学制等教学制度，真正构建因材施教和适应学生个性发展的教学制度体系。四是要完善相应的教学管理制度，为学生的个性化成长提供良好的服务①。

在微观上，具体的对策有：一是要大力革新教学方法，积极探索有利于彰显学生主体地位的教学组织形式，实行启发式、探究式和参与式教学，为学生的自主学习和自主探究创造条件。二是要尽早让学生参与科研，通过课程学习、导师指导或创新项目等形式，培养学生的创造性。导师在指导学生过程中，要注意激发学生的好奇心，培养学生对科学研究的兴趣，引导学生独立思考和自由探索，导师要通过自身的言传身教，使学生受到科学精神和团队精神的熏陶②。

从以上期刊论文的研究情况看，虽然有部分学者将目光转向了目前的个性化人才培养模式改革探索，但现有研究还存在实践经验总结相对较多、问题剖析和改革对策研究较弱的不足，理论研究亟待加强。

## 二、研究起点

本研究需要立足于现有研究的现状，总结吸收有关研究的有益成果，分析有关研究的不足，提出今后研究需要加强的方向和领域，为本研究的可能突破与创新提供路径指引。

1. 已有研究的不足之处

首先，就国内外高校本科人才培养模式研究的总体来看，存在分散研究多、系统研究少的问题。在国外，有关高校人才培养模式的理论研究多分散于探讨高等教育思想、理念、目的以及办学、管理等的研究中，虽然这些研究从不同角度和层面涉及人才培养模式，但总体上缺乏对高校人才培养模式的专题性、系统化研究。此外在实践研究上，国外一流大学的人才培养质量总体较高，在人才培养的长期探索和实践中，许多大学形成了个性化和特色化的人才培养模式，但从国外已有的研究

---

① 于晓红，张慧，景志红. 个性化人才培养模式与教学方法的研究［J］. 中国大学教学，2009（2）：34-36.

② 徐晓媛，史代敏. 拔尖创新人才培养模式的调研与思考［J］. 国家教育行政学院学报，2011（4）：81-84.

看，还缺乏对这些先进模式的总结和提炼。在国内，有关高校本科人才培养模式的系统性研究专著还不够丰富。从研究论文看，在中国期刊网上从1990年至今约有5000篇以培养模式为篇名的文章，但大部分文章要么探讨的是某专业、某学科或某类人才的培养模式，要么以人才培养模式的某一构成部分作为切入点，对高校本科人才培养模式的系统性探讨较少，关于我国一流大学个性化人才培养模式的系统研究更处于空白状态。

其次，从国内研究来看，存在以下问题：在研究取向上，强调适应社会的多，关注人的发展少。较多的研究从教育的社会制约性出发，着眼于解决眼前的就业困难，强调传统的"专业"培养模式很难适应市场经济的发展，认为人才培养模式改革的主要导向就是适应社会需要。如有学者认为，高校的发展更多地取决于外部环境或外部因素的制约，尤其是经济因素的制约，研究型大学人才培养改革的动因更多地来自国际和国内宏观经济与社会环境的变革[①]；有人强调，人才培养模式是社会政治、经济、文化的综合反映，必须以社会需要为依据，并与社会需要相吻合[②]；有人提出，以就业为导向，把满足社会需求作为发展的动力[③]；只有少数学者从关怀人的发展出发，认为必须改变国家主义和工具主义的高等教育价值观，在人才培养中彰显学生的主体性，强调培养模式改革应该关注人才个体的差异化和全面发展的要求[④]。

在研究视角上，单一视角多，多学科关照少。已有的研究大多从某一学科视角出发来进行研究，如有较多学者从高等教育学的视角出发，以教育理念、培养目标、教学方式等培养模式的某一构成要素为切入点

---

① 曾冬梅，黄国勋. 人才培养模式改革的动因、层次与涵义 [J]. 高等工程教育研究，2003（1）：21-24.

② 李波. 按培养模式重构地方高校课程体系 [J]. 教育研究，2011（8）：59-63.

③ 李霞. 以就业为导向优化教育结构改革培养模式 [J]. 中国高等教育，2004（12）：32-33.

④ 熊庆年. 改革人才培养模式要着眼于价值重建 [J]. 中国高等教育，2009（19）：27-29.

进行探讨；有人从经济学的视角考察了产业结构转型对人才需求结构的影响，进而要求改革高校人才培养模式①；有人从历史学的视角对我国人才培养模式的嬗变进行了多侧面的分析②。

在研究内容上，经验介绍多，理论建构少。人才培养模式是沟通人才培养活动理论和实践的桥梁，既有理论性又有操作性。但已有的研究大多是问题导向，或是从本校实际出发的经验介绍，未能从已有的经验事实出发，提炼总结出具有理论性与操作性的模式，有关人才培养模式理论构建的研究相当薄弱，只有个别研究者试图从课程理论出发，确立培养目标的三个来源，形成目标体系框架，并在所在大学进行试验③。

在研究方法上，定性研究多，实证研究少。研究人才培养模式既要有理性的思考，又要深入人才培养活动的现实，也就是要通过对高校人才培养模式的实证研究，完善和丰富人才培养模式理论。但从已有研究看，大多采用思辨的方法进行现象描述、经验分析和对策讨论。只有少数学者尝试用量化的方法加以考察，如有人通过建立人才培养模式的理论假设模型，应用实证研究方法对其绩效进行探讨④。有人在对高新技术企业调研的基础上，提出了高校人才培养模式改革的建议⑤。总体来看，目前关于人才培养模式研究方法仍比较单一，定性分析较多，实证研究较少，更缺乏对人才培养模式现状的深入调查。

2. 本书研究的着力之点

针对上述问题，加强个性化人才培养模式研究须注重以下几个方面：

---

① 李彬. 产业结构的调整与人才需求及其培养模式 [J]. 高等工程教育研究，2006 (5)：70-74.

② 杨杏芳. 高等教育人才培养模式嬗变的历史轨迹 [J]. 黑龙江高教研究，2002 (3)：114-117.

③ 王伟廉，马凤岐，陈小红. 人才培养模式的顶层设计和目标平台建设 [J]. 教育研究，2011 (2)：58-63.

④ 徐和清，胡祖光. 人才培养模式及其绩效的实证研究 [J]. 高等工程教育研究，2007 (5)：72-77.

⑤ 郝克明，马陆亭. 关于培养高素质创新人才的探讨 [J]. 教育研究，2007 (6)：3-12.

（1）强化人才培养模式研究的人本意识

以往的研究在取向上大多注重社会本位，强调适应社会需要，这与新中国成立以来我国高等教育的实践发展基本一致。但随着时代的发展，这种过度强调社会本位、忽视人的发展的意识必然加剧人才培养与人的个性发展及社会发展之间的矛盾。在科学发展观"以人为本"思想指导下，大学人才培养的"着眼点不能仅限于满足经济、科技发展或政治发展的需求，而应立足于促进人的和谐发展来推动社会的协调发展"[①]。在研究中应强化人本意识，即创新人才培养模式必须把促进大学生的和谐发展作为人才培养出发点，也就是在促进学生共性发展的基础上，更要重视个性化发展。要认识到教育只有促进人的个性化发展，才能真正推动社会的发展。人才培养模式创新要遵循个性化原则，要尊重学生的个性差异，重视学生发展的多样性，针对不同的学生制定出切实可行的个性化培养方案，进而建立起个性化的人才培养模式，营造宽松的个性化发展空间，促进人的和谐发展。

（2）加强人才培养模式的综合研究

人才培养的复杂性决定培养模式研究需要多学科综合性研究。如果仅循某一学科视角，则容易导致"一叶障目，不见泰山"。因此，应从高等教育学、哲学、历史学、人学、社会学、心理学、经济学、自然科学等多学科视角对人才培养模式进行多元分析。如从哲学视角分析本科人才培养的价值取向与培养理念；从历史学视角考察本科人才培养模式的历史条件与时代特征；从人学视角去认识大学人才培养活动中人的价值与主体性；从社会学视角考察社会分层、教育分流对人才培养的影响；从心理学视角探析人才培养活动中个性发展规律与师生互动规律对学生的影响；从经济学视角分析经济结构转型对大学专业设置与人才供给结构的影响；从管理学视角研究人才培养模式改革中的资源配置方式与管理组织形式改革；从生态学视角分析专业口径及通识与专业课程开设；借鉴自然科学的模式研究方法来进行变量分析和理论建模等。

---

① 董泽芳，张国强.科学发展观与高等教育和谐发展 [J].高等教育研究，2006（1）：1-6.

（3）重视人才培养模式的理论建构

大学人才培养模式建构的目标是指导人才培养活动，提高人才培养质量。模式建构的基础既需要丰富的经验探索，又必须在经验的基础上进行理论建构。加强理论建构既有利于对基本概念和研究范畴进行澄明，又可以提升模式的实践指导功能，并通过实践检验以完善理论。综观已有的研究，学者们对大学本科人才培养模式进行了较为丰富的经验研究和理论探索，取得了一定的研究成果，但有关的理论研究还处于对现象和局部问题的探索阶段，系统和整体的思考尚显不足，模式建构还缺乏深入的科学论证和大量的实践检验，因此，加强理论建构尤为迫切。建构大学本科人才培养模式理论，首先要澄清相关核心概念，厘清大学本科人才培养模式的内涵与本质特征，明确其构成要素，并须对相关概念进行辨析，在科学论证的基础上建构本科人才培养模式的理论假设模型；其次须在一般理论模型的指导下，各大学结合自己的校情与人才培养定位，在培养实践中检验和完善模式，最终形成各具特色的多样化的培养模式。

（4）注重理论分析与实证研究的紧密结合

研究方法的科学与否直接决定了一项研究的成效。人才培养模式研究兼具定性与定量研究的性质。已有的研究大多注重定性分析和理论思考，尽管有关研究者已开始尝试运用定量研究的方法对人才培养模式进行精确考察，但总体来看定量研究仍极为不足。恩格斯认为，想要达到对事物的真理性认识，就必须沿着实证科学和辨证思维的途径。我们必须在已有研究的基础上大力加强实证研究，在理论指导和科学论证下提出人才培养模式的要素假设和理论模型，运用实证研究方法在实践中对有关构成要素与人才培养目标进行相关分析，运用数量关系在整体上来检验和提升模式建构的精确性和严密性。同时，我们也必须运用缜密的逻辑思维对于数量关系所反映的表象进行辨证思考与理性提升，对于数据背后所潜藏的发展趋势进行前瞻性分析，建立既能够促进学生全面发展，又能满足当前和未来人才培养需求的培养模式理论体系。因此，在本科人才培养模式研究中，定性分析和定量研究同等重要，我们应该将二者有机结合。

## 第三节 研究视角与研究方法

研究视角和研究方法的选择对科学研究取得预期成效具有重要意义。"横看成岭侧成峰",对于研究问题的考察,如果能选择独特新颖的视角,则可以取得新发现,得出新结论。研究方法是认识现象、探索规律的有效手段,是将经验上升到理论并将理论应用于实践的重要桥梁。根据研究对象的特点和对有关研究的现状分析,本书在研究视角和研究方法的选取上力图做到新颖与规范,以确保研究的成效和创新性。

### 一、研究视角

本研究主要采取比较的视角和综合的视角。比较的视角是通过选取国外若干所重视本科教育的一流大学,逐一考察其在构建本科个性化人才培养模式上的先进举措,探讨并总结其人才培养模式的先进经验和共同特征,然后结合我国的国情,辨证地吸收和借鉴,为我国一流大学构建和完善个性化人才培养模式提供指导。综合的视角是将本书的研究置于社会大背景下,从文化、教育系统、高等教育系统等综合的维度来探讨我国个性化人才培养模式的背景、问题、原因及对策,将综合研究和比较研究相结合。

之所以采用比较的视角,是基于理论研究和实践探索两个方面的原因。首先,从实践探索来看,我国与欧美发达国家在优秀人才的培养上还有较大的差距,近年来国家所实施的"人才培养模式创新实验区"工程及"基础学科拔尖学生培养试验计划",就是为了推进一流大学的创新型人才培养,追赶发达国家在优秀人才培养上的领先优势。并且,我国一流大学在构建个性化人才培养模式的过程中,在很多方面也采取了借鉴国外一流大学成熟举措的做法,如通识教育的推行、导师制的引入、本科生科研制度的建立等,但在实际操作过程中,还存在认识不足、生硬移植的问题,导致很多制度流于形式,成效不佳。实践探索的困境急需理论研究的指引,因此,用比较的视角,加强对国外一流大学先进经验的总结和借鉴,是十分迫切和必要的。其次,从理论研究来看,文献梳理的结果显示,对于国外一流大学在构建和创新个性化人才培养模式上的先进经验，目前还缺乏及时深入的研究和总结，因而，运用比较的视角，有利于弥补现有研究的不足，形成研究视角上的创新。

## 二、研究方法

### 1. 文献法

本研究通过 CNKI、万方、维普、ProQuest、EBSCO 等中外文学术文献数据库，全面查阅国内外有关的研究文献，所查阅的文献主要涉及专著、论文、调查报告、档案材料等一级文献，还包括教育类文摘、中国教育统计年鉴、教育部有关统计报告等在内的二级文献。通过全面、系统和客观地收集分析有关文献，为本研究提供了国内外本科人才培养模式改革发展的宏观历史背景及现实动因，经过文献的收集梳理，对有关研究进行了全面的回顾和总结，较全面和客观地奠定了本研究的基础，尤其是对国外一流大学个性化人才培养模式改革探索的文献研究，为本书下一步进行中外比较研究提供了坚实的基础。

### 2. 比较法

比较法是一种思维方法，也是一种具体的研究方法。对本书而言，比较法可以克服研究视角的狭隘性，通过把研究对象纳入广阔的背景中，探寻问题的普遍性和特殊性，有助于我们深化对研究对象的认识。古罗马著名学者塔西佗曾说，"要想认识自己，就要把自己同别人进行比较"。在教育上通过本国与外国、本地与外地的比较，可以找出哪些是共同性的问题，哪些是特殊性的问题，从而加深对本国教育问题的理解。本书通过比较法，对中外一流大学在个性化人才培养模式上的构建举措和经验特征等进行科学分析，总结国外一流大学本科个性化人才培养模式的特点及经验，为我国一流大学改革和创新个性化人才培养模式提供参考借鉴。

### 3. 调查法

调查法是根据研究目的或课题需要，通过综合运用观察、列表、问卷、访谈、个案研究以及测验等科学方式，系统地搜集研究对象的相关资料，深入了解教育实际情况，借以发现存在的问题，从而对研究对象的现状作出科学分析并提出具体行动建议的研究方法。人才培养模式既是理论问题又是实践问题，人才培养模式的理论研究必须贴近实践探索的现实，必须考察实践中存在的问题，形成的理论成果才具有较强的实践指导功能。现有的研究也非常缺乏对我国一流大学本科个性化人才培养模式现状的深入调查，因而，通过调查方法，了解和分析我国一流大学当前在个性化人才培养模式上的状况，剖析存在的主要问题，是十分必要的。

4. 模式研究法

模式研究法已经成为现代科学研究的主要方法之一。运用模式研究法，其目的是借助建模的原理，对研究对象进行理论抽象和归纳描述，以达到掌握事物主要矛盾。模式研究法的核心是去除事物的次要部分，抓住事物关键的、重要的特征进行研究，便于人们观察和分析，进而在整体上把握事物存在的形式及运动规律。本研究中人才培养模式构建采取定性建模的方式进行，通过对本科人才培养活动中的要素进行研究，从而更好地把握人才培养的基本特征和运行规律，建构符合实际的个性化人才培养模式分析框架。

## 第四节 研究思路与研究框架

### 一、研究思路

本研究按照文献梳理—理论建构—比较研究—现状分析—对策探讨—总结展望的思路展开。首先对国内外相关研究进行文献梳理，系统地分析有关研究取得的成果和存在的不足甚或未涉及的领域，在此基础上明确研究的突破口；然后对一流大学个性化人才培养模式进行理论探讨，以多元智能理论、个性发展理论和高等教育分流理论为指导，界定一流大学个性化人才培养模式的内涵及构成要素，建构本研究的分析框架；接下来选取若干所重视本科教育并形成了特点鲜明的个性化人才培养模式的世界一流大学，采用个案分析与整体比较的方法，探析其在人才培养模式各个要素和环节上的先进做法，进而提炼、总结其成功经验，辨证评鉴与吸收；继而通过对我国部分一流大学个性化人才培养模式的调查研究，深入分析存在问题与不足，在此基础上提出改革我国一流大学本科个性化人才培养模式的思路与对策；最后，对研究进行总结并提出进一步研究的设想与展望。

## 二、研究框架

遵循以上研究思路，本书包括导论、理论探讨、比较研究、现状分析、问题与原因剖析、对策研究、结论与展望等七个部分，具体框架如下：

第一章，导论。阐述研究的背景和研究的意义，梳理和评述研究现状，明确研究起点，并对研究视角和研究方法，以及研究思路和框架结构加以论述。

第二章，一流大学个性化人才培养模式构建的理论探讨。本章主要论述以下问题，一是准确界定"一流大学"、"个性与个性化"、"人才培养模式"、"个性化人才培养模式"等核心概念，并对相关概念进行辨析；二是厘清一流大学个性化人才培养模式的构成要素；三是探讨一流大学个性化人才培养模式构建的理论基础；四是论述一流大学构建个性化人才培养模式的重要意义。

第三章，国外一流大学个性化人才培养模式的特点及共同创新经验。重点选取本科教育质量卓著，形成了特点鲜明的个性化人才培养模式的一流大学，并兼顾选择的代表性和广泛性，包括美国的哈佛大学、普林斯顿大学、斯坦福大学，英国的牛津大学和剑桥大学，德国的慕尼黑工业大学，法国的巴黎高等师范学校，日本的东京大学等八所一流大学。探析这些一流大学个性化人才培养模式的特点，总结提炼其共性特征和共同创新经验，为我国一流大学个性化人才培养模式改革提供参考。

第四章，我国一流大学个性化人才培养模式的调查分析。依据本研究建立的个性化人才培养模式理论模型，从八个构成要素出发，对我国部分一流大学进行调查研究，了解我国一流大学个性化人才培养模式改革的现状，并通过问卷剖析目前存在问题。

第五章，我国一流大学个性化人才培养模式的问题及原因剖析。通过对本调查获得的访谈资料和其他文献资料的分析，从大学生个性发展的特征和人才培养模式的八个构成要素出发，深入剖析本书调研的个性化人才培养模式的问题，同时兼顾对其他模式存在问题的分析，并解析问题产生的原因。

第六章，我国一流大学个性化人才培养模式改革的对策思考。在理论建构、经验借鉴、现状调查、原因分析的基础上，立足我国国情，提出改革我国一流大学个性化人才培养模式的对策建议。

结语。对本研究进行总结，陈述研究的主要观点和基本结论，指出研究的创新之处及存在的不足和缺憾，提出完善和拓展本研究的思考。

# 第二章 一流大学个性化人才培养模式构建的理论探讨

## 第一节 核心概念界定

概念是理论思维的基础,一个恰当准确的概念能够反映客观事物的本质特征。因而,对研究对象做出概念界定是我们研究该事物的逻辑起点。

### 一、一流大学

目前,无论是在学术界,还是在社会上或人们的心目中,"一流大学"都并非是一个有明确定义和内涵的概念[①]。一般认为,一流大学是指能够成功发挥人才培养、科学研究和社会服务等三大职能的大学,衡量一流大学要看是否具有一流的学科和一流的师资,是否能够产生一流的研究成果和培养出大批一流人才,以及是否能够为本国和本地区的经济社会发展服务等。一流大学也是一个相对和比较的概念,即应该是在世界上或一个国家的高等教育体系中,在与其他大学的对比评估中产生的。因此,一流大学也有不同的层次,首先是在国际上公认的一流大学,即世界一流大学;其次是在一国之内的一流大学,即国内一流大学;再次是一个国家某一区域范围内的一流大学,即区域一流大学。本书中所涉及的一流大学,既包括世界一流大学也包括国内一流大学和区域(省属)一流大学。

---

① 清华大学教育研究所. 创建一流:国家意志与大学精神的结合:一流大学建设的理论与实践学术研讨会综述[J]. 中国高等教育,2003(12):16-18.

对世界一流大学，目前较为权威和获得公认的评定是英国《泰晤士报高等教育副刊》和《美国新闻与世界报道》所发布的世界大学排名。本书所选取和研究的世界一流大学主要根据以上两大排行榜近年来所发布的世界大学排名，选取那些排名稳居前列，个性化人才培养模式特色鲜明的大学，并兼顾国家、地域和文化上的代表性。

对国内一流大学，主要根据教育部等三部委《关于公布世界一流大学和一流学科建设高校及建设学科名单的通知》，即名单中公布的世界一流大学建设高校和一流学科建设高校。从"双一流"建设高校的遴选认定程序来看，"双一流"建设高校通过竞争优选、专家评选、政府比选、动态筛选产生，遴选采取了公平公正、开放竞争、择优建设的原则，入选的高校具有先进办学理念，办学实力强，社会认可度较高，拥有一定数量国内领先、国际前列的高水平学科，在改革创新和现代大学制度建设中成效显著，在国内处于一流大学地位并具备建成世界一流大学的基础和潜力。

对区域一流大学，主要指在一定区域范围内办学层次和学科发展水平较高，形成了一定的办学特色和综合影响力的省属重点大学。

## 二、个性与个性化

### 1. 个性

个性是哲学、社会学、心理学、教育学、人才学等学科共同研究的范畴。不同领域的学者从各自的学科视角和研究立场出发，对这个概念有多元甚至迥异的理解，同一领域的研究者对个性的解释也是众说纷纭，反映出这一概念在涵义上的复杂性和认识上的多维性。较通行的解释是将"个性"的内涵区分为广义和狭义两个层面：广义的个性，与广义的人格（personality）同义，指"个人的一些意识倾向与各种稳定而独特的心理特征的总和"，即"个人的心理面貌或心理格局"；狭义的个性，指"个人心理面貌中与共性相对的个别性（individuality），即个人独有的心理特征"[①]。不难看出，以上释义主要是从心理学的角度出发，揭

---

① 中国大百科全书编辑委员会. 中国大百科全书［Z］. 北京：中国大百科全书出版社，1985：289.

示了"个性"丰富涵义中的一个方面。但如果仅从心理学角度认识"个性",对我们全面深入理解这一概念、建构个性化教育理论和指导教育实践是远远不够的。因为,心理学中的"个性",更多是从个人人格特征上考虑问题,"一个在心理学上被认为是有个性的人,很可能在哲学和教育学的意义上被认为是一个盲从者、依附者和唯唯诺诺的人"①。但是,心理学中有关个性和个性差异的研究,为我们进一步在教育学中研究个性和促进学生的个性发展提供了重要的理论基础。

关于人的个性的形成和发展,比较一致的看法是人的个性是在先天生理素质的基础上,主体在后天的教育和社会实践中主动的形成过程。人的个性是可以认识和改变的,而教育在人的个性形成和塑造中发挥着重要的作用。因而,教育学中所探讨的"个性",是指个体在一定生理和心理基础上,通过环境和教育的作用及个体自身的实践活动逐渐形成的在身体、心理、道德、审美等方面相对稳定的特征的总和,是人的独特性、主体性、创造性与和谐性的集中体现②。

独特性是个性发展的本质特征。个性的独特性即个性的相对差异性,它包含两层含义:其一是外部差异,即某一个体与他人的差异,主要表现为认知、情感、意志、体质等方面的差异,如认知包括人的感知、记忆、思维、想象等,人在认知活动及其效率上的不同特点就会形成能力差异,如有人记得快、有人记得慢。而人在情感情绪活动上的不同特点就会形成气质差异,如有人性情急躁、有人情绪温和;其二是内部差异,即个体内部各种心理品质的发展具有不平衡性,特别是在人的能力、气质、性格等方面具有不平衡性,如人在理解、记忆、思维、想象等认知品质上的发展是不平衡的③。

主体性是个性发展的内在动力。主体性既包括个体要求独立自主的自觉意识,又包括个体进行自我选择、自我设计,达到自我实现的能力。如果缺失主体性,个体在认识自我和认识事物上就缺少自觉意识,

---

① 王道俊,郭文安.教育学[M].北京:人民教育出版社,2009:104.
② 王道俊,郭文安.主体教育论[M].北京:人民教育出版社,2005:367.
③ 邵瑞珍.教育心理学[M].上海:上海教育出版社,1997:22.

不能主动地内化和外化知识，形成懒惰、依赖、拖沓和呆板的不良个性，并且，个体的非智力因素也会受到抑制，在任何活动中没有兴趣、理想和意志，处于被动和被支配的状态，更谈不上才智的充分发挥，使个性发展失去动力，最后沦为无个性的"个性"。

创造性是个性发展的最高形式。创造性是主体在产生新颖、独特和有社会价值的产品的活动中表现出来的超越原有水平，突破既定模式的一种能力。它是人的主体精神、主体潜能的集中体现。因此，创造性的发展对弘扬学生的主体精神，开发学生的主体潜能发挥着极其重要的作用。

和谐性是个性健康发展的保证。它包括外在和谐性和内在和谐性。前者指个人与社会的要求及周围的环境要相互适应，和谐共处；后者指构成一个人完整个性的各种内在品质要素之间要彼此协调，相互促进。

以上四个特征是相互联系的，独特性是个性发展的核心，主体性是个性发展的动力，创造性是个性发展的目标，和谐性是个性健康发展的标志。四个特征相辅相成，缺一不可，共同构成个性发展的全部内容[①]。

2. 个性化

关于"化"的理解，根据《现代汉语词典》，"化"作为后缀，加在名词或形容词之后构成动词，表示转变成某种性质或状态。因此，个性化可理解为培养个性、发展个性或促进个性发展，例如个性化教育就是培养学生个性发展的教育[②]，是采取个性化、特色化的手段，促进个体生命更好地朝着个性化的方向发展[③]。

如果从相反的方向来看，或许有助于我们进一步理解个性化。与个性化（培养模式）相对的是统一化或划一化（培养模式），按照阿尔温·托夫勒的观点，划一化教育或培养模式是工业时代教育的特征，学生好像处在工业化生产的流水线上，学校教育以统一的标准、统一的要求、

---

① 董泽芳，陶能祥. 高等教育分流的理论与实践 [M]. 武汉：华中师范大学出版社，2010：39.

② 顾明远. 个性化教育与人才培养模式创新 [J]. 中国教育学刊，2011(10)：5-8.

③ 冯建军. 论个性化教育的理念 [J]. 教育科学，2004(2)：11-14.

统一的内容、统一的教育方式，进行着批量生产，塑造着统一规格的人才，把原本独特的生命加工得一模一样①。在后工业的信息时代，教育必将与工业时代的划一化脱离，用多样化的内容和方式，适应个体的差异，促进人的个性发展。

### 三、人才培养模式

为了准确、客观地界定人才培养模式，有必要从分析"模式"和"人才培养"的内涵，以及"人才培养模式的特点"入手，把握这一概念。

首先，何谓模式？在汉语中，"模"的基本含义是"法"，《说文解字》对模的解释是："模，法也。"②"法"指借助一定的工具（模具）、方法来制造物品。在中国古代，因制作材料的不同，又将"模"分为不同的种类，《中文大辞典》称："以木曰模，以金曰镕，以土曰型，以竹曰范，皆法也。"③随着语言的发展，"模"在"法"这一基本含义的基础上又产生了一些引申义。《词源》称："模"的意义有三：（1）模型、规范；（2）模范、楷式；（3）模仿、效法④。因此，从词性来看，"模"兼有名词和动词的词性；从词义来看，"模"既可以是制作产品的方法，也可以是充当标准的事物，但强调的是事物的型、范或式，即结构。

"式"指的是样式、形式⑤。《现代汉语词典》认为"模式"的基本含义是：某种事物的标准形式或使人可以照着做的标准样式⑥。《辞海》对模式的解释是：可以作为范本、模本、变本的式样⑦。从以上辞典给

---

① 阿尔温·托夫勒. 未来的冲击 [M]. 孟广均，等译. 北京：中国对外翻译出版公司，1985：241.
② 许慎.《说文解字》[M]. 北京：中华书局，1963：120.
③ 中文大辞典编纂委员会.《中文大辞典》：第17册 [Z]. 台北：中国文化研究所，1982：419.
④ 辞源编纂委员会. 辞源：第2册 [Z]. 北京：商务印书馆，1981：1622.
⑤ 中国社会科学院语言研究所词典编辑室. 现代汉语词典 [Z]. 北京：商务印书馆，2005：1245.
⑥ 中国社会科学院语言研究所词典编辑室. 现代汉语词典 [Z]. 北京：商务印书馆，2005：961.
⑦ 辞海编纂委员会. 辞海 [Z]. 上海：上海辞书出版社，1989：3457.

出的释义来看，模式一词含有两方面的含义，其一是模型或样式，尤其着重于事物的结构；其二是方法或操作标准，即能够让人按照一定的标准进行模仿或复制。

在软科学中，模式是指在一定的思想指导下建立起来的由若干要素构成的，具有形态构造功能和实践指导功能及可仿效性等特征的，某种活动的理论模型与操作式样。模式并不能简单归于内容与形式范畴或目的与结果范畴，而是属于过程范畴。因此，人才培养模式是一种对于培养过程的设计、建构和管理，它是关于人才培养过程质态的总体性表述①。

其次，何为"人才培养"？在高等教育的语境和现实中，人才培养必须解决好七大问题：一是教育理念的确立；二是人才培养目标的设定；三是人才培养对象的甄选；四是人才培养主体的开发；五是人才培养途径的选择；六是人才培养过程的优化；七是人才培养制度的保障。可见，人才培养是一个系统工程，它包括培养的理念、目标、主体、客体、途径、模式与制度七大要素。教育理念的涵义是指在一定的教育思想指导下形成的关于教育活动的基本属性、目标价值、职能任务以及活动原则等的理性认识，也是教育主体对人才培养的理想追求及其所形成的具体教育观念。提出教育理念的目的在于回答"为谁培养人才"、"培养什么样的人才"、"如何培养人才"等问题。教育理念可以具体分为国家、高校与教师等不同层次，国家层次的教育理念是国家对教育活动的基本属性、价值取向、功能目标、系统结构、领导机制、管理体制以及财政投入等方面的认识和构想。国家层次的教育理念是整个高等教育人才培养活动的指挥棒，对高等教育乃至国家的整体发展都具有重要的意义。高校与教师层面的教育理念主要反映在人才培养理念上，具体表现在质量观、教学观、科研观、管理观、评价观、学生观等方面。培养目标的含义是指"培养什么样的人才"，它是教育理念的具体化，是对所培养人才的知识、能力、品格和适用方向等的具体规定。培养主体是指培养活动的设计者、组织者、实施者与管理者所构成的群体，主要解决

---

① 龚怡祖. 略论大学培养模式[J]. 高等教育研究，1998（1）：86-87.

的是"由谁培养"的问题。在高校人才培养活动中,高校是培养活动的设计主体,院系所是组织主体,教师和导师是实施主体,教学管理者是管理主体。培养对象是培养主体施加教育教学影响的对象,即"培养谁"。相对于培养主体,大学生是培养活动的对象和客体。但在培养活动中,大学生既是客体又是自身发展的主体,因为教育者施加的外在的教育影响只有通过大学生积极主动的内化和外化,才能变成大学生内在的知识、能力、品格等素养。培养途径是指"借助什么载体"或"通过什么方式"来培养人才,如课程教学、学术交流、试验实践等。培养模式(亦即培养过程)的含义则是指"按照什么样子"去实现人才培养目标,如课程如何安排、教学采用何种方式、导师指导什么、如何考试等,以及如何对这些环节进行调配等问题。因此,培养模式是一种对于培养过程的设计与建构,强调的是认识与实践活动的过程形态。人才培养制度重点描述的是培养主体与培养对象之间的权利—义务关系,是整个人才培养活动的行为规范与资源保障机制,解决的是"用哪些制度来保障人才培养"的问题。人才培养制度可以有广义与狭义之分,广义的人才培养制度与人才培养的全过程相关,如考试选拔制度、招生制度、教学制度、科研制度、评价制度、管理制度、奖助制度、就业制度等,这些制度形成的制度链或制度网,最终构成了现代大学制度体系。狭义的人才培养制度与人才培养的中观和微观过程相关,主要指与大学教育、教学活动过程相关的重要规定、程序及其实施体系,主要包括分流制度、专业与课程设置制度、学分与选课制度、导师制度、学术交流制度、实习实践制度、评价制度、教学管理制度等。人才培养制度在大学制度中处于核心地位[①]。

其三,人才培养模式是人才培养系统中最重要的要素系统。综合上文的分析可以看出,人才培养模式虽与人才培养紧密相关,但人才培养模式与人才培养是两个不同的概念。在人才培养的系统工程中,涉及人才培养的理念、目标、主体、对象、途径、模式(过程)与制度七大要

---

① 董泽芳.高校人才培养模式的概念界定与要素解析[J].大学教育科学,2012(3):30-36.

素。因此，人才培养模式是人才培养系统中的一个子系统，但也是最重要的子系统。从当前我国高等教育改革与发展的现实来看：在高等教育人才培养系统中，培养主体和培养对象是相对明确稳定的要素，培养理念的更新逐渐成为共识，培养目标已经明确指向了创新型人才培养，培养途径的选择难度相对较小，而难度最大的是培养模式的创新与培养制度的改革。培养模式（过程）中，学生的个性差异和主体地位是否得到尊重，专业设置的方式是否能适应学生的需求，课程的质量和结构是否能满足学生的需要，教学方法和形式是否科学合理，教学制度的制订和教学管理是否做到了以生为本，等等，这是培养模式构建所要专注的领域，也是培养模式区别于其他人才培养概念的本质特征。因而，培养模式是人才培养系统中一个最复杂、最有活力、最富于变化，也是最重要的要素系统。

其四，人才培养模式既具有模式的一般特性，也具有自身的特点。人才培养模式作为模式的一个特殊种类，具有理论与实践的中介性、实践操作的范型性与可仿效性等模式的一般特性。同时，人才培养模式还具有自身的特点：一是合规律性。人才培养模式必须同时遵循高等教育的个适规律、外适规律与内适规律。即人才培养模式必须与大学生的个性发展要求相适应，必须与社会发展的要求相适应和必须与高等教育自身的文化、结构、功能等要素协调发展的要求相适应。二是目的性。构建人才培养模式的目的就是促进人的个性与社会性和谐发展。三是开放性。人才培养模式的构建和创新不能仅仅局限于高等教育系统内封闭式的进行，必须在与整个社会系统和高等教育改革的互动中进行。四是主体性。人是整个人才培养活动的主体，充分调动和发挥各个不同环节主体的作用是优化高校人才培养模式的内在要求。五是多样性。大学生个性的丰富性与差异性，经济社会发展对人才需求的多层性和多变性，以及高等教育结构的多维性决定了人才培养模式选择的多样性。六是保障性。包括物质资源上的保障，更重要的是制度上的保障。

综上所述，本书认为，所谓"人才培养模式"，是指培养主体为了实现特定的人才培养目标，在一定的教育理念指导和一定的培养制度保障下设计的，由若干要素构成的具有系统性、目的性、中介性、开放性、多样性与可仿效性等特征的有关人才培养过程的理论模型与操作式样①。

要深入理解人才培养模式的基本内涵,还需要对人才培养模式与其相关概念,如教育模式、教学模式、办学模式进行辨析。

1. 人才培养模式与教育模式。依据《教育大辞典》,教育模式有三种含义:一是指教育在一定社会条件下形成的具体式样,如日本村井实曾把社会历史发展中先后出现的教育模式概括为手工模式、农耕模式和生产模式,其共同点是都不把儿童当人看待,他主张现代教育应该是人类模式,即把儿童当人看待;二是反映某个国家教育制度特点的教育式样,如法国模式强调国家办学、集中统一,美国模式提倡地方分权、开放多样;三是指某种教育和教学过程的组织方式,反映活动过程的程序和方法,具有代表性的有赫尔巴特的教学模式和杜威的教学模式②。

人才培养模式与教育模式既有联系又有区别。从区别来看,首先,二者内涵不同。教育模式的内涵更为丰富,既可以指宏观的国家教育制度特点,也涉及微观的教学模式。人才培养模式则只聚焦和适用人才培养活动,重点关注培养什么样的人和如何培养的问题。高校是人才培养的主要渠道,因此,人才培养模式的适用范围侧重于中观的高校层面。人才培养模式的构建需要一定的教学和教育制度作为保障,但人才培养模式并不等同于教育制度和教学模式。其次,二者外延不同。人才培养模式的外延包含整个人才培养活动的基本要素,是对人才培养过程主要矛盾和基本特征的简约概括。而教育模式根据其内涵的不同,有不同的外延。就其第一种含义来说,二者的外延基本相同;教育模式第二种含义的外延则涉及国家的办学体制和管理体制,与人才培养模式的外延有交叉之处;教育模式第三种含义的外延则主要包括教学过程的组织形式和方式,只针对人才培养活动的一个方面,小于人才培养模式的外延。

从二者的联系来看,教育模式的第一种含义虽然辞典给出的释义比较笼统,但从例证来看,实质上涉及培养理念和培养方式的问题,从而

---

① 董泽芳. 高校人才培养模式的概念界定与要素解析 [J]. 大学教育科学, 2012 (3): 30-36.

② 顾明远. 教育大辞典 [Z]. 上海: 上海教育出版社, 1998: 764.

与人才培养模式的含义接近，从这个角度来说，教育模式与人才培养模式一定程度上是同义概念。

2. 人才培养模式与教学模式。《教育大辞典》对教学模式的解释是：反映特定教学理论逻辑轮廓，为实现某种教学任务的相对稳定而具体的教学活动结构。具有假设性、整合性和操作性。最早做系统研究的专著为美国的乔伊斯和韦尔合著的《教学模式》，书中对教学模式的定义是：教学模式是选择教材、构成课程、指导在教室和其他环境中开展教学活动的一种计划或范型。苏联巴班斯基按照不同的教学形式和方法的结合，提出了程序教学型、问题教学型、讲解再现型、再现探究型等教学模式[1]。

人才培养模式与教学模式有明显的区别。首先，二者内涵不同。教学模式是一种教学活动结构，是在一定教学理论指导下，对整个教学过程的抽象化和结构化的把握。显然，教学模式只是针对教学活动而言，而教学活动是人才培养活动的一部分，二者在内涵上所针对的范围不同。其次，二者外延不同。教学模式的外延是教学活动的基本要素，其外延不超过整个教学活动，因此，教学模式的外延小于人才培养模式的外延。

人才培养模式与教学模式又有一定的联系。教学活动是人才培养活动的基本组成部分，二者在外延上有交叉包涵之处，如教学模式中的教学方式要素，也属于人才培养模式中的培养方式要素。

3. 人才培养模式与办学模式。办学模式是指在一定社会历史条件制约与一定办学理念支配下形成的，包括办学主体、办学目标、投资方式、办学方式、教育结构、管理体制和运行机制在内的具有某些典型特征的理论模型和操作式样。

人才培养模式与办学模式既有联系又有区别。首先，二者内涵不同。办学模式主要针对办学活动，所谓办学，即创设、兴办、管理学校，办学活动涉及举办、投资、招生、教育、管理、经营等许多方面，是对客观办学实践要素的抽象化和结构化。相比于人才培养模式而言，办学模

---

[1] 顾明远. 教育大辞典[Z]. 上海：上海教育出版社，1998：717.

式的内涵更为丰富和复杂，涉及的面更为广泛。其次，二者外延不同。办学是由多种要素组成的系统工程，办学模式的外延涉及办学体制、投资体制、管理体制、招生和就业制度等多个方面，而人才培养模式的外延只涵盖人才培养活动的基本结构要素。

从二者的联系来看，办学的目的必然包括培养人才，如何办学必须考虑人才培养的规律和模式，因此，当办学模式的构成要素涉及教育培养人才时，与人才培养模式的一些构成要素存在互动之处。办学模式能够影响人才培养模式的构建，而人才培养模式的优化也需要办学模式的变革。如一定的办学目标必然会对人才培养目标发挥影响，而一定的学校内部管理体制也会制约人才培养的方式；相反，当一定的办学模式不能适应人才培养的要求时，则需要部分甚至全面改革办学模式。如当前出现的大学生就业难问题，就与我国高等教育系统缺乏明确分层有关，许多高校在办学上缺乏特色，定位不清，争上层次，都想办成综合性精英大学，因而造成人才培养模式趋同，人才供给结构变革滞后。

### 四、个性化人才培养模式

从逻辑学上看，个性化人才培养模式是人才培养模式的下位概念。它是人才培养模式的类型之一，具有人才培养模式的一般特点，同时又具有自身的特殊性。

基于前文对有关概念的释义，对个性化人才培养模式可以做出如下界定：个性化人才培养模式就是培养主体为了实现特定的人才培养目标，在一定的教育理念指导和一定的培养制度保障下设计的，由若干要素构成的注重提升培养对象独特性、主体性、创造性与和谐性培养过程的理论模型与操作式样。

对这一定义可以做出以下解读：

第一，以生为本，促进学生的个性发展是个性化人才培养模式的重要特征。以生为本是"以人为本"理念在教育中的具体体现，"人既是发展的第一主角，又是发展的终极目标"[①]，个性化人才培养模式重在体

---

① 国际21世纪教育委员会. 教育：财富蕴藏其中［M］. 北京：教育科学出版社，1996：15.

现以生为本的理念，立足于促进学生的个性化发展，并通过促进个性化发展来推动社会性发展。个性化人才培养模式所要促进的个性发展在于使每一个学生充分认识自己的个性基础，在理想信念、动机、性格、能力等个性特质上全面发展，然后进一步明确自己的个性发展方向，形成个性特长。

第二，个性化人才培养模式重视加强学生的独特性。个性化培养模式所主张的个性潜能的发展，不是潜能的平均发展。每个人都有着独特的生命，生命的独特性就表明每个人都具有优势潜能，教育就是要"扬长避短"，最主要的是在每个学生身上发现最强的一面，找出他发展的"制高点"，在对丰富的教育资源进行自主选择的基础上，通过有目的、有针对性的、特色化的教育，努力挖掘每个学生优势潜能的巨大潜力，使其优势潜能得到最大化、最优化的发展。

第三，个性化人才培养模式注重提高学生的主体性。主体性是个性形成发展的内部动力机制。虽然教育在学生的个性发展中发挥着主导性的作用，但学生个性的形成和发展是学生在教育等外部因素的影响下，自主选择和能动建构的结果。因此，要培养良好的个性，必须重视提升学生的主体性，主体性是一种个体通过自我教育、自我建构达到自我实现的能力。人的良好个性的形成需要自我教育，苏霍姆林斯基非常重视自我教育的作用，他指出"自我教育是学校教育中极重要的一个因素，没有自我教育就没有真正的教育"[1]。

第四，个性化人才培养模式强调提高学生的创造性。个性发展从根本上讲，体现为人的创造精神与创造能力，个性发展的核心是创造精神的发展[2]。个性的不充分发展很难走向创造，个性的充分发展是走向创造的必由之路[3]。个性化人才培养模式强调尊重学生的个性差异，在培养过程中通过一系列优化的制度组合，为学生的个性发展创造自由的空间和充分的条件，有利于学生优化组合自己的个性特质，引导学生去发

---

[1] 王天一. 苏霍姆林斯基教育理论体系 [M]. 北京：人民教育出版社，1992：47.
[2] 刘献君. 高等学校个性化教育探索 [J]. 高等教育研究，2011（3）：1-9.
[3] 张楚廷. 全面发展实质即个性发展 [J]. 北京大学教育评论，2004（2）：70-74.

现自己的优势潜能，从而明确自己的创新方向，增强创新能力。

第五，个性化人才培养模式重视促进个性的和谐性。个性中包括智力、情感（与此相联系的兴趣、需要、动机、态度等）、意志和性格等要素，但诸要素并不是孤立的东西，也不可能孤立地发挥效应，而是互相渗透、互相制约、交互作用的整体。个性化人才培养模式重视调动和发挥全部心理活动的整体作用，促进智、情、意、性的和谐发展。

第六，个性化人才培养模式意味着模式本身是动态发展的，而非僵硬划一的。建构与运用模式是现代科学研究的常用手段，模式的建立与完善本身就符合否定之否定的唯物辩证法与马克思主义认识论，是一种建立—调整—重建的过程，这种过程的循环就是实践—认识—实践的创新过程，因此，模式本身就具有创新性，促进学生个性发展和培养创新人才与模式本身并不抵触。

大学个性化人才培养模式主要包括以下构成要素：

1. 人才培养理念。这里的人才培养理念是指中观（高校）与微观（教师）层面的教育理念。人才培养理念是培养主体对大学人才培养的基本属性、目标价值、职能任务和活动原则等的理性认识，以及对人才培养的理想追求及其所形成的各种具体的教育观念，如教学观、科研观、学生观、质量观与评价观等。人才培养理念旨在解答"大学应该培养什么样的人才"，"人才应该如何培养"等问题。从哲学层面上讲，人才培养理念的功能旨在揭示人才培养的内在逻辑与终极价值；从操作层面上讲，在于指导人才培养过程的设计，包括培养程序与环节等的设计与构想。人才培养理念对人才培养模式其他要素的选择与确定都产生着极其重要的影响。

2. 专业设置模式。专业设置模式是对专业的设置时间、设置空间、设置方向和设置口径的形态变化设计。设置时间是指专业设置的时间早晚，也就是大学生选择专业的时机和方式，是刚入学时就确定专业，还是学习到一定阶段之后再确定专业培养。设置空间是指学生的专业确定之后，还有没有游移的空间和更改的可能，是否允许学生转专业、转系、转院或跨专业、跨系、跨院学习等。设置方向是指在专业口径之内是否分化专攻方向以及分化多少，以刚化或活化专业。专业口径是指划分专业时所规定的主干学科或主要学科基础及业务范围的覆盖面。专业设置模式是大学个性化人才培养模式的重要组成部分。

3. 课程设置方式。课程设置方式是指大学所选定的课程类型和课程门类在各年级的安排顺序和学时分配，以及对各类各科课程的学习目标、学习内容和学习要求的简要规定。评价课程设置主要考虑两个方面：合理的课程结构和课程内容。合理的课程结构指课程的整体结构合理，包括开设的课程门类和数量合理，课程开设的先后顺序合理，既能保证学生达到应有的较为统一的标准，又提供适当的课程学习弹性和自由度，以照顾学生的个性差异。合理的课程内容指课程的内容安排符合知识论的规律，课程的内容能够反映学科的主要知识、方法论及发展前沿。由于传统的专业化教育的影响，我国许多大学的课程设置过窄过专，重专业轻通识、重科学轻人文、重单科轻交叉、重必修轻选修，这样的课程设置不利于大学生的个性发展。

4. 教学制度体系。教学制度体系即前述狭义的人才培养制度，它是与人才培养的微观过程紧密相关的各种规章制度及其实施的体系。其核心内容有分流制、学分制、导师制、实习制、学位制、教学管理制度等。这些制度又自成一定的体系，如现代学分制又具体涉及选课制度、课程体系、学分管理、弹性学制、绩点制度等；学位制又包括主辅修制、双学位制、本硕连读制等，可为不同情况的学生提供多种学习通道供其选择。教学制度体系在培养模式各要素中是最为活跃的一个变量。

5. 教学组织形式。教学组织形式是教学活动过程中教师和学生的组织方式及教学时间和空间的安排方式。不同的教学组织形式对学生知识的获得、思维的发展与人格的提升产生不同的影响。例如起源于德国并被当今众多一流大学纷纷采用的"习明纳"教学组织形式，其突出的特点在于通过探究性、启发性和参与性教学，提高学生的独立思考和自主探究能力。这种教学形式重视学生自主发现问题和自主解决问题，充分培养学生的主体性和创造性，教学过程是师生间和生生间的充分的互动交流过程。我国许多大学的教学仍在采用传统的教学组织形式，强调课堂中心、教师中心和书本中心，教学是以教师主讲的单向灌输过程，课堂往往完全被教师主宰，师生互动交流机会很少，学生处于被动地位，主体性和创造性受到极大的抑制。

6. 教学管理模式。教学管理模式是指在一定的教学理论、学习理论、管理理论指导下对教学过程进行组织管理的手段与方法。教学活动的有效运行需要有合理的教学管理模式相配套。目前我国许多大学仍在沿用传统的行政型教学管理模式,这种模式形成于计划经济体制下,具有集中统一、步调一致的特点,在我国教育发展史上发挥过积极作用。但随着时代的发展,其管理取向的偏颇性、管理内容的统一性、管理方式的强制性等弊端也日益显露,与突出以生为本的教育理念,彰显学生的主体地位、促进学生个性发展的要求不相适应。为了进一步增加课程和教学设计的灵活性,为学生的学习和发展营造更加个性化的空间,必须对教学管理模式进行改革和创新。

7. 隐性课程形式。课程是学生在学校所习得的一切文化的总和。课程可分为显性与隐性两类:显性课程是指有一定的教学目标、教学计划、教学大纲,有一定教材为依托的课程;隐性课程是指在学校中除正规课程之外所学习的一切东西,是学校经验中隐蔽的、无意识的或未被完全认可的那部分经验[1]。大学隐性课程具有普遍性、隐蔽性、暗示性、感染性、长效性、非计划性、无意识性等特点。隐性课程对于促进学生个性的和谐发展具有重要意义,是实施全人教育的重要组成部分。它具有兴趣上的激发功能、认知上的导向功能、情感上的陶冶功能、意志上的磨炼功能与行为上的规范功能。学校之间的隐性课程形式的差别很大,大学的特色之一就在于是否形成了独特的高质量的隐性课程。隐性课程是内隐的,但并非是盲目的,它可以由教育主体站在教学与非教学的维度上,从规划性和自发性两方面去着意构建和营造。

8. 教学评价方式。教学评价是依据一定的标准对人才培养过程及其质量与效益做出客观的判断与评价。教学评价是检验人才培养效果的有效形式和对师生进行激励的重要手段,是调控人才培养过程和促进大学生个性发展的重要环节。教学评价涉及中观的对办学的评价和微观的对

---

[1] 江山野. 简明国际教育百科全书·课程 [M]. 北京:教育科学出版社,1991:92.

教学中教与学的评价两个层面。无论是中观层面还是微观层面的教学评价方式，都可从四个方面进行分析：一是评价的目的，是选拔、鉴别与淘汰，还是反馈、矫正与调控；二是评价的范围，是结果评价还是过程评价；三是评价的依据，是看考试分数，还是看创造性思维与实践能力；四是评价的方法与手段，是主要通过书面考试，还是采用多种方法和形式①。

## 第二节 主要理论基础

个性化人才培养模式的研究与构建必须以对大学生的个性及个性发展的充分研究为基础，对个性的研究历来受到多学科的关注，本书从心理学的多元智能理论、教育学和心理学的个性发展理论、高等教育分流理论等学科视角，对个性化人才培养模式的理论基础进行探讨。

### 一、多元智能理论

多元智能理论是现代心理学中智力理论的重要突破，是对传统的偏向认知的智力理论的挑战。多元智能理论是由哈佛大学发展心理学家霍华德·加德纳（Howard Gardner）教授在其1983年出版的《智能的结构》一书中首先提出。自创立以来，多元智能理论在世界范围内产生了重要影响，并成为许多西方国家教育改革的指导思想之一。

1. 多元智能理论的主要观点

（1）智能的涵义。多元智能理论认为：智能是在某种社会或文化环境的价值标准下，个体用以解决自己遇到的真正难题或生产及创造出有效产品所需要的能力②。具体包括以下涵义：

首先，每个人的智能结构都是不同的。多元智能理论认为，在每个人的智能结构中都同时存在着八种相对独立的智能，并且每一种智能都

---

① 董泽芳. 高校人才培养模式的概念界定与要素解析［J］. 大学教育科学，2012（3）：30-36.

② 霍华德·加德纳. 多元智能［M］. 沈致隆，译. 北京：新华出版社，1999：16.

有其独特的运作方式和解决问题的方法。这八种智能在每个人身上的组合方式是多种多样的，有人可能在一个、两个甚至数个方面都具有较高的天赋，在其他方面则可能资质平平，甚至水平极低；有人可能各种智能都很一般，但如果这些智能组合得当，则在解决某些问题或在某些领域极为出色。

其次，在智能的发展上，环境的影响尤其是教育的影响可以发挥重要的作用。在多元智能理论看来，每个人都各具潜能，但潜能的激发和实现有赖于个体所处的环境，尤其是教育可以发挥重要的影响。在大学教育中，鼓励自由发展的学习环境、科学的课程和教学安排、和谐的师生关系、优良的校风学风等，都对个体智能的发展方向和发展程度产生积极和重要的影响。

其三，多元智能理论强调应该用多维视角看待智能问题。加德纳认为，传统的智力理论只强调语言智力和数理—逻辑智力，用这样的视角去看待人的智力发展是不全面和不科学的，多元智能理论强调智能的多元化，而不认同智能仅有一两种核心能力构成，这些对于我们发现人的智能并培养人的各种智能都有积极意义。

（2）智能的结构。加德纳认为，个体身上存在相对独立的八种智能：语言智能、逻辑—数理智能、视觉—空间智能、身体—动觉智能、音乐智能、自知智能、人际交往智能和认识自然智能[①]。

第一，语言智能，指运用词语和语言的能力，包括书面语言和口头语言。妙笔生花和能说会道是语言智能高的表现。

第二，逻辑—数理智能，指逻辑分析、逻辑推理能力和数学演算能力。数学家、会计师、电脑程序设计师等都显示出很高的逻辑—数理智能。

第三，视觉—空间智能，指能够在大脑中形成对外部物体、风景或空间的构型，并能够运用和操作该构型的能力。画家、雕塑家、建筑师、飞行员的视觉—空间智能较高。

---

① Gardner. Reflections on multiple intelligences: Myths and messages [J]. Phi Delta Kappan, 1995, 77 (3): 202-209.

第四，身体—动觉智能，指能够有效操控整个身体或身体的一部分来完成某项活动或制造某种产品的能力。运动员、舞蹈家、技艺高超的手工工匠、外科医生等拥有较高的身体—动觉智能。

第五，音乐智能，指感知、鉴赏、创作音调和旋律的能力。作曲家、演奏家等具有较高的音乐智能。

第六，自知智能，指对自己的内心感受较为敏感，能够进行内省、自律和自制的能力。哲学家、心理学家等通常具有较高的自知智能。

第七，人际交往智能。指了解和理解他人的能力，人际智能高者善于与人交往，能够处理好人际关系。社会活动家、政治家等拥有较高的人际交往智能。

第八，认识自然智能。指认识自然，并对周围环境中的各种事物进行分类的能力。植物学家、景观园林设计师、猎人、农夫等通常认识自然的智能较高。

2. 多元智能理论对本研究的启示

加德纳曾指出，任何对多元智能理论的严肃应用，都应该尽最大可能使教育个性化[①]。对于当前我国一流大学个性化人才培养模式的理论研究和实践探索，多元智能理论均具有重要的指导价值。

（1）提供了看待学生个性差异的独特而积极的视角。加德纳认为，每个人都至少具有八个方面的潜能。人的智能是发展的，不仅可以通过教育加以培养，而且在许多方面能够达到比较高的水平。多元智能理论有助于我们树立新的人才观和学生观，使我们能够以更加积极乐观的视角看待每一位学生，特别是那些在传统智力理论看来是差生、后进生的学生。多元智能理论对教育实践的重要影响，就是它看到了人的多种潜能，看到了"人人有才"、"每个学生都是潜在的天才"。人才培养活动应该以尊重学生个性差异为前提，树立人人皆可成才的培养理念，使每一种智能发挥到更高水平；应该在全面开发每个学生脑子里的多种智能的基础上，给每个学生以多样化的选择，使其扬长避短，从而激发每个

---

① 霍华德·加德纳. 我是怎样提出多元智能理论的：《智能的结构》出版25周年纪念 [J]. 人民教育，2008（9）：6-7.

人潜在的智能,充分发展每个人的个性①。

(2) 指出了顺应和开发学生个性潜能的思路和方向。多元智能理论以全新的视角阐释了智能在学生个体身上的存在方式和发展潜能,超越了以往只关注语言智能和数理—逻辑智能而忽视其他智能发展的做法。它提醒我们不能忽视学生的智能差异,也不能假设每个学生都拥有相同的潜在智能。不仅要认识到学生的差异,而且要尊重学生的差异。差异不仅是教育的基础,也是学生发展的前提,应视为一种财富而加以开发,使每个学生扬长避短,最大限度地实现个人的发展。在多元智能理论看来,每一位学生的智能结构都不尽相同,且各有长处,我们应该在教育中清醒地认识到学生的智能在不同领域中发展的不同步性,努力发现学生的优势智能领域并加以挖掘和发展。

(3) 明确了促进个性和谐发展的意义和途径。多元智能理论强调八种智能中的每一种在人类认知结构中均具有同等重要的地位,教育应该对不同的智能一视同仁。个性化人才培养应该在充分认识、肯定和欣赏学生优势智能领域的基础上,鼓励和引导学生将自己优势智能领域的特点向弱势智能领域迁移,从而使自己的弱势智能领域也得到最大限度的发展。一般来说,学生在从事优势智能领域的智能活动时能够表现出较好的智能特点和个性品质,教师要注意发现这些智能,并且寻找出这些智能因素特点与弱势智能领域之间的联系与差异,以此为切入点使学生对要完成的任务与他最感兴趣的活动相联系。教师还要在教学中帮助学生认识到在从事优势智能活动时所表现出来的非智能因素,如兴趣、勇气、注意力等等,促使其智能特点和意志品质的迁移。

(4) 提升了培养学生创造能力的认识和价值。加德纳认为,智能是解决问题和制造产品的能力。这种对智能的理解具有很强的创造性。因为,无论是解决问题或制造产品,都需要发挥创造性,都需要综合运用多种智能开展创造性的活动。既然每个人都具有八种智能,且每个人都有优势智能,这些智能在未得到充分开发前都是具有创造能力的潜能;

---

① 蔡克勇. 多元智能理论与全面素质教育[J]. 辽宁教育研究, 2000 (11): 36-39.

依据多元智能理论，创造性人才的智能结构类型是多种智能按不同比例合成的多元结构，是各种智能要素组合、密切联系的一个完整系统，因此，我们应该更加注重学生创造能力的培养。

## 二、个性发展理论

个性发展既是人性发展的本质体现，又是社会发展的动力源泉，更是教育改革的目标追求，重视个性发展已经成为教育改革的必然趋势。

1. 个性发展理论概述

（1）个性发展的实质是差异发展。个性是相对于共性而言的，个性发展的实质就是个性差异的发展。这些差异表现在个人的兴趣、能力、性格、理想、价值取向与行为方式等诸多方面。正因为这些方面差异的存在，使得每一个人都成为具有丰富多样性的活生生的具体实在的个体，每个个体都是在以自己的差异性来确认自己的合理存在。下面主要从生理差异和心理差异两方面进行分析。

第一，生理差异。生理差异根源于遗传基因（DNA）的差异，不同基因型的人在智力和行为倾向上存在明显的差异。这些差异主要表现在色觉、听觉的敏感性，嗅觉、味觉的辨别力，数学能力，语词流利性，记忆，心理动态学特征以及内倾、外倾性等方面。对学生的学习、成才影响最直接、最重要的生理差异是神经特质的差异。巴甫洛夫研究认为，人的神经类型差异可区分为艺术型、思想型与普通型三大类。不同神经类型的人，视其"神经特质"的差异选择适当的培养方向和培养方式就容易成才，反之，则难以成才。西方学习风格理论认为，学生学习风格的生理性因素包括学习时间偏爱、直觉反应、声音偏爱、光线偏爱、温度偏爱、活动性与坐姿偏爱等方面。根据每个人的偏爱可将学习风格分成若干类型，比如根据知觉反应表现出来的对不同感知通道的偏爱可分成视觉型学习者、听觉型学习者、动觉型学习者和混合型学习者等类型。如果能针对不同类型的学习者采取相应的教学策略，就有可能取得更好的教育效果。学生的生理差异还表现在男女性别差异和个体之间的体格差异。所以，在"因材施教"的同时还要"因性施教"，这也是发展个性的有效途径。

第二，心理差异。个体的心理差异具体表现在个体之间的智力、能力、气质、性格、需要、兴趣、理想等方面，我们可以将其划分为智力因素和非智力因素两大方面：智力因素是影响成才的一个举足轻重的因素。学生的智力差异有多种表现形式：其一，从智力的类型差异来看，一般把智力因素分成感知力、记忆力、思维力、想象力、言语能力和操作能力六种成分。对它们不同的组合使用，就构成不同的智力类型。其二，从智力的发展水平来看，智力可以表现为超常、正常和低常的差别。通常认为智商（IQ）在130以上的为智力超常，这类人占人口总数的1%左右；智商在110~130的为智力偏高，约占人口总数的19%；智商在90~109的智力正常，约占人口总数的60%；智商在70~89的智力偏低，约占人口总数的19%；智商在70以下的为智力低常，约占人口总数的1%。其三，从智力表现的迟早来看，有显露较早者，亦称"早熟"；有"大器晚成"者，亦称"晚熟"。除此之外，还有许多关于智力差异的看法，如多元智能理论，前文已有介绍。

非智力因素具体表现在需要、兴趣、气质、性格等方面，有的人也将其称为情商（EQ）。非智力因素决定着人的心理活动的动力特征，对一个人的成功与否起着决定性的作用。马斯洛提出的需要层次理论，将人的需要由低到高依次分为生理需要、安全需要、归属与爱的需要、尊重需要、求知需要、审美需要和自我实现需要等七个层次。不同个体对相同需要的感受强度存在差异，并且不同个体满足同一需要的方式也各不相同。每个学生的兴趣的倾向性、稳定性等方面都存在着差异。气质的差异是与生理差异密切相关的，通常按照神经活动的兴奋性、平衡性、灵活性的差异把人的气质划分为胆汁质、多血质、黏液质和抑郁质等四种类型，每个人都是这些气质类型的某种特殊组合。气质虽然不能决定一个人的社会价值和智力水平，但它影响着人的性格特征和智力活动方式。性格是个体表现出来的对现实的态度和行为方面的比较稳定的心理特征。一个人的性格对他的学习态度、学习方式、学业成败以及对未来的职业选择都有较大的影响，所以有"性格决定命运"这一说法。

（2）个性发展的目的在于强化个人优势。充分挖掘和开发每个人的智能优势，是目前教育面临的最重要任务。从多元智能理论的角度来看，每一个体不同优势智能领域的充分发展才能使个体的特殊才能得到充分展示，个性得以充分展现，才能保证个体在社会需求多元和职业转换频繁的背景下，实现个人的充分发展。并且，教育在开发和发展学生智能，尤其是优势智能上具有重要的作用。学生只有经过系统的、有目的和有计划的教育活动，经过教师、导师的教导，才能发现自身的优势潜能，在外在的教育影响下，通过发挥自身的能动性，将自己的优势潜能转化为个人优势，这是教育的理想和努力的方向。因此，加德纳的多元智能理论为我们通过教育实现每个学生的个性化发展、最优化发展提供了新的思路和方向。个性化教育应该以尊重学生个性差异，发现学生的优势潜能为出发点，通过精选的教育内容和科学的教育方式，精心呵护和努力挖掘学生的巨大潜力。对学生实施教育时，要克服在传统的教育实践中把语言智能和逻辑—数理智能看作是最重要的能力，而其他智能则在不同程度上看作是不务正业甚至是可有可无的错误思想。对于那些优势智能领域不属于传统学校教育重点的学生，要注意培养和提高他们的自信心。教师应该以积极的眼光看待传统教育意义上的"差生"，并善于发现他们的优势智能领域，使其创造潜能得到充分展示。

2．个性发展理论对本研究的启示

（1）明确了促进学生个性发展的内容和目标。从不同的学科视角出发，对人的个性及个性发展有着不同的阐释和理解。心理学、人学、哲学等学科关于人的个性及个性发展的有关理论为教育学中人的个性发展研究提供了重要而坚实的理论基础和观察问题的多元视角，但在教育学及高等教育学的学科视域中，学生的个性及个性发展有着特殊的内涵和意义。上述个性发展理论明确了在教育学学科视域中促进学生个性发展的内容和目标，指出在教育学中促进学生的个性发展主要应从加强和提高学生的独特性、主体性、创造性、和谐性等四个方面入手，并根据每个学生的独特性亦即差异性，促进学生差异化发展，使每位学生的优势领域得到强化，造就大批才能各异，个性鲜明的人才。

（2）为个性化人才培养模式的建构与调整提供了理论基础和实践依据。我国一流大学个性化人才培养模式的建构与调整必须遵循人才成长的规律，必须尊重大学生的个性差异，为大学生的个性发展提供充足的条件和空间。我国一流大学在建构个性化人才培养模式的过程中，必须摒弃过去强调"大一统"和整齐划一的理念与制度设计，在充分认识和考虑大学生个性差异的基础上，紧紧围绕提高和强化大学生的独特性、主体性、创造性与和谐性，结合各一流大学自身的实力、特色与人才培养定位，首先在理论上进行人才培养模式的顶层设计，提出个性化人才培养的理论模型。在实践中，以能否有效促进大学生个性发展为检验和调整个性化人才培养模式的标准，通过革新人才培养理念和改革人才培养制度，形成先进科学的个性化人才培养模式，为大学生的个性发展创造有利条件。

### 三、高等教育分流理论

高等教育分流是教育分流系统的重要分支，所谓教育分流，即人才培养的分流，它是指学校教育系统根据社会的需要和学生个人的意愿与条件，把完成一定阶段教育的学生，有计划、分层次、按比例地分成若干流向，分别接受不同层次、不同类型的教育，以培养社会发展所需要的各级各类人才的活动。高等教育分流不仅肩负着开发学生潜能、促进个性发展的任务，还具有培养多样化人才、优化人才结构、满足国家及社会发展多方面需求的功能。因此，高等教育分流对个人发展和社会发展都具有极其重要的意义。

1. 高等教育分流的内涵

高等教育分流是分流主体依据社会发展的需要和分流对象的意愿与条件，由分流机构对分流对象实施的有目的、有组织、有差别的培养高层次专门人才的活动[1]。作为一种系统性、计划性的教育活动，高等教育分流在横向上涉及五个方面的八大要素：一是谁来分流，即分流的主体和实施机构；二是对谁分流，即分流的对象；三是为何分流，即分流的目的；四是怎样分流，即分流的依据、分流的策略；五是分流效果，即分流的结构和功能。以下作简要分析：第一，高等教育分流的主体。

---

[1] 董泽芳，陶能祥. 高等教育分流的理论与实践［M］. 武汉：华中师范大学出版社，2010：20.

政府是分流决策与调控的宏观主体，各级各类高等教育机构既是决策与调控的中观主体，也是执行的主体，学生、家庭以及与高等教育分流活动相关的社会组织是重要的参与主体。第二，高等教育分流的对象。它是指准备接受高等教育或处于一定高等教育阶段的学生，在分流活动中，他们既是分流的客体，又是参与的主体，具有双重属性。第三，高等教育分流的目的。从国家及社会层面来看，是为了培养丰富多样的人才，满足社会发展需要；从个人来看，是为了开发个人潜能，促进个人更好地发展。第四，高等教育分流的依据。它是指在甄别选拔准备接受高等教育的学生时，以及对一定高等教育阶段的学生实施分层分类培养时，所应该依据的标准。第五，高等教育分流的策略。主要指应该采取何种分流形式以及实施的方式与步骤。高等教育分流的形式主要有外分式和内分式，外分式是指将有意愿和符合条件的高等教育对象选拔出来并分流到各级各类高等学校中去，内分式是指将一定高等教育阶段的学生按照他们的意愿和条件分流到不同的学科、专业、班组、年级等的教育活动。另外，分流的方式与步骤必须选择科学合理的分流依据、分流时间、分流比例。第六，高等教育分流的结构。它是指高等教育系统中学生分流进入不同层次、不同类型、不同形式、不同区域的高校的比例构成与纵横连接方式。第七，高等教育分流的功能。对国家和社会而言，它能够适应国家现实和长远的发展需要，促进社会人才结构的优化，培养大批社会主义建设者；对学生而言，它能更好地适应学生的个性差异，有助于实现因材施教、自由发展的教育理想。第八，高等教育分流的机构。即实施分流培养人才活动的单位，包括普通高等学校以及具有非正式高等教育资格的单位。

在纵向上，高等教育分流可分成三个层面：

一是高等教育对象的分流。具体包括四个方面，即按高等教育层次分流；按高等教育类型分流；按高等教育形式分流；按高等教育地域分流。

二是高等教育任务的分流。所谓高等教育任务的分流，是指不同的高等教育机构在分流中应有不同的定位与分工。高等教育任务分流也可从四个方面考察：不同层次高等教育机构的任务分流；不同类型高等教育机构的任务分流；不同性质高等教育机构的任务分流；不同地域高等教育机构的任务分流。

三是高等教育资源的分流。高等教育资源是指保障高等教育分流活动顺利进行的人力、物力、财力及相关资源的总称。例如人力资源包括学生、教师和管理者等；物力资源涉及教学科研场地、图书仪器设备、生活娱乐设施等；财力资源包括财政投入、社会捐赠、学费收入及校企创收等；相关资源主要指在长期办学中形成的学校声望等无形资产[1]。

2. 高等教育合理分流的主要特征

（1）分流取向的兼顾性。分流取向是指分流主体从一定的认识和判断出发，对分流活动的目标、方向和重点进行的权衡和取舍。适宜的分流取向对促进合理分流起着重要的导向作用。高等教育分流活动涉及国家、社会、高校、家庭、个人等多方面的利益主体，这些利益主体的诉求往往并不完全一致，甚至经常出现矛盾和冲突，由此也造成了高等教育分流取向的多面性、多层性和多维性。高等教育的合理分流很大程度上就取决于对多种目标冲突的调适，使对立的目标取向在一定条件下保持相对平衡。只有首先确立能够统筹兼顾各方利益的分流取向，才能形成合理的分流结构体系，整个分流活动才能实现系统的效率与整体的功能。

（2）分流依据的科学性。高等教育分流的依据可以从主观和客观两个方面考察，主观依据主要是指那些个人通过主观努力可以获得的条件，如学习成绩、竞赛获奖、特长兴趣等；客观依据是指外在的不以人的意志为转移的条件，如个人的出身阶层、家庭的社会经济地位等。要实现分流依据的科学性，就必须综合考虑各方面的因素，处理好主观依据和客观依据的关系。

（3）分流时机的适宜性。分流时机的选择既要平衡和兼顾国家、社会、高校、个人的需求，也必须综合考虑主观和客观条件。总体来看，

---

[1] 董泽芳，陶能祥. 高等教育分流的理论与实践［M］. 武汉：华中师范大学出版社，2010：20.

高等教育分流的时机包括入学时分流和入学后分流，入学后的分流各校根据实际情况又可以实行若干次再分流。分流时机的适宜性是指对每次分流时间的确定要合理，要在认真研究培养目标、培养方向、培养时间以及学生合理需求的基础上做出适当的选择。

（4）分流形式的多样性。当今世界社会分工的日益细化，职业转换的频率不断提高以及人的个性的丰富多彩，都要求有灵活多样的分流形式。综观中外高等教育分流的举措，可以分为以下几种：一是外分式，即在高校间分流；二是内分式，即在高校内分流；三是参与式，即校企合作、分流培养；四是工读转换式，即工作和学习交替进行。

（5）分流结构的协调性。形成合理的高等教育分流结构是实现分流形式多样性和满足学生个性化需求的基础。衡量高等教育分流结构是否合理的标准，主要看其是否具有三方面的协调性：一是与社会发展的条件和要求相协调；二是与分流对象的个性差异和个性发展需求相协调；三是高等教育分流结构各组成部分之间相协调。

（6）分流机构定位的合理性。所谓分流机构定位的合理性，是指分流机构依据自身的优势资源与有利条件，在分流培养人才活动中处于恰当的位置和承担适当的任务。这种定位主要包括七个方面：对象定位，即招收何种层次、何种类型的学生；层次定位，即培养何种层次的人才；类型定位，即培养什么学科、什么专业的人才；形式定位，即采用哪种高等教育形式来培养人才；区域定位，即所培养人才的适用空间范围；能级定位，即所培养人才的综合素质在同层同类高校中所处的地位；特色定位，即所培养的人才与同层同类高校相比具有哪些独特的优势①。

3. 高等教育分流理论对本研究的启示

（1）高等教育分流是促进个性发展的重要途径。高等教育分流的根本目的在于充分挖掘每个大学生的潜质，促进大学生个性发展。在

---

① 董泽芳，陶能祥. 高等教育分流的理论与实践[M]. 武汉：华中师范大学出版社，2010：21-22.

高等教育阶段，大多数受教育者都是18～22岁的青年人，各项智力因素均达到相当高的水平，而且随着知识的拓展、经验的积累和思维能力的提高，个人的潜能优势也已得到部分的开发，若在此阶段能够使受教育者接受适合自身发展的各种形式的高等教育，必将有助于个性更好地发展，从而促进全社会人力资源的充分开发。因此，合理分流既能为每一个大学生提供广阔的发展空间和自由的选择机会，又利于培养学生的主体性和创造性，帮助他们做到自我选择、自我发展和自我实现。

（2）为个性化人才培养模式提供了构建策略。促进大学生个性发展是我国一流大学构建个性化人才培养模式的主要目的。这一目的的有效实现，离不开合理的高等教育分流。从分流的对象来看，一流大学个性化人才培养模式的培养对象直接来自高等教育分流的对象，即通过高考选拔进入一流大学的本科生，有的一流大学直接从通过高考进入本校的本科新生中分流，有的则从进入本科学习一定阶段后（如二年级）的学生中，按照一定的标准进行分流培养。从分流的目的来看，我国一流大学构建个性化人才培养模式，短期目的在于促进优秀大学生的个性发展，培养拔尖创新人才；远期目的则在于为全校以及整个国家的个性化培养模式改革进行先行探索并积累经验，以提高我国本科教育质量建设创新型国家。从分流的形式来看，我国一流大学个性化人才培养模式主要涉及内分流形式，包括对培养对象的选拔、后期的专业分流等，无论采取何种形式，都必须采用科学合理的分流依据，才能确保大学生的个性潜能得到最大程度的尊重和开发。从高等教育纵向分流的构成来看，我国一流大学构建个性化人才培养模式，必然涉及高等教育资源的分流，如何既能调配全校的优质教育资源确保个性化人才培养模式的培养质量，又能统筹协调保证全校教学工作的有序运行，这些都必须认真研究高等教育资源的分流。因此，我国一流大学构建个性化人才培养模式，离不开对高等教育分流的研究和应用，在模式的构建过程中，需要进行合理的高等教育分流，力争实现分流取向的兼顾性、分流依据的科学性、分流时机的适宜性、分流形式的多样性、分流结构的协调性和分流机构定位的合理性。

## 第三节　我国一流大学构建个性化人才培养模式的重要意义

### 一、一流大学构建个性化人才培养模式是培养创新人才的重要途径

习近平总书记在十九大报告中指出，建设教育强国是中华民族伟大复兴的基础工程。从世界范围来看，教育强国是以大批拔尖创新人才的涌现为前提和标志的。提高高等教育质量尤其是一流大学的人才培养质量，是实现人才强国和建设教育强国的必由之路。在21世纪，人类迈向知识经济时代的步伐不断加快，国际竞争日益成为高层次人才间的竞争。综观西方各发达国家，为了在激烈的国际竞争中继续保持领先地位，各国都非常重视提高高等教育质量和加强对高层次人才的培养，纷纷加大了对本国一流大学人才培养的投入。建设创新型国家和实现现代化是我国在21世纪的宏伟目标，无论是建设创新型国家还是实现现代化，其最终的动力和实力是知识，也即教育，特别是大学教育[①]，而知识的生产和应用，必须依靠人才。因此，为了迎接知识经济时代的挑战，抓住新科技革命的战略机遇，实现人才强国的伟大目标，我们必须将提高高等教育质量、培养大批拔尖创新人才作为高等教育发展的核心任务。一流大学在高等教育体系中占据龙头和顶层位置，培养拔尖创新人才是一流大学的历史使命和主要职能，虽然高等教育质量的提高必然是整体质量的提高，但提高一流大学的教育质量对高等教育整体质量的提升和满足国家发展对拔尖创新人才的迫切需求有着更为关键的作用和意义。长期以来，我国一流大学通过人才培养、科学研究、社会服务、文化导向等在国家社会发展中发挥了重要的作用，为现代化建设作出了重要贡献，但也应该清醒地看到，与世界一流大学的教育质量相比，以及在满足重大科技创新和经济社会发展对创新型人才的需求上，我国一

---

① 金耀基. 大学之理念 [M]. 北京：生活·读书·新知三联书店，2008：144.

流大学还存在着差距。当今世界进入了一个高度尊崇人的价值和崇尚人的个性发展的时代,许多发达国家也将尊重和发展个性作为教育改革的基本点,如日本早在1987年的《关于教育改革的第四次咨询报告》中就将"重视个性的原则"确定为"本次教育改革的最重要的基本原则"。许多世界一流大学之所以有着较高的教育质量,与其重视学生个性发展有着重要的关系。较强的共性制约是我国大学教育与西方一流大学相比的一个突出弱点,也是阻碍创新人才培养的重要因素。正是为了正视和扭转这一差距,我国一流大学近年来纷纷开始进行个性化人才培养模式的改革探索,通过提高人才培养质量和教育质量,带动我国高等教育整体质量的提高,为人才强国奠定坚实基础。

## 二、一流大学构建个性化人才培养模式是提高教育质量的核心环节

人才培养既是大学的基本职能,也是大学发展的根本动力,提升人才培养质量应是任何一所大学发展的关键和核心环节,一流大学更应将培养一流的人才放在学校改革发展的中心地位。自"211"、"985"工程实施以来,国家重点建设一批高水平大学,由于国家政策的倾斜和巨额的资金投入,相关大学得到前所未有的发展机遇,科研地位迅速上升、学科建设成果显著、硬件设施和科研设备等得到大幅度的改善和增加。国家的政策倾斜和资金投入为推动我国一流大学建设起到了重要的作用,但也存在着部分大学在改革发展中重硬件建设轻软件提升、重外延投入轻内涵发展的误区,对本科人才培养的重视和深入研究尚显不足,本科生教育与研究生教育、学科建设之间的结构性矛盾日益突出。同时,随着我国高等教育大众化的迅速推进,大学扩招及高等教育规模的不断扩大,一流大学也承担了较为沉重的高等教育大众化任务,一流大学的精英教育及培养创新人才的使命受到很大的影响,人才培养模式与社会需求及人的个性发展间的冲突不断凸显,人才培养的质量面临着越来越严峻的挑战。不提高人才培养质量,一流大学建设必将成为空谈。综观世界各一流大学,可以发现,一流大学多有一流的本科教育,因为一流的本科教育既是一流研究生教育的基础,也能为社会提供一流的本

科毕业生。当前，积极推进高等教育的内涵式发展是国家社会发展对提高高等教育质量的迫切要求，一流大学更要将提升人才培养质量与推动内涵式发展统一起来，将人才培养质量提升作为推动内涵式发展的核心目标和关键途径。人才培养质量的提升需要构建科学合理的人才培养模式，我国部分一流大学正在进行的个性化人才培养模式改革探索，其主要目标就是通过人才培养模式的改革创新，培养拔尖创新人才，提升人才培养质量。因此，只有建立起科学合理的人才培养模式，培养出大批优秀人才，才是一流大学的生存之本、发展之本和动力之本。

## 三、一流大学构建个性化人才培养模式是发展学生个性的关键举措

"以人为本，促进经济社会和人的全面发展"是科学发展观所提出的指导我国经济社会发展的重要理念，也是我国教育改革和发展的重要指导思想。在高等教育改革发展中践行以人为本的发展理念，前提在落实"以生为本"。"以生为本"就是要把学生看成学校的生存之本和发展之本，真正树立"一切为了学生，为了一切学生，为了学生的一切"的办学观念；就是要在教育实践中把促进学生的和谐发展作为一切教育活动的出发点和教育改革的立足点。在这一观念的指导下确定有利于学生发展的培养目标，建立促进学生共性与个性和谐发展的课程体系，构建多样化、有特色的人才培养模式①。通过人才培养模式的改革创新，促进学生个性和谐发展，是我国一流大学践行"以生为本"发展理念的关键举措。自新中国成立以来，我国在高等教育价值取向上，总体上属于社会本位取向，前30年主要是以培养革命者为目标的政治本位取向，改革开放后转为以培养社会主义建设者为主要目标的经济本位取向②。这种主要强调社会本位的高等教育价值取向在特定的时代背景和历史阶段有着一定的合理性，满足了当时国家社会发展对稳定政治经济秩序、培养专

---

① 董泽芳，张国强. 科学发展观与高等教育和谐发展 [J]. 高等教育研究，2006 (1)：1-6.

② 董泽芳，黄建雄. 60年我国高等教育价值取向变迁的回顾与思考 [J]. 华中师范大学学报 (人文社会科学版)，2011 (1)：132-139.

业对口人才的迫切需求。随着社会主义市场经济的建立和发展,这种专业化的人才培养模式日益显露出其导致学生过度专业化和片面发展的弊端,究其根源,与人才培养的"工具价值"取向密切相关。"以人为本"的教育不能只考虑作为"工具的人",也应该考虑作为"目的的人"[①],学生不仅是发展的目的,也是发展的动力,更在促进自身个性和谐发展过程中处于主体地位。个性化人才培养模式所蕴含的价值取向与"以生为本"的理念具有内在的一致性,个性化人才培养模式构建的前提条件就在于对学生个性差异的尊重,在模式构建的过程中强调根据学生的个性差异来选择培养方式,构建合理的教学制度和课程体系。当前,我国部分一流大学正在进行个性化人才培养模式的改革探索,其目的就在于落实"以生为本"的改革发展理念,改革创新我国传统的专业化培养模式,通过促进学生的个性和谐发展来推动社会协调发展。

---

① 石中英. 教育哲学导论 [M]. 北京:北京师范大学出版社,2004:92.

# 第三章 国外一流大学个性化人才培养模式的特点及共同创新经验

作为一种有目的培养人的社会活动，教育可以视为与人才培养同义。培养人是教育的立足点，是教育价值的根本所在，是教育的本体功能①。现代大学自中世纪产生以来，其形式、功能、理念、使命等都处于不断地调整与变革之中，但大学的主业——培训学生和保持学习探究的传统——从来就没有变换过②。在西方发达国家，从人才培养角度考察其一流大学的教育传统，可以发现，中世纪大学虽然被视为培养专业人才的职业学校③，但到了近代欧洲，以牛津大学和剑桥大学为代表的英国大学则转向了理智培养和绅士教育，并且这种教育传统随着高等教育中心的转移，为美国的一流大学所继承和发展。从整体来看，以美国一流大学为代表的西方发达国家高等教育有着自由教育的传统，素来重视心智的训练和个性的自由发展④。在这种传统的影响下，西方许多一流大学形成了独具特色的个性化人才培养模式。今天，随着新科技革命的持续推进和现代社会生产力的高度发展，大学尤其是一流大学通过培养高级专门人才在推动各国社会发展进步中扮演着愈来愈重要的角色。

---

① 王道俊，郭文安. 教育学 [M]. 北京：人民教育出版社，2009：16.
② 查尔斯·霍默·哈斯金斯. 大学的兴起 [M]. 梅义征，译. 上海：上海三联书店，2007：16.
③ 伯顿·克拉克. 高等教育新论：多学科的研究 [M]. 王绪绪，徐辉，郑继伟，等译. 杭州：浙江教育出版社，2001：29.
④ 刘宝存. 为未来培养领袖：美国研究型大学本科生教育重建 [M]. 北京：高等教育出版社，2011：44.

在拔尖创新人才的培养上，我国大学与国外一流大学还有着较大的差距，在人才培养模式上，国外一流大学的特色化个性化人才培养模式值得我们认真研究和借鉴。

## 第一节 国外一流大学个性化人才培养模式的主要特点

在国外一流大学的选择标准上，本书将主要依据目前国际上较为权威的大学排行榜，即英国《泰晤士报高等教育副刊》和《美国新闻与世界报道》近年来所发布的世界大学排名，选取若干所在排行榜上排名靠前，本科人才培养模式特色鲜明的有代表性的世界一流大学，先采用个案分析，然后进行整体比较，探析其在人才培养模式各个要素和环节上的先进举措与主要特点，进而提炼、总结其成功经验，为我国一流大学构建个性化人才培养模式提供借鉴与启示。

### 一、哈佛大学本科人才培养模式的主要特点

作为世界一流大学的翘楚，哈佛大学（以下简称"哈佛"）不仅以其崇高的学术声誉和卓越的研究能力闻名于世，更以其人才培养的杰出成就而受到世界的推崇和瞩目。哈佛大学不仅重视研究生教育，更注重本科生培养。本科教育始终在哈佛处于中心地位，本科生培养被视为哈佛立校之本，诚如哈佛大学文理学院前院长亨利·罗索夫斯基所言，只有本科生才是哈佛大学真正的儿女[①]。探析哈佛大学本科人才培养模式的特点，借鉴其成功经验，对当前创新我国大学本科人才培养模式，提升人才培养质量无疑具有重要意义。

1. 哈佛大学本科教育发展概况及人才培养成就

"先有哈佛，后有美国"，始建于1636年的哈佛大学距今已有380余年的悠久历史，从诞生之初仅寥寥数名学生的乡间学校到如今常雄踞世界大学之冠的一流学府，哈佛的发展史可谓十分辉煌。然而，仔细审视

---

① 亨利·罗索夫斯基. 美国校园文化：学生·教授·管理［M］. 谢宗仙，周灵芝，马宝兰，译. 济南：山东人民出版社，1996：66.

哈佛大学的发展历程可以发现，作为一流大学的领跑者，哈佛办学史上众多具有风向标与里程碑意义的重大举措，大多与本科教育的改革与创新有关。

哈佛的本科教育发展至今，大致可以分为四个阶段：1636—1780年为初创期，这一时期有两大创新举措，一是建校之初就打破了英国只有大学才能授予学位的传统，授予毕业生学位。1650年，哈佛学院颁发的学位证书就首次得到了牛津大学和剑桥大学的承认[①]。二是顺应产业革命和时代发展的要求开设自然科学课程，1780年哈佛学院已先后建立数学、医学等教授讲座，哈佛学院进而升格为哈佛大学。1781—1868年为探索期，这一时期的重要改革是借鉴德国大学模式对哈佛的课程设置、教学制度、教学方法等进行革新探索，例如打破固定课程，推行选修制，允许学生按照自己的能力和兴趣安排学习进程，倡导研讨式的教学方法等，这些改革措施的实行，使哈佛大学迈出了向现代大学转型的第一步。1869—1982年为跃进期，这一时期哈佛创建和推行了全面选修制、导师制和住宿制等教学制度体系，并制定了通识教育方案和核心课程体系，哈佛开始突破古典教育的传统，形成普通教育与专业教育相结合的课程体系。经过几任校长的改革努力，哈佛迅速成长为世界一流大学。1983年至今为深化期，近年来哈佛大学再次启动了全面综合的本科生教育改革，例如提出推迟专业选定时间至第三学期末并增设第二专业领域，围绕加强探究性学习和师生交流构建新的课程体系，加强综合交叉学科课程建设，完善住宿导师制度并大力扩充国际化和全球化学习体验项目等[②]。

哈佛大学现设文理学院、法学院、商学院、教育学院等平行学院（部、所），其中，位于文理学院中的哈佛学院是担任本科生教育的专门学院，虽然法学院、商学院都声名远扬，但长期以来哈佛学院才是哈佛大学的核心。在学术界，哈佛大学培养了众多的诺贝尔奖获得者，迄今

---

① 姜文闵. 哈佛大学 [M]. 长沙：湖南教育出版社，1988：24.
② 张家勇. 哈佛大学本科生课程改革研究 [M]. 广州：广东教育出版社，2011：6.

约有 48 名教师和毕业生获此殊荣。哈佛还培养出众多的世界级学术大师、思想家、文学家，例如拉尔夫·爱默生、亨利·梭罗、杰罗姆·布鲁纳等；我国近代许多著名科学家、作家和学者曾就读于哈佛大学，如胡刚复、竺可桢、赵元任、陈寅恪、林语堂等；此外，哈佛的毕业生中还产生了 8 位美国总统，24 位其他国家和地区领导人①，以及众多的国会议员、政府部长以及大公司财团总裁。

2. 哈佛大学本科人才培养模式的主要特点

（1）适应时代要求的人才培养理念

人才培养理念是培养主体关于人才培养的本质特征、目标价值、职能任务和活动原则等的理性认识，以及对人才培养的理想追求及其所形成各种具体的教育观念。在哈佛的办学历史中，其人才培养理念并不是一成不变，相反，哈佛人总是充满社会使命感与危机意识，能够对时代发展做出批判性思考与前瞻性判断，并据此不断调整和更新自己的培养理念。

在建校之初及其后相当长的一段时间内，哈佛奉行的是古典自由教育理念，培养的是上层社会的绅士和通才。埃利奥特出任哈佛校长后，他审时度势地对哈佛的培养理念进行了调整，在传统的注重塑造"品格和虔诚"的基础上，更加强调专业知识和实践技能的培养。他明确指出："我们要培养的是实干家（doer）和能取得实际成就的人（achiever），而不是现实生活的旁观者。"② 其后的洛威尔和康南特校长则肯定自由教育的价值，主张培养全面发展的人。洛威尔认为"应该培养智力上全面发展的人，有广泛同情心和判断能力的人，而非瘸腿的专家"③。自康南特的继任者普西校长以后，哈佛大学致力于培养有教养的人，"在每一次毕业典礼上，哈佛大学校长都要欢迎新毕业生加入到有教养的人的行

---

① Heads of State [EB/OL]. [2018-07-10]. https://www.harvard.edu/about-harvard/harvard-glance/honors/heads-state.

② Richard Norton Smith. The Harvard Century [M]. New York：Simon and Schuste，1986：29.

③ 王英杰. 大学校长与大学的改革和发展：哈佛大学的经验 [J]. 比较教育研究，1993（5）：1-10.

列中去"①。哈佛大学前文理学院院长亨利·罗索夫斯基为有教养的人制定了五条标准：能够清晰而准确地书写，了解其他文化，对认识宇宙、社会和我们自身的方法具有判断鉴别能力，具有道德判断和选择能力，在某些知识领域有较高的成就②。可见，哈佛所要培养的"有教养的人"，不但在专业方面训练有素，而且具有丰富的知识和广阔的视野，能够做出理智的思考和判断，为未来的挑战做好准备。正如时任校长德鲁·福斯特在2012年5月24日的毕业典礼致辞中所言："哈佛大学希望改善人类的境遇并创造更美好世界，面对全球化和科技革命的冲击，我们要为未来数十年甚至几个世纪采取行动，要使学生在踏出校门时就规划好自己的人生并为将来做好准备。"③

（2）促进个性发展的专业设置模式

专业设置模式主要包括专业的设置时间、设置空间、设置口径、设置方向等方面。哈佛大学在专业设置模式上最大的特色在于能够引导学生理性选择和"创造"专业，使专业设置因人而异，照顾到每个学生的兴趣和特长。

哈佛大学对本科生在第二学年才进行专业分流，学生在一年级可广泛选修课程来开阔眼界，并有更多的机会发掘自己的兴趣与潜能，因而，学生在选择主攻方向时有充分的时间做出较为理性的决定。另外，学生选择专业还可广泛咨询授课教师、宿舍导师和教辅人员。通过自己大量选修课程和教师的专业性建议，学生自然很容易找到适合自己的专业。并且，在专业选定后，如果觉得与自己的兴趣或期待不符，学生仍有重新选择专业的自由。为了给学生的个性发展提供更大的空间，哈佛大学还允许学生"创造"新专业，即学生如果认为现有的专业不能满足需要，就可以向学校提出设计新专业的申请，并且自行设计专业培养方

---

① 亨利·罗索夫斯基. 美国校园文化：学生·教授·管理［M］. 谢宗仙，周灵芝，马宝兰，译. 济南：山东人民出版社，1996：90.

② 亨利·罗索夫斯基. 美国校园文化：学生·教授·管理［M］. 谢宗仙，周灵芝，马宝兰，译. 济南：山东人民出版社，1996：91-92.

③ 2012 Commencement Speech［EB/OL］.［2013-05-05］. http://www.harvard.edu/president/2012-commencement-speech.

案，有关学院的学术委员会将对培养方案进行审核和修正，如果新专业设计得到批准，学院将根据新设的专业组成学术委员会进行学业指导和学位授予。这种开放灵活的专业设置模式不但满足了大多数学生的个性化需求，而且为那些兴趣和意愿无法简单归入现存专业的学生提供了展现个性与才能的机会，体现了哈佛以人为本和勇于探索未知的价值取向与制度设计。

（3）注重因材施教的教学制度体系

教学制度体系是狭义的人才培养制度，它是与人才培养的微观过程紧密相关的各种规章制度及其实施的体系。哈佛大学的教学制度体系以其导师制、国际访学交流制和实习制最具特色。

哈佛的导师制是对传统的牛津大学导师制的借鉴和创新，其蕴含的理念是倡导"学院式生活方式"。为了实现因材施教，哈佛不但大力扩充导师队伍，还根据大学生在不同阶段可能面临的问题进行针对性的指导。例如哈佛的导师制将一年级和高年级学生区别安排，以便在指导上有所侧重。一年级新生处于从高中向大学过渡的时期，面临着尽快适应和融入大学学习和生活的挑战，为了加强对新生的关怀和引导，哈佛设立了新生导师委员会，由教师团成员、行政管理人员、研究生和高年级本科生组成。另外，新生采取集中住宿，每栋宿舍楼中都安排若干住宿导师和舍监，他们和学生生活在一起，引导学生开展学术、人际交往和文体活动，倡导适当的个人和集体行为标准。对于高年级本科生，除了有住宿导师以外，还安排了专业领域的导师以加强学术指导[1]。哈佛的导师制创造了一种全方位、全时空的教育氛围，确保每一位学生都得到关注和了解，因此，"导师制不仅使哈佛的导师们树立起了更好地培养有抱负的学者的信念，也使学生们的学习态度发生了巨大变化，极大地提高了学习成绩，每个毕业班大约有40%的学生在专业领域获得了荣誉学位"[2]。

哈佛高度重视国际化和全球性研究学习，希望提供世界性的教育和

---

[1] 张家勇，张家智. 哈佛大学本科生住宿制和导师制[J]. 比较教育研究，2007（1）：75-79.

[2] Samuel Eliot Morison. Three Centuries of Harvard：1636—1936 [M]. New York：Harvard University Press，1994：448.

世界中的教育（of the world and in the world）。其国际访学交流制度要求每位本科生完成一次国外工作、学习、研究的经历，哈佛为此设立了国际项目办公室，要求专业课程做出调整，为国外学习提供便利，减少1门核心课程必修课，取而代之的是国外1学年学习的学分。在实习制上，哈佛将理论学习与实践能力培养相结合，例如其教育学专业与波士顿公共学校合作创建了教师专业发展学校，作为学生切实有效的专业成长实训基地。为了对学生进行针对性的实习指导，还建立了由2~4名在同一学校实习的高年级学员、1名表现优秀并拥有新近教学实践经验的博士生或1名近期退休的中学教师组成的顾问团，以帮助学生更好地实习。

（4）强调博专并重的课程设置方式

课程设置方式是对课程类型与课程门类的选定及时序与学时安排，并包含对学习目标、学习内容的简要规定。课程结构与课程内容是评价课程设置最重要的两个方面。经过不断的课程改革，至今哈佛大学总体上形成了"核心课程＋专业课程＋选修课程"的课程结构，在课程设置方式上力图达到博雅教育与专业培养的动态平衡。

哈佛要求本科生在四年内必须修完约32门课程，并通过考试方可毕业。学生通常一学期同时修4~5门课程，每门课周学时一般为4~6个小时。32门课程的选修大体依据以下模式，即大约一半（16门）课程必须用于专业学习，剩余16门课程必须在核心课程中选择8门，其余课程可以在哈佛各系（或波士顿地区与哈佛有合作关系的大学）开设的课程中任意选修。另外这种选课模式还具有一定的灵活性，如果学生不争取做荣誉毕业生，可以减少专业课而增加选修课。

核心课程是哈佛课程设置中独具特色的部分，被美国高等教育界誉为课程改革的里程碑。其课程主旨在于向学生展示本科教育不可或缺的领域里的知识，了解人类探索知识所需要的不同的分析手段及其使用方式以及它们的价值。它包括外国文学、历史研究、文学与艺术、科学、道德推理、社会分析、定量推理等七个学科领域，各领域开设的核心课程每年限定在10门左右。哈佛大学设立了专门的课程委员会对核心课程进行监管、评审与更新，确保核心课程开设的质量。实质上，核心课程的目的在于"授之以渔",即使学生掌握人类组织、运用和分析知识的方式和手段,而不是以传授特定的知识为目的。这一新的课程体系既注重学生专业方面的学习,又兼顾了他们作为人的全面发展,使学生形成终身学习的能力和习惯,因而有足够的应变能力去应对瞬息万变的未来。

(5) 实行探究参与的教学组织形式

教学组织形式是教学活动过程中教师和学生的组织方式及教学时间和空间的安排方式。哈佛大学教学组织形式灵活多样,通常使用的课型有演讲课(lecture)、讨论课(seminal)、实验课(experiment)、案例研究(case study)、模拟法庭(moot court)等。教师并不进行满堂灌式的授课,而是强调学生的独立阅读和讨论,学生有充足的机会提出自己的问题和观点[①]。

以著名的案例研究课为例,它是一种教师引导与学生参与相结合、理论密切联系实际的生动活泼的教学形式。它大力提倡"体验式"教学方式,引导学生在逼真的模拟情境中感悟与从事管理实践。案例教学重在研讨,妙在引发思索、集思广益,巧在学生亲历现场、进入角色。案例研究课的授课教师要求有深厚的研究基础和丰富的实践经历,在课前教师要亲自编写案例,并将案例材料发给学生进行研讨前的准备,上课时教师先讲解有关案例,然后学生相互之间自由讨论,也可组成研讨小组。经过学生之间,研讨小组之间以及师生间的充分交流之后,教师最后梳理和总结大家的讨论,并将自己的研究观点作一家之言的阐述,由于教师对案例都有较为深刻的研究,所以能以更为全面和深刻的见解引导和启发学生,使学生的领悟更加深刻,其教学效果自然比灌输性教学要好得多[②]。

(6) 构建独具特色的隐性课程形式

隐性课程在很大程度上决定着学习者的价值感和尊严感,并具有认

---

① 沈致隆. 亲历哈佛:美国艺术教育考察纪行 [M]. 武汉:华中科技大学出版社,2002:95.

② 陈尤文. 感受哈佛的研究式教学 [J]. 党政论坛,2007 (9):44-45.

知上的导向功能、情感上的陶冶功能、兴趣上的激发功能、意志上的磨炼功能与行为上的规范功能。哈佛大学独具特色的隐性课程形式就在于其住宿制及宿舍文化。

哈佛的住宿制要求本科生在四年中必须大部分时间在校内住宿，其主要原因在于哈佛的住宿制及其所形成的宿舍文化已成为哈佛教育的重要一环。哈佛大学的本科生宿舍楼，是由若干楼群组成的小型社区，每一组楼群都有自己独特的历史文化传统，每一座宿舍楼都拥有完备的图书馆、小教室、餐厅和文体设施，能将学习、餐饮、文体、交际、住宿等诸多功能融为一体，宿舍楼内经常举行研讨班、辅导课、文艺表演、体育竞赛、社会服务等丰富多彩的活动，提供了充分的师生互动和同学交往的机会，各幢宿舍楼形成了各自的特色和传统风格，在哈佛大学的大背景下塑造着更小的学术和社会共同体。源自洛威尔校长的本科生住宿制至今仍延续其一贯的理念，即宿舍楼系统将大学浓缩为一个优雅的、易于管理和服务便利化的地方，一个面对面进行社会与学术交往的网络，一个与不同背景的人及教师、学者进行非正式互动和增进文化、智慧与社会化的社区。宿舍系统已成为本科生在哈佛学习生活经验的基石，正如时任校长德鲁·福斯特所言："哈佛大学的宿舍系统并不仅仅是一些建筑而已，它是教学、学习、交流的地方，是一个多元活跃的社区。"①

## 二、普林斯顿大学本科人才培养模式的主要特点

在《美国新闻与世界报道》公布的全美大学排名中，普林斯顿大学多次在综合性大学排名和最佳本科教学质量排名上位列第一。在世界一流大学中，普林斯顿大学向来以崇高的学术声誉和卓越的本科教育质量而著称，它的成功与其颇具特色的人才培养模式有着极为密切的关系。

1. 普林斯顿大学本科教育概况及人才培养成就

普林斯顿大学创建于1746年，经过270余年的发展，现已成为以本

---

① Houses at Harvard College [EB/OL]. [2013-05-10]. http://www.fas.harvard.edu/home/content/houses-harvard-college.

科教育和博士教育为主,科研实力雄厚的世界顶尖研究型大学。与许多世界一流大学相比,普林斯顿是一所学生规模较小,学科门类并不齐全的袖珍型大学,始终维持着较小的教育规模。时任校长雪莉·蒂尔曼曾指出:"小就是美! 正因为我们不需要什么都做,我们才能够集中精力和资源来干两件事情,一是非常严格的本科生教育;二是非常学术化的研究生教育。我们把这两件事情做到了极致。"①

普林斯顿大学现有本科生 5251 人,研究生 2781 人,教职员 1252 人,本科生师生比达 1∶5,教师中有 26 位诺贝尔奖获得者②。建校以来,普林斯顿大学在人才培养上成就斐然,从这里走出了 2 位美国总统和 44 位州长,1000 多位毕业生先后担任过美国国会参众两院议员、联邦政府及州政府的高级官员,16 位校友荣获诺贝尔奖,普林斯顿大学因此被誉为"学者和政治家的摇篮"、"社会精英的国家俱乐部",为美国社会乃至世界文明作出了卓越贡献。

2. 普林斯顿大学本科人才培养模式的主要特点

(1) 注重广博知识和综合能力的人才培养理念

普林斯顿大学的教育传统深受古典自由教育理念的影响,它格外重视培养学生具有广博的知识和全面综合的能力,促进学生全面发展,而拒绝将大学教育视作职业训练。这种培养理念从著名的伍德罗·威尔逊校长时期开始确立,在建校 150 周年之时,他发表了题为《普林斯顿——为国家服务》的演讲,并阐述了自己的教育理念,他认为大学教育不等同于技术训练和职业教育,为了培养学生更好地为国家服务,大学教育必须帮助他们扩大知识的边界③。此后,"普林斯顿——为国家服务"成为学校的校训和教育理念。为了完善学生的知识结构,从 1904 年开始,威尔逊就在本科生中大力推行通识教育,要求所有本科生在自然科学、

---

① Princeton Today [EB/OL]. [2013-05-10]. http://www.princeton.edu/main/about/present/.

② Facts & Figures [EB/OL]. [2018-06-20]. https://www.princeton.edu/meet-princeton/facts-figures.

③ 王则柯. 我所知道的普林斯顿 [M]. 北京:中信出版社,2009:41.

社会科学和人文学科领域里，每个领域至少修满两门课，力求让本科生在进入专业学习前对科学文化知识的整体有所认识。完成 4 年的学习之后，普林斯顿要求学生不仅具有广博的知识，还具有融会贯通的分析能力、准确简练的表达能力、全面深刻的理解能力、独特敏锐的欣赏能力及突出的实践能力①。

曾在 2001 年至 2013 年期间担任校长的雪莉·蒂尔曼在秉承普林斯顿传统培养理念的基础上，进一步提出了培育领袖才能的理念。她指出，普林斯顿的教育理念，是让学生不要以为大学教育是他们所选择的专业培训，而是希望念古典学科的学生将来会上医学院，或物理学家去华尔街上班。大学教育为你做各种不同的准备。年轻人在 18 岁至 22 岁时能够接触到多元思想，了解到不同的认知方式，对于培育领袖才能将是很好的准备②。可见，普林斯顿所要培养的人，不仅在专业方面训练有素，而且具有更加广阔的知识和视野，更加全面综合的才能，实现个人的和谐发展，对未来有良好的适应力，具备成为领袖的知识和才能。

（2）促进学科交叉和思维启迪的课程设置方式

促进学科交叉，培养跨学科的视野和思维能力是普林斯顿课程设置方式的最大特色。在课程结构上，普林斯顿形成了通识课＋专业预修课＋专业核心课＋自由选修课的总体课程结构，并在课程结构中采取嵌入交叉学科课程模块和跨学科选修两种方式来促进学科交叉。例如，在进入专业学习前，普林斯顿在通识课程之外开设了科学整合课程模块，供那些日后有意主修科学和工程专业的学生选修。进入专业学习后，在必修的专业核心课中，各个专业都存在较高比例的交叉学科课程选修要求，并且有的系直接提供交叉学科课程，例如物理系的专业核心课程为最低 7 门，其中交叉学科课程要求为最低 3 门，系里提供生物物理、天体物理和地球物理类多门课程供学生选修；有的系则要求学生跨学科选修，

---

① 肖木，丽日. 普林斯顿大学 [M]. 长沙：湖南教育出版社，1992：55.
② 雪莉·蒂尔曼. 培育领袖才能·让青年接触多元思想 [EB/OL]. [2013-03-10]. http://tech.sinchew-i.com/ny/print/58763.

例如德语系的专业核心课程为 8 门，其中 4 门须从艺术与考古系、经济学系、历史系、哲学系、宗教系、政治系、音乐系等开设的如北欧文艺复兴、资本主义分析、近代德国社会与政治、康德哲学等 13 门课程中选择[1]。而在选修课中，普林斯顿还提供了多达 40 多门的交叉学科证书课程供所有学生选修。总体上，与其他一流大学相比，普林斯顿的课程结构呈现出交叉学科课程比例较高的显著特点。

在课程内容上，无论是专业课还是交叉学科课，都极为重视对思维方法的启迪。例如物理系强调开设高含金量的专业课来"授之以渔"，即物理系要教给学生的不只是物理学的定律，而是要让学生学会像物理学家一样去思考；社会和人文专业的核心课程同样强调对学科研究思维的掌握，例如历史系的历史研究习明纳课程，就主要训练历史选题、史料求证、史实陈述等研究思维与方法[2]。从独具特色的科学整合课程来看，该课程打破学科壁垒，合理整合数学、物理、化学、生物、计算机等学科的核心原理和方法，着力培养对跨学科数量问题的解决能力[3]，通过修读该课程，既能为学生主修任何科学专业打下良好基础，又利于培养跨学科学习和研究的科学思维。

（3）强调因材施教和科研创新的教学制度体系

为了给每位学生提供最适合的教育和充分的科研训练，普林斯顿创建了一系列教学制度，其中，以导师制、访学制、实习制最具特色。

导师制包括导修制和师生合作研究制两种形式。导修制是普林斯顿独特的教学传统，其主旨在于摆脱传统的灌输式教学方式，通过导师与学生建立平等而亲密的联系实施因材施教，从而激发学生的主动性与创造力。导修制采取由导师带领 10 名左右学生组成学习小组的形式，通过导师指导下的个人阅读和小组讨论来弥补课堂教学的不足。从入学开

---

[1] 肖木，丽日. 普林斯顿大学 [M]. 长沙：湖南教育出版社，1992：70.

[2] Undergraduate Announcement 2011-12 [EB/OL]. [2013-03-10]. http://www.princeton.edu/ua/archive/departmentsprograms/index-dyn.xml?dept=his&year=2011-12.

[3] Integrated Science [EB/OL]. [2013-03-10]. http://www.princeton.edu/integratedscience/.

始，每门课程每周都有一次导修课。导师课前要精心选择并指定阅读内容，促进学生对有价值的话题进行研究，在导修课上，学生要做出口头或书面报告，导师则引导学生对报告进行讨论并解答学生疑问[①]。经过长期实践，导修制达到了其最初设想的目标，即更多的研究、更好的成绩和更高的学习热情，在教学制度方面为普林斯顿带来了相对美国其他高校更大的优势。

师生合作研究制是指高年级本科生在导师的指导下进行科研创新活动的制度，通常要在三年级提交研究报告并在四年级提交毕业论文。研究题目由学生自己选择，经系里批准，每位学生的研究都在一位教授的密切指导下进行。以历史系为例，所有学生不但在三年级上下学期必须各提交一篇不同选题的研究论文，而且四年级阶段的论文对挖掘、解释史料上的创新提出了更高的要求[②]。通过研究中师生间的密切交流与合作，学生的研究能力和交往能力都得到极大提高。近年来，在《科学》、《自然》等期刊发表的论文中，第一作者有些就是普林斯顿大学的本科生。

为了搭建国际平台进一步提高学生的科研创新能力，同时培养学生的国际视野和跨文化交流能力，普林斯顿还大力推行国际访学制和实习制。学校建立了专门的国际项目办公室，负责访学和实习项目的联系和管理。其访学制度与世界上43个国家的大学建立了联系，能为学生提供100多个选择项目。在实习制度方面，设立了国际实习项目（International Internship Program）和桥梁年项目（The Bridge Year Program），前者利用暑期为学生提供与专业有关的国外实习工作，后者则挑选部分大一新生到国外进行为期9个月的文化体验和社区服务[③]。学校也极为重视提高访学和实习项目的学术价值和针对性，即项目必须有益于专业学习和研究工作，使学生能够与海外学者和科研人员进行面对面的学术交流，并

---

① 朱波. 普林斯顿大学导修制探微 [J]. 江苏高教，2010（3）：147-149.
② Undergraduate Announcement 2011-2012 [EB/OL]. [2013-03-10]. http://www.princeton.edu/ua/archive/departmentsprograms/index-dyn.xml?dept=his&year=2011-12.
③ Office of International Programs [EB/OL]. [2013-03-10]. http://www.princeton.edu/oip/sap/programs/.

为科研提供实地调查的机会。

(4) 采用交流互动和探究参与的教学组织形式

普林斯顿大学的教学组织形式灵活多样,常用的课型有演讲课、导修课、讨论课、实验课、模拟训练课等,不论采用何种形式,教授在教学中都会注意尊重学生的主体地位,鼓励学生讨论和提出问题,引导学生通过自我建构参与知识探究。其中,国际关系学院的模拟训练课极具特色和代表性。

模拟训练课是国际关系学院本科生进入专业学习后主要的教学组织形式,每年举行约20期,其中约4期在海外举行。该课以小班为单位,每班约15名三年级学生和2名四年级学生,在一位教授或专家的指导下模拟解决公共政策和国际关系中有现实意义的复杂问题,如2013年的题目有美国教育分层问题、美国与海湾国家关系、欧盟与中国关系等[①]。担任课堂指导的教授或专家不仅对题目有深入研究,对相应的政府机构也有透彻了解,近年来的课堂指导中就包括美国前总统、多位参议员及外国政府官员。课程主要分三个阶段进行,第一阶段,由课堂指导介绍中心议题,并组织全体成员对议题进行讨论,然后将议题分成若干方面,分派给所有三年级学生进行专项调查研究并要求写出调查报告,四年级学生和课堂指导在上述过程中扮演顾问角色;第二阶段,所有报告完成后进行答辩,然后四年级学生根据对专项报告的研究提出解决问题的建议并写出综合报告;第三阶段,全体学员就综合报告进行辩论以决定最终报告的内容,最终的报告必须是一份大家都能接受的折中办法,这就需要学生们就不同意见进行谈判、磋商和妥协,体现了政治和外交工作的最大特点[②]。在模拟训练课中,课程指导的主要任务是引导学生独立思考和自主探究,密切师生间和学生间的交流互动,实施参与式和探究式教学。其教学效果也十分突出,课程最终报告往往都被相关机构接受作为政策制定和调整的咨询参考。

---

① Undergraduate Program [EB/OL]. [2013-03-10]. http://www.princeton.edu/ugrad/policy_seminars/Final-Descriptions-Fall-2012.pdf.

② 肖木,丽日. 普林斯顿大学 [M]. 长沙:湖南教育出版社,1992:74.

(5) 孕育拼搏进取和宽容博爱的隐性课程内容

普林斯顿重视弘扬自身历史文化传统，努力营造和谐关爱的精神氛围，孕育了独特的隐性课程内容。在美国建国过程中，普林斯顿众多校友积极参加独立革命运动，其中有9人成为美国《独立宣言》的签名者，使普林斯顿大学获得了"美国革命摇篮"的称号。曾担任校长并成为美国总统的威尔逊在建校150周年校庆上提出了"普林斯顿——为国家服务"的口号，并成为普林斯顿的校训。独特的历史传统造就了普林斯顿人强烈的历史使命感和自强不息服务国家需要的献身精神。在美国，普林斯顿学生常被冠以普林斯顿青年（Princeton Boy）的称谓，它代表这一群体所具有的进取心、责任感和献身精神。

普林斯顿不仅是追求科学的胜地，它还有宽容博爱的人文情怀，发生在两位教职工身上的鲜活事例更具体说明了这一点。上世纪80年代，32岁的安德鲁·怀尔斯教授专注于研究难度极高的费马猜想，他不肯担任教学工作，9年中没有发表1篇论文，人们怀疑他的研究能否取得突破，但校方给予了他包容和信任，直到1994年，他终于攻克了这一困扰世界数学界360多年的难题，获得了历史上唯一的菲尔兹特别成就奖；另一个是数学家约翰·纳什的故事，他曾罹患严重的精神分裂症，在治愈希望渺茫的情况下，普林斯顿大学让其静心生活在校园中，并给予他极大的关爱，终于使他在与疾病抗争30年后得以康复，并获得了诺贝尔经济学奖。

(6) 倡导灵活多元和注重反馈的教学评价方式

普林斯顿构建了包括课程学习评价、创新成果评价和实践活动评价等灵活多元的教学评价体系。课程学习评价要求根据课程目标采用灵活的评价方式，并注重将过程评价和结果评价相结合。教师可以采用不同类型的考试和考查，包括学生的课堂表现如课堂发言和讨论情况、随堂测验，课后作业，课程结束时的笔试、口试等；创新成果评价是普林斯顿大学评价学生创造性的重要指标，包括对学生科研论文的评价和创作作品的评价。科研论文是对大部分本科生在高年级阶段科研工作的评定，学生提交的论文必须具有创新性并通过答辩。对于主修文学艺术类的学生，他们在高年级阶段可以提交创作作品，如剧本、小说、作曲等，对这类作品也有严格的评定标准；实践活动也是普林斯顿大学教学评价的重要指标，但实践活动评价并不以参加活动的数量为主要标准，而主要以实践活动的学术价值和社会价值及学生在活动中的成长为标准。尤其注重考查学生在活动过程中的表现，看重的是他们在团队合作中的收获与贡献。

最近，普林斯顿大学正在酝酿新一轮教学评价方式改革，这次改革将聚焦学生八个方面的能力提升，即交流能力、分析能力、审美能力、全球视野、问题解决能力、决策评估能力、社会互动能力及公民权力能力。改革将着重加强评价的反馈矫正功能，认为等到课程结束再评价教学效果的方式不够及时有效，提出构建阶段性评价机制提高反馈效率；改革将减少以笔试为主的传统评价方法，探索更加多元的评价方式；改革还将关注学生日常学习表现，提高学生自我评估能力[①]。

### 三、斯坦福大学本科人才培养模式的主要特点

斯坦福大学创建于1891年，是美国新兴大学的代表，二战之后斯坦福大学迅速崛起，学术实力不断增强，被誉为"西岸的哈佛"。

1. 强调学以致用和培养创造力的人才培养理念

斯坦福大学由著名实业家利兰·斯坦福（Leland Stanford）创建于美国西部加州，其办学的初衷就是通过大学教育培养经济社会发展所需要的具有创业精神和实践技能的实用人才。斯坦福先生从自己创业的经历出发，认为大学教育应该为实业发展培养有用人才，而当时的现实是，传统东部名校的绅士教育所培养的学生缺乏专业技能，而州立农工学院的毕业生虽然具备实用技能，但又缺少文化修养和创造力。他曾经指出，"我的朋友曾推荐给我一些农工学院的毕业生，但这些仅仅受过技术教育的青年缺少创造力和人文修养，很难成为成功的实业家，为了人生的成功必须发展和培养创造力，一个人如果不会创造，他也就不会建设。我认为人文科学对提高人的心智和实业能力特别重要"[②]。为了因应

---

① 董泽芳，王晓辉. 普林斯顿大学本科人才培养模式的特点及启示[J]. 高教探索，2014（2）：77-81.

② 周继武. 比金矿更能带来荣誉和福祉：访美国霍普金斯大学、斯坦福大学[J]. 海内与海外，1999（9）：15-18.

工业革命和西部大开发对人才培养的新需求，也为了实现自己的教育理想，斯坦福先生决定投资创办斯坦福大学，并且明确了自己"学以致用"和培养创造力的办学理念，在其后的办学历程中，斯坦福大学始终不渝地贯彻这一理念，成功地克服了传统大学和新兴农工学院的缺点，同时避免了庸俗的功利主义倾向，将专业技能、人文修养和创造力培养相结合，探索出了人才培养和大学发展的独特路径，使斯坦福大学无论是在人文学科还是理工学科上都成为世界最好的大学之一，并在它周围产生出世界最著名的高科技实业王国——硅谷。

2. 拓展学科基础和促进学科交叉的专业设置模式

斯坦福大学极为重视扩展本科生的学科视野和专业基础，在专业设置模式上，为了打破学科壁垒，促进学科交叉，斯坦福大学将全部本科专业整合到人文与科学学院、工学院、地球科学学院等三个学院中，由它们承担全部的本科教育，这三个学院是综合性学院，学科覆盖面十分广泛，如最大的人文与科学学院就包含了哲学、宗教、政治、经济、历史、艺术、社会学、人类学、心理学、数学、物理等30多个专业，负责斯坦福大学80%的本科教育与学位授予工作[①]。这种综合性学院有利于不同学科专业间的交流和融合，为拓宽专业基础，培养复合型人才提供了平台。同时，在专业设置口径上，斯坦福大学保持着对学科发展和社会变革的前瞻性和敏感度，使专业口径设置得较为宽泛并且体现学科交叉的最新成果。例如其工程教育以学科基础宽泛而闻名，强调工程师必须在语言、书写、人文和社会科学以及技术方面接受广泛的教育，斯坦福大学也成为世界上少数能够将工学和人文社会科学有机融合，并培养出专业能力扎实、学科视野宽广的工程师的大学。又如法学的发展，斯坦福大学认为法学不是一个自给自足的学科，而是与其他学科紧密联系在一起，因为"你若不懂历史，就不可能懂宪法；你若不懂政治学，就不可能懂行政法；你若不懂经济学，就不可能懂自然资源法或反垄断法"。因此，法学院与历史、政治、工商等学科广泛设立

---

① 高宗泽，蔡亭亭. 斯坦福大学的人才培养模式及其特点［J］. 外国教育研究，2009（3）：61-65.

了联合学位计划①。在专业设置空间上，为了更好地适应学生的个性差异，提高学生自我设计、自主发展的主体性，斯坦福大学设立了类似哈佛大学的专业订制制度（Individually Designed Majors），给与学生自主设计专业的自由，校方会成立有关学术委员会或指定教师来指导和审核学生的专业设计②。

3. 拓宽知识基础和优化知识结构的课程设置方式

斯坦福大学的课程体系主要由五个模块构成，即公共基础课、通识教育课、专业基础课、专业选修课、实践活动课。公共基础课旨在提高写作和外语能力，为学生日后的学习、研究和交流打下良好基础，它主要包括写作与修辞、外语两门课程，为本科生在一年级的必修课程。作为一所强调专业知识和专业技能的新型大学，斯坦福大学却从未轻视通识教育的重要性，实际上，学校的创建者斯坦福先生在创办伊始就强调人文学科和社会科学的重要性，提出学生在接受专业教育前必须首先受到"人道和文明的熏陶，懂得热爱和尊重人生，从而推进公众福祉"，因此，斯坦福大学格外重视通识课程建设，其通识课程必修学分（60学分）占总学分的比例高达33%，并且其课程要求丝毫不低于专业课程。斯坦福提供了哲学、社会与宗教思想，文化、理念与价值，世界文化，美国文化，文学与艺术，社会与行为科学，自然科学，技术与应用科学以及数学等9类通识课程，要求学生从中至少选修11门课程。现在，斯坦福大学通识教育的目的，是使学生掌握充分的社会、政治及经济方面的知识，在社会生活中做出理智的判断，成为负责任的公民；要达到较高的文学艺术修养；并且能够了解科学的发展和科学家的工作方法，明智地生活在科学的时代③。

为了突出学生创造个性的培养，斯坦福大学注重拓宽专业课程的学科基础，使学生形成合理的知识结构，并且通过减少必修专业课程，突

---

① 王英杰. 在创新与传统之间：斯坦福大学的发展道路［J］. 北京大学教育评论，2004（3）：80-86.

② 朱清时. 21世纪高等教育改革与发展［M］. 北京：高等教育出版社，2002：359.

③ 周少南. 斯坦福大学［M］. 长沙：湖南教育出版社，1991：101-102.

破专业课程壁垒等方式来进一步提高课程体系的灵活性。例如数学专业要求必须选修物理学课程，化学专业除了要选修物理、数学课程外，还必须学习计算机编程等课程，物理专业的课程更加灵活，部分课程可以用其他专业或学科的课程代替。此外，斯坦福大学还大力加强跨学科课程建设，促进文、理、工学科间的渗透，这些课程有的是由相关专业或院系直接开发，有的则依托众多的跨学科研究中心，这些研究中心开展跨学科教学和研究，为师生搭建了自由探索学术的平台，有力促进了学生创造力的培养①。

4. 促进自主探究和实践应用的教学制度体系

斯坦福大学拥有先进的教学制度体系，其中以师生合作研究制、实习制等最具特色。让学生在本科教育中主动参与知识的发现、探究和应用，是斯坦福大学培养学生创造个性、提升学生主体个性的重要方法，为此，斯坦福大学极为重视本科生科研制度和实习制度的建设，学校认为"大学的核心价值在于追求知识，让学生参与知识的探究与发现过程是本科教育的核心"。学校鼓励本科生参与教师科研项目，学生有机会与资深教授、知名学者进行密切合作，校方还直接向本科生提供众多的科研项目和充足的研究资助，如斯坦福研究入门（Stanford Introductory Studies，简称 SIS），是学校重点资助的师生合作研讨项目，学校提供的专项经费就高达 2500 多万美元②。Undergrduate Research 是针对本科生科研的训练项目，在 2016—2017 学年斯坦福大学投入了 562 万美元，资助了 1049 个本科生科研项目③。

实习制度是斯坦福大学践行"学以致用"理念和提高学生实践应用能力的重要途径，也是创造力生成的重要平台。斯坦福大学素来以与工业界的良好互动关系而闻名，尤其是与高科技产业，硅谷的发展便是这

---

① 别敦荣，张征. 斯坦福大学的教育理念及其启示 [J]. 国家教育行政学院学报，2011（4）：85-90.

② 张虎生，李联明，王运来. 美国斯坦福大学的本科教学与启示 [J]. 江苏高教，2004（5）：115-117.

③ Stanford Facts [EB/OL]. [2018-07-15]. http://facts.stanford.edu/pdf/Stanford Facts_2018.pdf.

种互动关系的最佳体现。与工业界的良好合作关系不但为学生提供了充分的实习机会和就业机会,而且由特曼校长所提出的"优先合作项目"还是斯坦福提升学生创造力的有效平台,该项目密切了硅谷的高科技企业与斯坦福的联系,形成了学—研—产的双向互动,实现了企业与高校在科学研究、成果转化、人才培养等方面的双赢,企业通过参与、赞助学校的科研活动,可以分享各种研究成果,而学校不仅获得了丰厚的科研经费,而且能够让教学科研更加贴近产业界的需要,学生通过在企业的实习实践,能够及时把握企业的技术需求和科研走向,使创造力的培养更有针对性,学生也在无形中获得了一种创业价值观。通过培养学生的创造力,斯坦福大学为企业输送了大批优秀的科技人才,企业也为大学培养学生创造力提供了实践环境和项目依托。因此,硅谷的成功离不开斯坦福大学的智力支撑,但缺少了硅谷的斯坦福大学恐怕也难以取得如此卓越的教育业绩[1]。

5. 倡导研讨交流的教学组织形式

小班研讨课是斯坦福大学重要的教学组织形式,斯坦福大学认为小班化的研讨教学,能够为师生提供自由交流的条件,而唯有自由的交流才是大学活力的源泉,在研讨教学中学生的主体性可以得到充分的尊重和发挥,创新思维能够得到锻炼和提高。为此,斯坦福大学不惜成本,积极采用小班研讨课的形式为师生创造自由交流的机会。斯坦福的小班研讨课一般最多容纳16个学生,否则就要分流,因为他们认为人数过多必然妨碍师生之间的充分探讨。特别是针对二年级学生专业导向性的研讨班课程,每班只限报5名学生。据斯坦福大学对2012年全校本科班级规模的统计,2~9人的课程班为521个,占全部课程班的33%;人数为10~19人的课程班为542个,占35%;20~29人的课程班为147个,占9%;30人以上的班级为349个,只占23%[2]。研讨教学对提高学生的综合素质效果明显,正如第9任校长卡斯帕所评价的,"我相信

---

[1] 别敦荣,张征. 斯坦福大学的教育理念及其启示[J]. 国家教育行政学院学报,2011(4):85-90.

[2] Stanford Facts [EB/OL]. [2013-03-16]. http://facts.stanford.edu/pdf/StanfordFacts_2013.pdf.

这些课程能帮助斯坦福,使其在任何地方都能够提供最好的本科教育"。

6. 推行多元综合的教学评价方式

为了引导学生全面和谐发展,斯坦福大学构建了多元综合的教学评价方式。在评价目的上,斯坦福大学强调教学评价要为改善学生的学习和教师的教学提供及时有效的反馈,为此校方鼓励教师多采取阶段性评价,甚至在每一节课上教师都要及时了解学生对教学的反馈。在评价范围上,教师十分关注学生的学习过程,将学生平时的课堂表现,尤其是研讨课上的表现作为平时成绩的考查重点。这样的评价方式使得学生彻底打消了靠考前突击蒙混过关的想法,他们必须在平时认真对待每一次上课和每一次作业,因为自己的每次表现都被记录在案。在评价依据上,校方重视对学生创新思维和实践能力的考查,学生的创新成果和实践成果可以直接换算考试成绩和学分。在评价方法上,学校采用了课程考试、研究报告、研究论文、创新产品和实践活动等多元化的评价方法。课程考试也可以采取多种方法,如课堂讨论、课后作业、课程论文以及期中期末考试等。科研成果是斯坦福大学极为重视的评价项目,包括研究报告、研究论文和创新产品等形式,学校会根据科研项目的类型,采取灵活的方式来评价学生的科研成果,学生可以自由选择完成科研的方式,如进行专题报告、发表学术演讲、参加论文竞赛或公开发表等,学校充分尊重学生的兴趣意愿和学术自由①。

## 四、牛津大学本科人才培养模式的主要特点

牛津大学是西方大学中最知名和最古老的大学之一,这所享有800余年历史的大学,虽然经历起伏与曲折,但在保守与革新中,在继承中古大学传统与弘扬现代大学使命上找到了平衡点,迅速成为在世界上影响力最大的一流大学之一。作为英国高等教育传统的代表者,牛津大学在世界高等教育史上向来以重视本科教学而闻名,教育质量有目共睹,在其教师和毕业生中,迄今共产生了50位诺贝尔奖得主,27位英国首

---

① 高宗泽,蔡亭亭. 斯坦福大学的人才培养模式及其特点[J]. 外国教育研究,2009(3):61-65.

相,至少 30 位国际领导人①,以及大批的科学家、思想家、政治家、文学家、企业家等。牛津大学本科人才培养模式的主要特点是:

1. 突出全人教育的人才培养理念

自由教育理念是牛津大学人才培养传统形成的思想根源,出身牛津大学并在现代大学教育思想史上占有重要地位的纽曼(Newman),是对牛津培养理念的最好诠释者。他指出自由教育追求的是心智、理智的完善和提升,是要形成以自由、客观、公正和智慧为特征的终生思维习惯。接受过自由教育的人拥有至善至美的理智,不会被任何知识或技艺所限制和束缚,相反,他们是知识的主人和有教养的绅士,即便不能一蹴而就地从事具体职业,他们的理智也会引导他们可以很快地掌握任何技艺②。纽曼所提出的"大学应该培养有教养的绅士"这一教育理念,是牛津大学坚持自由教育历史传统所形成的人才培养理念的反映,在牛津大学教育史上,实用主义和功利主义的教育目的观历来为牛津大学所排斥,教育的外在功利目的也一贯不被看重,学校认为自身的职责是博雅教育而非纯粹的职业训练,牛津所要培养的人,是个性全面和谐发展的人,在学问与教养上,牛津始终将教养置于学问之前,强调学生首先应该是有教养的人,其次才是有学问的人,重视学生人性的完善和人格的健全。牛津大学前副校长沃尔特·莫伯利爵士指出,"牛津的主要目标一直是为培养全人而实施全面发展的教育,这种教育的目的不仅着眼于未来的职业,而更着眼于整个生活"③。

2. 促进学科交叉的课程设置方式

牛津大学本科生课程体系所涵盖的学科种类十分广泛,因此所开设的专业课程和选修课程数量和门类都极为丰富,形成了丰富多样的课程类型和课程形式,并通过课群的合理设置,有效地促进了学科交叉,形

---

① Famous Oxonians [EB/OL]. [2018-07-10]. http://www.ox.ac.uk/about/oxford-people/famous-oxonians.

② 约翰·亨利·纽曼. 大学的理想 [M]. 徐辉,等译. 杭州:浙江教育出版社,2001:86.

③ 刘宝存. 牛津大学办学理念探析 [J]. 比较教育研究,2004(2):16-22.

成了别具一格的课程体系。牛津大学的本科生入学申请时，就需要确定自己的课群（相当于我国的"专业"）。牛津大学本科生教育的课群现有 50 种。每类课群的学制一般为三年或四年。50 种课群中现有 26 个课群是合并几种学科而成的，称为综合性课群，这是牛津大学针对现代科学发展的高度综合化趋势，在课程设置上促进学科交叉的有力举措。总体来看，牛津大学本科生课程体系主要由基础课程、必修核心课程（专业基础课程）和专业课程三部分组成。基础课程是本科阶段必修的科目；必修核心课程，也即专业基础课程，是本科阶段专业必修的科目；专业课程包括专业必修课和选修课，重在实践应用提高专业能力，并且体现科学技术最新的发展趋势。

牛津大学立足于为本科生打下广博的知识基础，本科生基础知识课程与专业基础知识课程多在大学一、二年级开设，以便为日后的专业学习做好准备。后两年以专业选修课及跨学科课程为主，强化实践教学环节，对本科生进行科研训练，为学生从事实际工作及继续深造奠定良好基础。基础课程是牛津大学本科生第一学年开设的主要课程，基础课程的任务，是使本科生获得自然科学、社会科学或人文学科的基本理论知识，为深入学习新知识和新科学技术打好理论基础。以牛津大学哲学系颇受欢迎的哲学、政治与经济专业的课程设置为例，该专业的专业基础课在第一学年集中开设，并且哲学、政治和经济三个学科并重，注意课程纵向、横向之间的衔接和过渡，使本科生掌握各学科的基本原理和研究方法，并且了解学科之间的联系。在第二年和第三年，学生可以选择三个学科齐头并进或者集中学习其中两个学科，无论怎样选择，都必须修完核心课程和选修课程，核心课程和选修课程加起来必须达到 8 门，三个学科并进者学习三个领域的 5 门核心课程和 3 门选修课；选择其中两个学科者，则学习两个学科领域的 4 门核心课程，外加这两个领域的 4 门选修课。

综合性课群是牛津大学本科课程体系中的一大亮点，一个综合性课群该综合哪些学科，以及如何安排少而精的课程来达到学科综合交叉的目的，牛津的综合性课群在设计上自有其独到之处。例如牛津大学的哲学系是世界上最庞大的哲学机构，在本科阶段却没有单独的哲学专业学位，所有包括哲学的本科专业都以综合性课群的方式设置，包括哲学在内的综合性课群有数学和哲学，哲学和现代语言，哲学、政治学和经济学，哲学和神学，物理学和哲学，心理学、哲学和生理学。这一做法有利于发挥哲学对其他学科的认识论和方法论指导价值，促进交叉学科和边缘学科的发展，又能避免单纯的本科哲学专业在就业上出现的不利因素。

3. 构建因材施教的教学制度体系

作为牛津大学最耀眼的标签和久负盛名的教学传统，导师制在牛津大学的教学制度体系中处于最核心的地位，是其本科教育始终保持卓越教育质量的关键。此外，牛津大学的学年制度也为本科生提供了较为自由的学习空间。牛津大学的导师制经过长期的传承和发展，形成了规范成熟的理念和操作管理规程。在理念上，导师制要求导师进行大量的直接教学，而不是仅仅提供辅助性的咨询和指导，导师的教学是真正的个别教学，目的在于实现因材施教，提供最适合学生的教育，重在培养学生的主体个性和创新思维。在操作上，牛津大学的新生到所属学院报到注册后，学院就会为他安排一位导师，如果学生心目中有心仪的导师，学院也会给与统筹安排。导师要负责制订和监控学生的学习计划，并承担大部分课程内容的讲授。导师教学一个星期至少进行一次，通常是一到两个学生一起，向导师展示并讨论他们已完成的学习和研究内容，导师要点评学生的学习和研究成果，并释疑答惑，然后还要提出进一步学习研究的主题。导师课论文是导师教学中重要的构成要素，学生课前两手空空毫无准备地去接受导师教学是不被认可的，导师课论文是每次课前学生必须认真准备的，也是导师教学的重要内容之一，在每次课前，导师通常会就教学的内容提出导师课论文的题目，学生必须提前搜集资料，做大量的准备工作并写成论文，上课前要将论文交给导师，以便导师提前阅读并作出批注，课上师生间要就论文的主要观点进行充分的讨论。导师课论文一般要求必须有独立见解和充分论证，仅仅罗列堆集信息的做法是达不到要求的。每周一次的论文和导师教学，无疑会促进学生对所学的知识领域进行深入探讨，有利于培养批判性思维和质疑问难的精神①。值得一提的是，牛津的导师制深深植根于学院制度中，学院制为实施导师制奠定了坚实基础。牛津大学由39所学院和学堂组成，这些学院都是自治的法人团体，各学院有不同的传统和优势。"大学的教学方法是教授式的，而学院的教学方法是导师式的。大学为传授知识而存在，而学院的职能在于发展品格。"② 每一所学院就像一所小型的综合性大学，不同学科专业的学生和教师一起形成了砥砺学问、启迪智慧的紧密团体。

此外，当欧美许多大学轰轰烈烈地推行学分制、还学生以学习自由的时候，以牛津剑桥为首的英国老牌大学仍然坚持学年制，并且，通过将学年制与其他一系列制度和举措相结合，牛津同样为学生创造了独特的学习自由。其主要表现为：一是牛津大学为学生提供了与导师自由交流思想、自由探讨学术的优越学习环境，在与导师的密切互动中，习得导师的科学精神、思维方法和人格魅力，养成受益一生的理性和智慧惯习。这样的学习自由为个性化教育和个性发展提供了良好的条件。二是牛津大学为学生提供了充裕的自由支配时间。本科生正常的学制是三年九个学期，每学年的三个学期上课共二十四周，假期时间比上课时间还要长③。虽然有较多的自由支配时间，但并不意味着可以放任自流，学生在假期要吸收、消化丰富的课程内容，课后必须在相对较长的自由支配时间内，大量地阅读、做调查、写论文，坚持自学④。

4. 鼓励交流互动的教学组织形式

牛津大学课堂教学形式灵活多样，强调本科生个体思想的表达和独立思考能力的培养，教学过程强调学生的参与。本科生可以参加的讲座和研讨会也非常多，在理科中还有别具一格的实验室会议。这些教学形

---

① 杜智萍．牛津大学本科生导师制教学模式探析［J］．大学教育科学，2006(6)：50-53．

② M. G. Brock, M. C. Curthoys. The History of the University of Oxford [M]. Oxford: Claredon Press, 1997：293.

③ 裘克安．牛津大学［M］．长沙：湖南教育出版社，1986：96．

④ 马冬卉，赵勇．二元体制下的牛津大学本科教学［J］．高等工程教育研究，2007(1)：87-90．

式非常注重本科生的学习参与性,且实践性强,满足了学生多样化的学习需要。但最能代表牛津研究性教学的无疑还是导师教学形式。

长期以来,牛津的导师教学形式强调对学生的个别辅导,这是传统导师教学的主要特征,即便现在随着入学人数的增加,有的导师会同时指导三到四名学生,但导师教学的形式和效果仍然得到较好的保留。导师教学使得师生在近距离的密切交流互动中更加了解彼此,对导师来说,按照学生的知识结构、智力水平、兴趣意愿进行教学成为可能,针对学生个性差异实施因材施教成为现实。这种教学形式给与了师生任何一方充分思考和表达的机会,对学生来说,其在教学过程中的主体地位得以充分凸显,因为导师不再是知识的单向传播者,而是批判性的指导者,导师教学是建立在师生互动和师生合作基础之上的。导师辅导课在每一个牛津大学本科生的课程学习中占有重要地位,其形式看似随意,但其实质上是一种促进学生独立思考和自主探究能力的研究性教学,在这种接近于一对一的互动中,导师能够充分了解学生的个性特点,在导师面前,学生没有任何机会隐藏自己的不足,通过在导师指导下对某一主题进行深入探究,学生始终处于一种积极主动的学习状态,处于教学的主体地位,学生不会屈服于任何标准答案和学术权威,导师鼓励学生提出质疑,并考查学生在面对质疑时如何坚持自己的观点和立场,这种师生间的质疑问难,有力地培养和提高了学生的创新思维,正如现任校长安德鲁·汉密尔顿(Andrew Hamilton)所言,导师制所赋予的思维能力的培养就是牛津大学教育的价值。

5. 促进学生发展的教学管理模式

牛津大学由"中央大学"与38个学院组成的"联邦制"治理结构,决定了其教学管理模式的灵活性与开放性。牛津的38个学院拥有极大的学术自治权,每一个学院都像是独立运作的小型大学,但为了维护大学的整体性,并且对学院之间的冲突进行协调,在大学一级还设立了大学评议会(the University's Council),作为教学管理的首脑机构,其下辖的教育政策与标准委员会(Educational Policy and Standards Committee)是维持和保障牛津学术质量的重要机构,它负责制定教育政策和标准,监督入学程序,督导教学和课程实施,组织教学评估以及协调学院之间的关系等①。牛津大学共有150个学系，系是教学单位，由大学的4个学部直接管理。这种模式是，大学管4个学部，4个学部管150个学系，大学基本不管学院。事实上，由系组织的讲课（lecture）并不构成牛津大学本科生学习生涯的中心，讲课要依赖由学院（college）负责开展的辅导（tutorials）作为强大的支撑。在牛津大学，系的学术人员同时也是某个学院的成员，他们在系里做研究和负责讲课，同时担任学院的导师②。牛津大学这种大学院系条块结合的管理体制，从学校全局上看，有利于打破校内教育资源配置的条块分割，从而有利于从全校的范围内来调配和利用教育资源，来实现校内教育资源使用效益的最大化。经过长期的改革探索，大学和学院在人才培养上形成了分工合作、权责明确的格局。大学的职责是督导各学院的教学和课程实施，提供部分课堂教学，组织丰富的讲座和研讨会，提供先进的图书馆、实验室、文体设施等教学资源，组织考试并授予学位。而学院的职责是选拔学生，负责导师制教学，组织研讨和文体活动，提供住宿、餐饮、图书馆、文体设施以及宗教服务等。

6. 注重学习过程考查的教学评价方式

本科生学业成绩的考核是牛津大学教学过程中一个重要的有机组成部分。牛津大学对本科生学习的评估包括限时考试评估（preliminary and moderations）和课业评估（coursework）。牛津的考试不多，但在参加最后考试以前要做大量的作业。一般首次考试在第一学年结束时进行，检查本科生一年来的学习状况，评估学生是否适合在牛津继续学习。如果学生在第一学年的考试中没有过关，征得学院同意，在第二学年开学时有一次补考的机会，若仍然通不过，那么该生就只能选择退学了。期末考试在最后学年结束时进行，学习中间大学没有组织考试，学生可以充分发挥主动性学习自己感兴趣的知识，享受充分的学习自由。以文科为例，文科本科生通常有两次考试：初试preliminary是在第一学年内举

---

① 马冬卉，赵勇. 二元体制下的牛津大学本科教学 [J]. 高等工程教育研究，2007（1）：87-90.

② 刘凡丰. 独具特色的牛津大学本科教学管理制度 [J]. 宁波大学学报（教育科学版），2002（6）：60-63.

行，为了继续以后的课程必须通过，考试不与学位相关联。第二次考试（通常称为"最后荣誉学科"或"毕业考试"）安排在最后一个学年举行，毕业考试持续三个小时，还要求两个星期内完成几篇论文。对于一些学科，比如现代语言，有一个附加的口语测试。课业评估是牛津大学最具特色的学习成绩考核评估方式。课业评估包括以下几方面的内容：书面报告、实践记录、学位论文、口头陈述、拓展论文、课程作业和设计项目以及其他一些适当形式①。

### 五、剑桥大学本科人才培养模式的主要特点

剑桥大学以"现代科学的摇篮"著称，先后吸引了近百名诺贝尔奖获得者在这里执教或学习，牛顿、达尔文、霍金等都曾在这里求学。

1. 注重培养综合素质的人才培养理念

剑桥大学一贯重视人的理性训练和人格的塑造。在教育目的上，剑桥与牛津存在一定的相似性，它们一起体现了英国传统高等教育的价值取向。剑桥关注学生理性思维和创造个性的培养，鼓励学生独立思考和主动探究，强调自由教育的价值和知识本身的价值。在教学目标上，智力发展的地位总是高于知识获取。在专业和课程设置上，它重视学术性的专业和课程，注重博才而非专才的培养。剑桥大学前校长 Leszek 教授指出："剑桥的目标是促进学生在学术成绩、品格、爱好、专长和思维能力上的发展，希望全面了解学生并促进他们全面发展。"显然，促进个性发展也是剑桥人才培养理念的应有之义，不单个性的独特性会得到关注和尊重，个性的主体性、创造性和和谐性也被赋予了不同寻常的意义。在这样的理念影响下，剑桥的学生不仅综合素质高，学术能力尤其是创新能力更出类拔萃，这正是剑桥大学成为"诺贝尔奖摇篮"的主要原因所在②。

2. 构建自由开放的课程设置方式

剑桥大学的课程设置方式十分的灵活开放，其课程设置的主旨在于

---

① 尹昱. 基于培养方案的牛津大学本科生培养模式研究 [D]. 长沙：中南大学，2009：35.

② 别敦荣，隆芳敏. 剑桥大学的发展历程、教育理念及启示 [J]. 现代大学教育，2011（4）：36-41.

通过丰富的课程模块组合，既帮助学生构建宽厚的知识体系，又能为学生提供多样化的选择，满足个性化的学习需求。

在课程结构上，剑桥将本科生的课程分为三个层次，即 triposes、parts 和 modules。Triposes 即获得某一专业的学位所必须修读的全部课程，每个 triposes 包含不同层次的两个部分（part Ⅰ 和 part Ⅱ），每个部分又包含若干模块（modules）。在每个模块中包含课堂教学、讲座、研讨及其他类型的学术活动，可见，其课程模块并不限于纯理论性或讲授性的课程。学生要想取得某一个 triposes 专业的学位，就需要分别从第一部分和第二部分中选择 2~10 个课程模块，而供选择的课程模块也相当丰富，有的可达数十个。在课程结构上采取模块化的课程组合，可以淡化学科专业对课程的单向限制，通过将相关知识点、相关知识领域甚至相关学科组合成课程模块，有利于学生形成开阔的学术视野和跨学科的知识结构。

在课程内容上，剑桥的课程模块在设计上与牛津的综合性课群有异曲同工之处。课程模块并不是各种课程的简单拼凑，而是充分考虑了学科发展的趋势，每个模块都由相关老师参与设计，包括课堂教学、讲座、研讨和其他学术活动的比例和内容，还要提供学习参考资料，设计考试试卷。剑桥的课程是没有固定教材的，学生面对的是长长的书单，书单所列资料依次分成核心参考、重要参考、延伸阅读。核心参考一般是三五本书，延伸阅读可达几十本书。除了模块里开列的书单外，各讲座老师还会列出相关书目。开放式的模块设计，使学生有充分的选择余地和最大限度的发展空间①。

3. 重视因材施教的教学制度体系

剑桥大学的导师制与牛津大学存在很深的渊源，它们在导师制的理念、制度以及具体操作上都存在许多共通之处。剑桥的导师制在其教学制度体系中同样居于核心地位，是剑桥实施因材施教的重要依托。在剑桥，为每位新生安排导师是启动大学教育的首要工作，导师在与学生接

---

① 郝翠屏. 剑桥大学本科教育观察与启示 [J]. 中国大学教学，2012（8）：93-96.

触之后,在了解学生的学习基础、兴趣意愿、志向理想的基础上,指导学生拟定学习计划。在随后的学习中,学生与导师保持着制度化的交流,师生每周必须至少见面一次,时间为1~2小时,导师指导的内容十分广泛,包括与学生共同商定大学期间的个性化学习计划,或者某一门课程的学习计划,在课程的学习中,导师会根据学生的情况及时予以辅导,提供相关的参考资料和参考书目,并提出需要深入研讨的论文主题,学生要在规定的时间内阅读有关书目,搜集资料和按要求写出论文,然后以论文为基础与导师进行深入交流,师生间通过日常的指导以及基于论文的研讨,达到深入交流学术思想、培养质疑批判精神和学术创新能力的目的。本科生进入第二学年后,导师与学生的交流频率会更高。导师的个别指导,有效克服了班级授课的弊端,使得导师有充分的时间和精力去了解和关注每一位学生,能够对他们提出个性化、有针对性的指导和建议,促进学生个性化、差异化发展。

4. 采用探究交流的教学组织形式

剑桥大学的教学组织形式不拘一格,其课程模块中包含的课程类型多种多样,这些课程对应的教学组织形式也不尽相同,例如课堂教学形式、讲座研讨形式、研讨会形式等。以讲座研讨形式为例,剑桥的讲座有两个较为突出的特点,一是注重专题性、研究性和前沿性。剑桥的教学没有教科书和固定课本,讲座不讲导论或概论性的课程,而是讲教师的在研项目或者近期发表的研究论文,讲座开始前,主讲教师会分发一些辅助材料,内容大多是讲座中涉及的材料或例证。所以讲座主要是提出研究问题、开阔学生视野、引介研究方法及启迪学生思维。二是强调多样性。无论研究题材新旧、研究范围宽窄,只要有新的发现、新的观点或运用了新的方法,剑桥都能兼容并蓄,鼓励开设各种讲座,形成思想自由、鼓励创新的学术氛围。另外,在讲座或研讨课上,讨论和辩论是被充分提倡和鼓励的,教师在讲完之后,剩下的时间就是自由讨论和辩论的时间,听众往往会提出非常刁钻和尖锐的问题,宣讲人被问得张口结舌的情况时有发生,但研讨的气氛不失严肃和友好。

5. 孕育和谐发展的隐性课程形式

剑桥大学的隐性课程无处不在，严谨的学风、创新的学术氛围、优美的学习生活环境等都是剑桥的隐性课程形式，其中导师制对学生学术和人格上的影响、住宿学院制度对学生综合素质的提升，在剑桥的隐性课程形式中举足轻重。导师制不仅对学生的学术成长发挥着关键作用，而且对学生科学精神、人格修养、理想志向等非智力因素也产生着重要影响，是学生个性和谐发展的重要推动力。此外，剑桥的住宿学院制度在引导学生和谐发展上也享有盛名，其影响远播国内外，例如哈佛大学就借鉴了剑桥的住宿学院制度。剑桥的住宿学院制度在于通过建构一种全方位的教育氛围，引导学生和谐发展。其具体举措是赋予学生宿舍新的性质和职能，使其担当促进学生发展的重要职责。剑桥的住宿学院并不仅仅是住宿的场所，而是一个具有学习、交流、研讨、娱乐等多种功能的学术文艺社区，是一个教师和学生学习生活的场所，每个住宿学院都有不同背景和专业的教师和学生住在一起。并且住宿学院中还安排了专门的生活导师和学习导师。导师们组织引导学生开展丰富多彩的学习和娱乐活动，如研讨会、辩论会、音乐会、体育比赛等，教师和学生的密切交流互动，营造了小型温馨的学术生活环境，有利于学生综合素质的拓展和个性的和谐发展[①]。

6. 注重能力考察和考试反馈的教学评价方式

剑桥的教学评价方式注重对学生能力的考察，考后对试题和学生答题情况的分析十分仔细，强调通过考试分析和反馈，不断改进教学评价方式，激活评价对教与学的反馈和矫正功能。在评价学生的依据上，剑桥侧重考察学生的知识基础和运用知识的能力，例如2009年英语系的考试，其考题中设计了一个重要的模块，包含了20个开放式问题，类似我们所谓的材料题，要求学生选择3个问题作答。这些考题要求学生充分阅读和理解材料，问题的设计来源于材料，要求学生通过回答问题展示对1910年前后有关文学发展状况的理解。这样的考题设计重在考察学生的知识基础、分析能力和批判思维，为学生提供了较为宽松的发挥

---

① 茹宁. 剑桥大学的住宿制和导师制 [J]. 考试研究，2012 (4)：45-48.

空间。考试评分结束后,学科专业负责人和模块课程讲授人要对考试试题、考试结果进行详细的分析总结,并形成考试报告,例如前述英语系的考试报告就达 28 页之多。报告的内容包括参考人数、成绩分布、成绩的性别差异、学生对知识点的掌握情况和不足之处、评分过程的疑问、考试的改进建议等。另外,报告中还列举了来自约克大学和利物浦大学的外部考官的意见[①]。

## 六、慕尼黑工业大学本科人才培养模式的主要特点

慕尼黑工业大学是享有国际盛誉的德国顶尖大学,其在世界大学排行榜上位居前列,并经常排名德国首位。由于其卓越的创新精神和优异的科研教育质量,被德国科研联合会评为首批三所精英大学之一,在其教师和毕业生中有 17 名诺贝尔奖获得者。慕尼黑工业大学是一所学科涵盖范围较广的综合性技术大学,包括物理、化学、数学、医学、建筑、运动和健康科学、电子与计算机工程、教育、管理等 14 个学院。

1. 强调科技与人文、理论与实践紧密结合的人才培养理念

慕尼黑工业大学致力于培养视野开阔的高级工程技术人才,校长沃尔夫冈·赫尔曼指出:"我们希望大学教育能够为学生提供广阔的视野,特别是人文社会科学的视野,因为做到这一点非常重要。工程师不能只了解工程,他们必须接受广泛的教育,工程师的事业必须超越专业而及整个社会的需要。"为此,该校大力加强文理融合的通识教育,强调工科院校也要提升人文社会科学研究水平,重视发挥人文社会科学在培养学生跨学科的广阔的视野方面的重要作用。同时,慕尼黑工业大学在人才培养中极为重视将理论与实践紧密结合,重实践过程、重方法训练、重能力培养。强调独立工作能力和动手能力,而不是仅仅停留在理论上,这是慕尼黑工业大学的最大长处。在人才培养中,慕尼黑工业大学注重校企合作、联合培养。校长沃尔夫冈·赫尔曼指出:慕尼黑工业大学还有一个显著特点,就是始终与那些以科研推动的产业保持密切的联

---

① 郝翠屏. 剑桥大学本科教育观察与启示 [J]. 中国大学教学,2012 (8):93-96.

系。这样的产业包括化工、航空航天、生物科学、信息技术、医药等。例如宝马、奥迪、西门子等,都是与我们有密切合作关系的产业公司①。在这种理念的影响下,慕尼黑工业大学不但拥有一流的工科和理科教育,还极为重视人文社会学科的建设,在理工科的教学中,学校尤其注重加强学生的实践动手能力和对学科前沿动态的把握,鼓励教授将本学科的发展趋势和最新进展介绍给学生,哪怕有些理论和成果还不太成熟,因此,学生接触到的不是静态的、陈旧的知识,而是本专业的前沿动态。

2. 重视基础深化和学科交叉的课程设置方式

慕尼黑工业大学的课程结构主要由基础类课程和专业类课程组成,具体包括基础必修课程模块、专业必选课程模块、自选深化课程模块、补充学习模块和实验实习课程模块。基础类课程安排在大学的前4个学期,主要着眼于学科的基础知识和基本能力培养,为学生进一步的专业学习打下深厚基础。基础课程阶段结束后,学校要举行中期考试来检查学生对基础知识的掌握情况,学生必须通过这一模块所有课程的考试,才能进入下一阶段的专业学习。在第三、四学期,学校开始为学生安排专业必选课程模块,旨在帮助学生对专业和相关领域的知识有更深入的了解,可供选择的课程模块数量丰富,且每个模块都有一定的学分要求。自选深化课程模块通常在第五、六学期开设,目的在于满足学生兴趣发展和职业定位需要,学生可从个人兴趣出发自由制订学习计划,既可以从众多的课程模块中自由选择,也可按照学校的推荐进行选课。补充学习模块在于进一步加强文理融合,提高学生的综合素养,要求在文化、哲学、美学、音乐、历史、外语及写作等类别的课程中选修一定数量的课程。实践实习课程模块着眼于提高学生的实践动手能力,学生必须选修职业技能课程,或者进行一定时间的工程实践。

在课程内容上,慕尼黑工业大学非常注重跨学科课程建设,如为医学工程专业专门设计了一门综合课程,就融合了与工程科学相关的包括物理、化学、数学、生物、电子、信息学、医学、体育8个系科的内容,这一综合课程成为全德国的首创。该校对课程内容的调整很及时,凡遇

---

① 林一. 走进世界一流大学[M]. 北京:当代世界出版社,2003:62.

上前沿性交叉学科的研究课题,在其研究中或研究结束时,就立即将研究成果融入教学中。正如赫尔曼校长所指出的:我们有工程院和科学院两种研究院,一种是应用学科,一种是基础学科;我们希望能够打破应用学科和基础学科的界限,让学生从接受教育的一开始就纳入与跨学科研究相关的课程当中去。

3. 注重培养研究能力和实践能力的教学制度体系

慕尼黑工业大学构建了以师生合作科研制度、实习制度和访学制度为代表的教学制度体系,重点聚焦学生科研能力和实践能力的培养。师生合作科研制度是慕尼黑工业大学培养学生研究能力的重要措施。慕尼黑工业大学非常重视通过教学与研究相结合,开展扎实的基础教学和前沿科学研究。大学的教授在教学中把重点放在提供科学研究的方法上,而不是传授具体的技能。同时,教授们都有丰富的企业工程实践经历,教授的研究项目直接来源于产业界的资助和需要,教授带领学生从事协作创新,在教学中研究,在研究中教学,学生的研究能力得到极大提高。实习制度是慕尼黑工业大学培养学生实践能力的重要教学制度。各个专业都有严格的实习要求,例如电气工程专业要求9周的企业工程师实习,航空专业则要求有26周的工业部门实习。学校与宝马、大众、西门子等公司常年合作,聘请公司中高层人员开设课程,或担任客座教授。每年大批学生到有关企业实习,参与一线生产。绝大多数理工科本科生、研究生论文都是在企业实习期间确立选题并最终完成。慕尼黑工业大学还极为重视本科生的国际交流访学,学校制订了系统的国际交流计划,规定60%以上的本科生在学习期间至少有一个学期应该在国外的一所大学访学交流[①],另外学校还与国外多所大学和研究机构合作建立了多所学习中心,为学生的国际化学习提供更便利的条件。

4. 鼓励交流互动的教学组织形式

慕尼黑工业大学主要有三种基本教学形式,讲座课、讨论课和练习课。三类授课形式尽管对教与学各有侧重,但都不同程度上注重促进师生课堂上的交流互动。如讲座课虽以教师讲授为主,但在课堂上会留出

---

① 林一. 走进世界一流大学[M]. 北京:当代世界出版社,2003:62.

充分的时间回答学生提出的问题。练习课以学生练习为主,教师引导和答疑为辅。研讨课的主题通常与教授的在研课题或刚发表的研究成果有关,教授一般在学期开始时提前公布研讨课的大部分主题,学生可以从中选择感兴趣的主题,也可向教授提议新主题,学生选好主题后,要写出研究报告并在研讨课上进行讨论。研讨课由两名教授或者一名教授加上一名助手主持,由研究这一主题的学生做演讲报告,讲完后其他学生可以自由提问、辩论或反驳,教授的角色在于启发和引导大家的交流,并分享自己的观点和看法。这种研讨课的主题往往都是有关领域的前沿性和争议性课题,而且授课教师有较为深入的研究,分配给每名学生的题目都极具深度和挑战性,学生课前必须查资料、搞调查、做实验,做好充分的准备,在课堂上面对别人的挑战和质疑时,还必须对自己的观点进行解释和辩护。通过这一训练过程,不断提高自己的表达能力、独立思考能力和主动探究能力。

5. 促进科研教学紧密结合的教学管理模式

慕尼黑工业大学的教学管理模式以推动学研产紧密结合,以科研促进教学为主旨。慕尼黑工业大学非常重视通过研究与教学相结合,开展扎实的基础教学,强调教学科研人员要以最高水准从事研究工作,并将科研成果直接融入教学。为此,慕尼黑工业大学的各个学院以研究所为基本教学单位,研究所与产业发展直接挂钩,必须得到有关企业的支持才能设立。研究所的所长具有人、财、物管理的实权,全面负责研究所的教学和科研活动,指导本科生和研究生的科学论文。研究所既从事高水平的科研和产业应用,又承担教学职责。学生一入学就开始进入教学—研究—产业应用为链条的培养体系。为了紧随科研和产业发展的趋势,各研究所在教学管理上拥有极大的教学自主权,同时各研究所之间还定期举行交流会,商讨教学计划、专业融合、合作研究等重要事务①。

## 七、巴黎高等师范学校本科人才培养模式的主要特点

巴黎高等师范学校是法国历史悠久、享有盛名的高等学府,学校建立于1795年,自创办以来,巴黎高师在知识体系的生产和人才培养方

---

① 林一. 走进世界一流大学[M]. 北京:当代世界出版社,2003:63.

面成绩骄人,甚至达到富有传奇色彩的地步,包括11位诺贝尔奖得主和8位菲尔兹奖得主,在人文领域,更以培养出罗曼·罗兰、皮埃尔·布迪厄、米歇尔·福柯、萨特等在西方思想文化界有着非凡建树的巨擘而享誉世界。巴黎高师的本科人才培养模式主要有以下特点:

1. 注重通才教育和自由发展的人才培养理念

巴黎高等师范学校作为集科研与文教于一体的公立机构,其宗旨是为科学研究、教育系统和国家行政单位、企事业机构培养人才,在学科设置上文理兼备,主要包括数学、化学、天文、地理、哲学、文学、历史、考古等学科,鼓励跨学科的研究和通才的培养。前任校长加伯利埃尔·于杰认为:"巴黎高等师范学校的理念就是提倡和建立基于个人自由选择基础之上的,多学科式培养的教育模式。学生可以自由选择学习内容和方式,学校的任务是让学生找到最适合自己的发展道路。在一般的学校,学生们没有选择。在高师,学生们可以自由学习和发展。学校重视营造学科交叉的学术氛围,不同学科的研究人员、教师和学生接触频繁,跨学科的研讨会题材丰富,数量众多。"①

2. 强调博专结合的专业设置模式

巴黎高等师范学校从一个培养老师的学校发展成为一流研究型大学的秘诀就是,无论学校、老师,还是学生,都时刻保持创造性,而博专结合的专业设置模式是培养学生创造性的重要途径。在专业设置时间上,学生一般在第三学年进行专业分流,学生在分流前可广泛选修课程来开阔眼界,并有更多的机会发掘自己的兴趣与潜能,学生们在自由发展的气氛中可按各人的兴趣爱好进行学习。在专业设置空间上,巴黎高师的学生进入专业学习后如果觉得不适合,向学校提出申请并得到批准后可以自由更改专业。在专业设置口径和方向上,为了突破传统的学科分界线,巴黎高师构建了三个多学科培养平台,即认识论学科平台、环境学科平台、科学历史和哲学平台,成功整合传统学科和新兴学科。并且,在强调"博"的同时,并没有忽视"专"。学校强调不希望多学科

---

① 王静. 学校的任务就是发挥学生的天才:访法国巴黎高等师范学校校长加伯利埃尔·于杰 [N]. 科学时报,2002-9-7.

培养平台的学生因开放性而牺牲掉专业性。巴黎高师主张一种"主修"和"副修"模式的培养方式，提倡在这三个多学科领域之一学习的学生也同样热心于在一个传统的学科专业里学习①。

3. 促进学科交叉的课程设置方式

巴黎高师极为注重构建跨学科的课程结构。无论是传统学科还是新兴学科，巴黎高师绝不墨守成规固守传统的学科界限。例如随着信息学的快速发展，巴黎高师注意将其与传统的考古学专业和数学专业的课程相结合，不仅使学科之间有机结合互相促进，还成为交叉学科人才培养的摇篮。另外，巴黎高师还专门构建多学科课程平台，例如其认识论学科平台的课程结构就整合了哲学、语言学、心理学、生物学等多个学科；环境学科平台的课程则涉及地球、大气、海洋物理、数学、地质学、地理学、经济学等学科。在课程内容上，如科学历史及哲学平台课程的范围，涉及古代科学、科学社会学、工业科学，利用巴黎丰富的专家资源，学校成为国际上引人注目的人才荟萃之地。再如艺术史课程，这门课通过面相学、自然科学的图解以及早已成为科学成果的各种素描和草图，乃至在科学著作里运用插图和图表的方式勇敢探索科学的领域，使这门课的开设颇受学生的欢迎②。

4. 践行尊重学生的教学管理模式

巴黎高师的教学管理模式极具开放性和灵活性，目的就是千方百计提高教学质量和学术水平，更好地促进学生发展。为了促进跨学科教学，巴黎高师给予学生和教师极大的教学自主权。例如鼓励学生去其他大学注册学习并承认学分，同时学校也大力吸引世界一流学者前来开课，很多学院的课程甚至有超过一半是外校教授开设。很多不同学科的教师常常自由结合组成研究小组，在掌握学科前沿动态或取得研究进展后，就立刻可以在全校组织讲座并开设研讨课，例如随着认知学的快速发展，学校立刻就将认知学与生物、数学、语言文学等学科结合，组成

---

① 加伯利埃尔·于杰. 巴黎高等师范学校的专业：怎样共存和竞争[J]. 北京师范大学学报，2002（6）：36-39.

② 加伯利埃尔·于杰. 巴黎高等师范学校的专业：怎样共存和竞争[J]. 北京师范大学学报，2002（6）：36-39.

认知学协调研究组，并开出了认知学跨学科研讨课。在这些小组的带领下，巴黎高师的课程教学总是处在各学科的前沿。

5. 孕育特色鲜明的隐性课程形式

巴黎高师之所以精英云集、大师辈出，还与其自建校开始就形成的特殊的精神文化传统密切相关，而这一精神文化传统也是巴黎高师隐性课程的重要形式。在法国大革命背景下成立的巴黎高师，其重要使命就是推动公民教育和启蒙运动，促进法国社会的思想启蒙和解放，因此，其诞生时所肩负的文明开化和建国君民的理想，确立了巴黎高师在法国高等教育乃至法国社会中的崇高地位，其神圣的使命吸引了那个时代最优秀的人才，赋予了他们一份超然和高傲的气质，形成了其他专业大学所不具备的精神和理想。这一精神气质的薪火相传，使得高师一直挺立于法兰西思想的前沿。毕业于巴黎高师的法国当代著名作家季洛杜曾指出：巴黎高师培养的是精神贵族，"高师精神"是巴黎高师区别于其他任何一所优秀大学最本质的东西。他把这种精神比作送给每名学生的"终身的制服"，高师精神激励学生在最自由宽松的环境下，自由自在地发展，它允许学生一时的稚拙，但决不降低要求和标准，学生们在大师的目光注视下，过着一种富有的精神生活[1]。

## 八、东京大学本科人才培养模式的主要特点

东京大学创建于1877年，是日本创办时间最早的大学。东京大学是世界上少数学科门类最为齐全的综合性一流大学之一，基本上囊括了高等教育和学术研究的主要领域，它共有10个学部（本科学院），即教养学部、文学部、法学部、经济学部、教育学部、理学部、工学部、农学部、医学部、药学部。其大学院（相当于研究生院）分15个研究科。在世界大学排行榜上，东京大学近年来稳居前列。长期以来，东京大学毕业生占据了日本社会各行各业的领袖和精英地位，其教师和校友中有诺贝尔奖得主9人[2]，在日本首屈一指；在132个日本学士院成员中，约

---

[1] 王立新. 外国散文鉴赏辞典[M]. 上海：上海辞书出版社，2010：92.

[2] The University of Tokyo2017-2018 [EB/OL]. [2018-07-10]. https://www.u-tokyo.ac.jp/content/400077378.pdf#page=5.

1/3 是东京大学的教授或名誉教授。据统计，日本首相及大臣中有 1/3、全国大企业董事长的 1/4、各界知名人士的半数以上均出自该校，所以有"东京大学毕业生掌握国家政治经济命脉"的说法[1]。在中日两国高等教育史上，东京大学与北京大学前身京师大学堂建校时间相近，都是国立大学并都以培养精英人才实现国家和民族振兴为使命，在相近的文化渊源和相似的文化背景下，认真考察东京大学本科人才培养模式的特点，对我们不无借鉴意义。

1. 注重培养综合素质的人才培养理念

东京大学诞生于日本明治维新之时，明治政府创办东京大学的目的十分明确，就是通过集中国家资源创办一所现代化国立大学，在科技、学术上追赶欧美，培养政治、经济、科技等领域的精英人才，使日本尽快成为能同西方列强相抗衡的强国[2]。自此至二战结束以前，东京大学的人才培养理念与教育目的一直以满足国家和社会需要为取向，本科以专业教育为主，强调培养应用型和实用型人才。二战结束后，东京大学在教育目的和发展战略上进行了全面转型，在教育目的上将为极端国家主义服务转变为"作为学术中心，向社会传播科学文化，使大学成为维护学术自由、思想自由和追求真理的媒介"，并确立了以质取胜的发展战略，努力提高学术研究和人才培养的质量。为此，东京大学摒弃了国家主义教育目的中划一性、僵硬性的取向，强调解放和发展学生个性，加强综合素质的培养，更加重视学生的人性和品格教育。为了达此目的，东京大学专门设立教养学部，本科生前两年需在教养学部接受广泛的教养教育，然后才能进入专业学部学习。教养教育旨在奠定学生宽厚的知识基础和学术视野，培养独立思考能力和综合判断能力，让学生了解学术与人生、社会的关系，发展学生丰富的人性。进入 21 世纪，东京大学发布了《东京大学宪章》，强调东京大学要成为世界级的顶尖大学，即要在教育、科研方面都成为世界高等教育的领军者——"世界性的教育研究基地"，追求尊重学生个性和学习权利的世界最高水准的教育，

---

[1] 王晓阳. 东京大学：日本第一学府 [J]. 知识就是力量，2000 (9)：30-32.
[2] 金龙哲，王东杰. 东京大学 [M]. 长沙：湖南教育出版社，1996：41.

培养出掌握高级专门知识，有广阔视野，富有理解力、洞察力、想象力、实践力，并具有国际性和开拓者精神的各领域的领军人才[1]。

2. 促进个性发展的专业设置模式

东京大学本科学制4年，本科教育实施二二分段式模式，即所有本科生前两年在教养学部接受通识教育，后两年分流进入各专业学部进行专业教育。本科新生入学后，学生根据自己的知识结构和兴趣意愿，选择进入教养学部的文科一、二、三类和理科一、二、三类课程班学习，文理科的每一类课程班都对应于后期分流后的某一类学科专业，这样做既可以对学生进行预分流，又能避免课程设置的泛化倾向，为学生后期的专业学习打下基础。并且，每一类课程班的课程设置并不仅仅限于文科或理科，学生都要学习广泛的文理科课程，只是内容和深度上有所区别。在教养学部学习一年半后，根据课程成绩和兴趣志向，学生开始选定自己专业分流时所想进入的专业学部，一般情况下，文科一、二、三类学生分别进入法学部、经济学部、文学部和教育学部，理科一、二、三类学生分别进入工学部、理学部和药学部，农学部、理学部和药学部，医学部[2]。为了进一步提高专业设置模式的灵活性，2006年东京大学取消了前期课程班与后期学科专业的对应限制，只要前期课程成绩符合要求，学生便可以自由选择后期的专业。2011年东京大学又在教养学部的课程中增设了文理综合课程和跨学科课程，例如综合自然科学和学际科学课程[3]。

东京大学的专业设置模式在理念与机制上体现出与美国一流大学的相似性，反映了东京大学对培养本科生具有宽厚知识基础的重视，在专业设置时间上，将学生的专业分流延至二年级，便于学生通过前期课程的学习发现和定位自己的兴趣和志向，能够根据自身的个性和特长理性选择最适合自己的专业方向；在专业设置空间上，这种文理两科六类

---

[1] 熊庆年. 站在时代的前列迈向世界知识的顶点：东京大学的战略 [J]. 清华大学教育研究，2007（5）：84-88.

[2] Junior Division [EB/OL]. [2013-03-20]. http://www.c.u-tokyo.ac.jp/eng_site/undergraduate/junior.html.

[3] 郭丽. 东京大学的世界性教育 [J]. 考试研究，2013（1）：68-72.

课程所对应的专业学科方向也较为宽泛，学生在选择专业上具有较大的空间。同时，这种按文理两科六类的课程分类，也有效避免了学生在自由选修课程中所出现的随意性和盲目性，为学生日后的专业学习提早打好基础。这种分层、分类式的课程专业对应模式还有利于课程设置和教学内容上的因类施教，也有利于各学部、各专业选拔适合于本专业的学生。

3. 拓宽学科基础的课程设置方式

经过不断的改革探索，东京大学在本科课程设置上通过加强通识课程建设，开设交叉学科课程以及增加选修课程等，力求优化课程结构并实现课程内容的综合化和前沿性。重视通识课程建设是东京大学本科课程设置的突出特点。东京大学的通识教育和专业教育并不是泾渭分明，截然分开。通识教育阶段的课程分为一年半的前期课程和半年的后期课程，后期课程就旨在为专业教育打下基础和进行衔接。新生入学后，按文理两大学科进入六类课程模块，所有六类课程模块分别开设基础科目、综合科目和主题科目课程，具体课程模块之间由于学分要求的不同，上述三种课程的组合也就存在差异。基础科目为必修课程，开设外语、信息处理、人文科学基础、社会科学基础、数理科学基础、物质科学基础、生命科学基础、基础实习、基础实验、体育运动等十类课程；综合科目则开设思想、艺术、国际、区域研究、社会、制度、人类、环境、物质、生命、数理、情报等六类课程；主题科目以专题报告和研讨课程为主①。（具体课程类别及学分要求见表3-1）

为了应对现代科学发展的新趋势及大量新兴学科、交叉学科、边缘学科的涌现，东京大学在课程设置上强调文理科相互渗透，积极探索课程整合并增加跨学科内容，使课程设置向综合化方向发展。以通识课程中的基础科目为例，该科目中课程的开设强调培养学生对自然科学的综合性理解能力和应用能力，具体课程如量子力学、统计力学、物理化学、协同生物学等为必修课，课程主要由数学、物理、化学、生物等四

---

① Junior Division [EB/OL]. [2013-03-20]. http://www.c.u-tokyo.ac.jp/eng_site/undergraduate/junior.html.

个方面的内容组成。再以综合科目开设的课程来看，该课程的目标旨在重视边缘科学的研究和教育，设置为解决当今社会面临的各种复杂问题所需要的预测、评价、决策、计划科学化的方法论以及技术与知识系统，具体课程包括生命系统学、宇宙系统物理学、物质计划学、能源计划学、生态计划学等。即便是基础实验课程，东京大学也在促进不同学科实验的整合上积极探索，如1996年开设的"基础实验"新课程，取代了原先的物理实验、化学实验和生物实验3门课程，该课程编委指出，基础实验的选题着眼于未来自然科学的发展，注重自然科学各领域需要的基础实验方法和概念的养成①。为了给学生的个性化发展提供更多样的选择空间，东京大学结合学分制的实施，大幅度缩减必修课，增加选修课，扩大选修的范围和科目，相比日本其他高校，东京大学的必修课是比较少的，选修课却极为丰富。

表3-1 东京大学本科前期课程类别及应修读的最低学分表

| 课程类别 | | 文1 | 文2 | 文3 | 理1 | 理2 | 理3 |
|---|---|---|---|---|---|---|---|
| 基础科目 | 第一外语 | 6 | 6 | 6 | 6 | 6 | 6 |
| | 第二外语 | 8 | 8 | 8 | 6 | 6 | 6 |
| | 信息处理 | 2 | 2 | 2 | 2 | 2 | 2 |
| | 人文科学基础 | 4 | 4 | 4 | | | |
| | 社会科学基础 | 4 | 4 | 4 | | | |
| | 数理科学基础 | | | | 8 | 4 | 4 |
| | 物质科学基础 | | | | 8 | 8 | 8 |
| | 生命科学基础 | | | | | 4 | 4 |
| | 基础实习 | 2 | 2 | 2 | | | |
| | 基础实验 | | | | 4 | 4 | 4 |
| | 体育运动 | 2 | 2 | 2 | 2 | 2 | 2 |
| | 小 计 | 28 | 28 | 28 | 36 | 36 | 36 |

---

① 马兴坤.东京大学物理实验课程之改革[J].大学物理,1999(11):39-40.

续表

| 课程类别 | | 文1 | 文2 | 文3 | 理1 | 理2 | 理3 |
|---|---|---|---|---|---|---|---|
| 综合科目 | A 思想、艺术<br>B 国际、区域<br>C 社会、制度<br>D 人类、环境<br>E 物质、生命<br>F 数理、情报 | （从 A～C 及 D～F 两系列中各选修 8 个以上学分） | | | （从 A～D 及 E～F 两系列中各选修 8 个以上学分） | | |
| | 小 计 | 18 | 18 | 18 | 18 | 18 | 18 |
| 主题科目 | 专题报告 | | | | | | |
| | 研讨课程 | 7 | 7 | 7 | 7 | 7 | 7 |
| 合 计 | | 53 | 53 | 53 | 61 | 61 | 61 |

**4. 推进因材施教和国际交流的教学制度体系**

近年来，东京大学为了更好地适应学生个性发展的需要，在构建多样化的人才培养制度上进行了一系列的改革，形成了适合自身发展特点和具有东京大学特色的教学制度体系。与其他世界一流大学一样，东京大学也建立了学分制、双学位制、主辅修制、本硕博连读制等现代教学制度，同时，还在结合自身历史传统与未来战略目标的基础上，锐意改革创新，形成了具有自身特色的分流制、国际访学制等教学制度。

为了提供最适合学生的发展路径，东京大学构建了规范的分流制度。本科生进校时只按文理大类初步分流，待学习 3 个学期后，再根据个人兴趣爱好和学习成绩，选择后期的学科专业。专业分流从第 3 学期初至第 4 学期开学前结束，分流的依据主要按照学生的兴趣志愿、学习成绩和院系招生名额。整个分流分三次完成，第一次只能填报一个学院和一个学科方向，第一次录取完毕后，再进行第二次志愿填报，此次可填三个志愿，二次录取结束后仍有未被录取学生和招录未满学院时，再进行第三次补录①。具体流程为：在每年 4 月第 2 学期成绩公布后，各个专

---

① 楼程富. 东京大学的本科教育特色及基础课程设置 [J]. 高等农业教育，2002（3）：93-95.

业学部开始进行招生宣传，并公布招生规则和学部专业接收名额，学生在6月开始填报专业分流志愿，在8月随着第3学期成绩的公布，学生还可以提出变更志愿的申请，9月会公布第一次分流录取的结果，10月再按以上流程进行第2次和第3次补填志愿和分流录取，至第4学期开学前，基本上所有学生都分流完毕。

推进教育国际化，建设"世界性教育研究基地"是东京大学提出的远景规划和战略目标。为此，东京大学积极建立国际访学制度，激励学生、教师踏出校门和国门，去世界其他一流大学和研究机构进行交流访学。东京大学已与53个国家、地区签订了360项国际交流合作协议，广泛邀请世界一流学者前来讲学开课、合作研究。东京大学还与日本国内12所大学建立了本科生和研究生互换学分的合作机制[①]。此外，东京大学还准备推行新生特别休学制度，针对刚入学的新生实施1年期特别休学制度，以便学生可以前往海外留学或参与志工服务等活动。除了该项新生1年期特别休学制度以外，还计划实施其他的短期休学活动制度，如新生在入学后参加约半年时间的自主性短期留学等。广泛、多层面的学术交流与合作，使东京大学与世界范围内的尖端领域和学科之间保持着优势互补、协同发展的关系，不仅有助于学科领域的创新发展，也有助于培养学生的国际视野和创新能力。

5. 鼓励交流互动的教学组织形式

东京大学的本科教学组织形式主要有三种："讲义"、"演习"、"研究讨论课"。"讲义"课面向较多的本科生，类似中国的上大课形式，主要由授课教师讲授知识点和释疑答惑，虽然一般情况下有教材，但每节课授课教师都会发一些补充资料，因此，授课的内容并不局限于教材。"演习"课和"研究讨论课"则采用小班和小组教学的形式，在教学中强调师生之间的互动和学生的参与，鼓励学生通过课前、课中、课后的独立思考和自主研究，培养学生的多方面的能力。上课时学生围坐在一起并分为若干小组，主讲学生发言时间一般为30分钟左右，发言结束后开始解答来自其他学生的问题。所有学生在课程中都有机会担当发言

---

① 郭丽. 东京大学的世界性教育[J]. 考试研究，2013（1）：68-72.

人、主持人和点评人的角色。在课前，学生要就该课的主题查阅大量资料，做好充分的准备，因此，学生的发言都会非常踊跃，在整个教学过程中，主要由学生就该节课的主题进行研究和探讨，教师只是在适当的时候进行引导和点评，并最后就探讨的成果作出总结并指出进一步深入研究的方向，课堂中充分实施研究性、参与性和启发性教学，学生在教学中的主体地位得到很好的彰显。

以法学院一门有关现代中国研究的"演习"课程为例，该课程每周一次，每次课前要预先经大家讨论决定总主持人及各分小组的成员，由于课程没有统一的教材，各小组要推荐参考用书，推荐的书目汇总后由负责主持的同学征求大家的意见，由学生自己投票决定采用哪些书目作为本次课的参考教材。定下书目后，学生要提前阅读并就书中的论点提出自己的观点或问题，负责主持的学生会将大家的观点征集上来并适当归纳总结，课前将其打印出来分发给每位同学和上课的教师。上课时学生按小组讨论，大家会积极发言，讨论热烈，甚至发生激烈的辩论和争论，教师一般不介入讨论环节，只在最后总结和点评学生的发言，启发和点拨讨论的不足以及需要进一步拓展的地方[①]。这种授课形式体现出研究性教学中重过程、重体验、重参与的基本特点，能极大调动学生的积极性，培养他们的思维能力、表达能力和质疑批判的能力，使学生的综合素质得到锻炼和提高。

6. 实行尊重师生的教学管理模式

东京大学的教学管理模式体现出"教授治校"和以学术和学生发展为本的特点，尊重教授和学生的教学权利，是学校维持高水平学术质量的保障。东京大学的师生在教学管理上享有较高的自治权，教授和学生在决定教学事务上有着很大的话语权和自由度，这种话语权和自由度来自学校对教授权力和学术发展的尊重，各院系专门从事管理的行政人员很少，这些行政人员主要从事服务性的工作。教授在院系的管理中居于主导地位，他们所作出的行政决策，基本上是从学术发展的角度出发，

---

① 李光贞. 东京大学课堂教学中的研究性学习及启发 [J]. 山东外语教学，2012 (1): 71-74.

是为教学和科研服务的。在这样的管理模式下,东京大学的教学质量和学术自由得到了充分保障。

"大讲座制"是东京大学教学管理与组织的具体形式,也是其教学管理的一大特色。所谓"讲座",最初是由德国大学创立的科研与教学相结合的大学基层组织形式。东京大学借鉴了这一制度并进行了改造和创新,其目的在于提高大学各学科开出课程的学术水平。讲座负责人要具有学术权威,一般由教授担任。每一讲座的组成人员,除教授外,还包括副教授、讲师和助教。在讲座制下,一个大学某一学院开出的讲座多,表明他们的师资力量雄厚。为了适应当代科学技术发展的需要,东京大学对传统的讲座制进行了改革,创立了"大讲座制"。"大讲座制"除了由若干名教授主持外,还包括副教授、讲师、助教和雇员等,讲座教授具有相当大的教学自主权,他可以决定讲座的课程开设、经费预算和组织人事等。"大讲座制"继承了日本传统的"讲座制"的优点,有利于形成教授为本科生授课的更加开放的机制和培养良好的师生关系①,对于提高东京大学的教学质量和学术水平,发挥了积极作用。

## 第二节 国外一流大学个性化人才培养模式的共同创新经验

通过前文对部分国外一流大学个性化人才培养模式主要特点的考察,可以发现,虽然各大学所处的国别不同,政治、经济、文化背景存在着差异,但国外一流大学的本科教育改革与创新都是各个大学在继承自身历史文化传统的基础上,按照自身的逻辑适应时代和社会发展的结果。正如牛津大学前副校长阿什比所说,任何类型的大学都是遗传和环境的产物②。这种适应固然交织着主动与被动,改革的过程也充满保守

---

① Data[EB/OL]. http://www.u-tokyo.ac.jp/en/about/index.html.
② 阿什比. 科技发达时代的大学教育[M]. 滕大春,腾大生,译. 北京:人民教育出版社,1983:7.

与创新的博弈，但国外一流大学通过不断的改革探索，逐渐形成了具有自身特色的本科人才培养模式。通过对国外一流大学本科人才培养模式改革历程和主要特点的总结，我们可以发现一些具有规律性的特征，为我国一流大学本科人才培养模式创新提供借鉴。国外一流大学个性化人才培养模式的创新经验主要有以下几点：

## 一、重视更新人才培养理念，强调创造个性培养

综观国外一流大学的本科人才培养理念，其都经历了一个随时代的发展而不断调整更新的过程。在历史上，美国的一流大学根据社会经济发展的需要对其人才培养理念进行了不断调整。在科技欠发达和生产力发展水平较低的殖民地时期和建国初期，社会分工较为粗放，对专业知识和专业技能没有明确的要求，大学教育遵循着自由教育的传统，强调"绅士"和"通才"培养，到19世纪后期，随着科技的发展的工业革命的深化，社会分工越来越专业化，美国一流大学开始注重培养具有专业知识和技能的实用型人才，但随后出现的过于专业化的倾向又引起了很多大学校长和教育家的反思。于是到20世纪中期，美国一流大学开始将专业教育和自由教育的理念相结合，培养全面发展的有教养的人。进入20世纪80年代，知识经济初露端倪，知识的增长和科技的创新在社会经济发展中的作用日趋重要，知识经济时代促使一流大学走向社会的核心，要求一流大学大力培养创造型人才，美国一流大学将创造性反映在其人才培养理念当中，把专业教育、自由教育和创造性的培养有机结合起来。除了美国一流大学，英国的牛津大学和剑桥大学以及日本东京大学，在经历了人才培养理念的调整后，都将培养创造性作为当前人才培养的主要理念。而法国巴黎高师从一个培养教师的学校发展成为一流研究型大学的秘诀就是，无论学校、老师还是学生，都时刻保持创造性。从国际比较的角度看，当今国外一流大学都不约而同地将培养创造性作为个性化人才培养模式改革的主要理念。

## 二、积极改进专业设置模式，强化独特个性发展

在专业设置模式上，国外一流大学注重适应大学生的个性差异，在设置口径、设置方向、设置时间、设置空间等方面进行设计和改革，使

专业设置具有灵活性，努力为大学生提供弹性化的选择空间，促进大学生的个性发展。在设置口径和设置方向上，国外一流大学注重拓宽专业口径和方向，如牛津大学近一半的课群（专业）为交叉学科课群，普林斯顿大学也设置了大量交叉学科专业供学生主修和辅修，斯坦福大学和慕尼黑工业大学同样非常重视拓宽专业口径，两校的工程专业所涉及的学科远远超出工科和理科的范围，还广泛涉及人文学科和社会科学，使他们培养的工程师以专业基础宽厚和社会视野开阔而闻名，斯坦福的法学和医学专业也是如此。在设置时间和空间上，国外一流大学一般在学生入学后，先进行通识教育，并让学生广泛选修课程，经过一年半或两年的学习后，学生对自身的兴趣和想进入的专业有充分和理性的了解后，才确定专业。如果选定专业后感觉不合适，还有重新选择专业的自由。另外，许多大学还为那些觉得现有专业不能满足自己兴趣的学生提供了自主设计专业的机会，以充分尊重和满足学生个性化的学习需求。

### 三、不断优化课程设置方式，促进个性自由发展

注重在课程设置上促进学科交叉，加强通识课程的开发和建设是国外一流大学在课程设置方式上的共同趋势。国外一流大学十分重视交叉学科课程的开设，有的是以要求跨学科选修的方式，如普林斯顿大学的跨学科选修课程模式和牛津大学的综合性课群模式；有的大学则直接开发交叉学科课程，如普林斯顿大学的科学整合课程，巴黎高师的交叉学科研讨课程，东京大学的综合科目课程和基础实验课程等。随着培养创新人才理念的提出，通识课程在促进个性全面、和谐、自由发展，为创新人才的发展打下良好基础方面的作用日益受到重视，国外一流大学纷纷加强了对通识课程的开发和建设，综观国外一流大学，可以发现，一流大学必有一流的通识课程，如哈佛大学的核心课程，杜克大学的《课程2000》及跨学科通识课程以及芝加哥大学的名著课程等，都曾引领美国通识课程改革。另外，国外一流大学在整体课程结构上，采取减少专业必修课，增加专业选修课和自由选修课等，进一步优化课程结构，满足学生的个性化学习需要。

## 四、注重改革教学制度体系，着眼个性全面发展

教学制度体系在人才培养模式的构成要素中占有非常重要的地位。构建科学先进的教学制度体系对提高人才培养质量具有重要意义。国外一流大学都极为重视教学制度体系的创新与优化，除了重视完善较为常规的教学制度以外，如学分制、学位制、弹性学制等，各一流大学还非常注重结合自身的传统与优势，构建独具特色的教学制度，如哈佛大学和牛津大学的导师制，普林斯顿大学的导修制、师生合作研究制及国际访学制，斯坦福大学和慕尼黑工业大学的实习制以及东京大学的分流制等。考察这些教学制度的特点可以发现，其共同的旨趣在于适应学生的个性差异实施因材施教，通过激发学生在学习和研究中的主动性和能动性，培养学生的主体性，提升学生个性的创造性和和谐性。

## 五、大力创新教学组织形式，助推主体个性提升

德国教育家雅斯贝尔斯曾指出："大学教学不能陷入一定的格式，有利于培养智力的教育通常都采取个性化的形式。"[①] 国外一流大学都极为重视创新教学组织形式，强调构建以发现和探究为核心的教学组织形式，不但在大班授课形式中探索扩大师生交流互动的机会，鼓励学生更多地参与教学中，突出学生的主体地位，还积极创新小班（小组）教学形式及个别教学形式，为适应学生的个性差异和发现个性优势，促进个性自由发展创造条件。除了大班授课，国外一流大学都创建了以小型习明纳研讨班为主要形式的小班教学形式，个别有条件的大学如牛津大学和剑桥大学还坚持采用规模更小的导师个别辅导课，在这种研讨班授课形式中，以学生独立思考和自主探究为主、导师引导为辅，实施研究性和参与性教学，着力培养学生自主发现问题、自主研究问题和自主解决问题的能力。

## 六、深入改革教学管理模式，适应个性发展要求

高效灵活的教学管理模式对于提升教学管理水平，提高教学质量和

---

① Jaspers, Karl. The Idea of the University [M]. London: Peter Owen Ltd., 1965: 72.

人才培养质量是不可或缺的。国外一流大学为了推进教学的民主化进程，为实施个性化教学搭建管理和服务平台，十分注重对教学管理模式进行改革和创新。如巴黎高师的教学管理模式十分开放和灵活，适应了学生自由学习和师生跨学科教学研究的需要。慕尼黑工业大学则直接以研究所为基本教学行政单位，适应了学研产一体化人才培养的要求。为了构建高效灵活的教学管理模式，对于专业课的教学，国外一流大学通常将教学管理的权力下放至院系一级，而对于通识课程或交叉学科课程，则在大学一级成立专门的管理和协调机构，以保证课程开发和教学的质量，例如，哈佛大学成立了专门的教学管理委员会对其核心课程进行开发和管理，所有的核心课程都由该委员会组织全校优秀教师单独开设，而不是由专业院系分别开设并附属在院系管理。

### 七、重视培育隐性课程形式，促进和谐个性发展

促进学生个性充分和谐发展是国外一流大学构建个性化人才培养模式培养创新人才的基础和前提。在促进学生个性和谐发展上，隐性课程发挥着其他教育资源和教育方式所无法替代的作用。虽然国外一流大学在历史传统、大学精神、校园文化等方面存在着差异，但无一例外都注意充分利用自身独特的条件加强隐性课程建设，形成全人教育氛围，促进学生个性的全面、和谐发展。无论是历史悠久的老牌名校如牛津大学、剑桥大学、哈佛大学等，还是建校时间不长的后起之秀，都十分珍视自身优良的教育传统，利用导师制、住宿学院制以及优良的校园文化和丰富的社团活动，对学生的课外生活进行全方位的引导，通过与课堂教学形成合力，使学生在智力因素和非智力因素上都得到发展，更重要的是通过与导师的亲密交往，使学生受到导师的科学精神、人生观、价值观的熏陶，培养优良的个性品质。

### 八、注重完善教学评价方式，引导个性全面发展

面对创新人才的培养目标，国外一流大学在传统评价方式的基础上，不断探索新的评价方式，促进评价方式从单一走向多元。在评价的范围上，国外一流大学调整了以往过于重视结果评价的倾向，重视将过程评价纳入评价范围，通过平时课堂表现、课后作业、随堂测验、课程论文

等形式，加大对学生学习过程的监测；在评价的目的上，更加重视评价的反馈、矫正及调控教学的功能，如哈佛大学在课堂教学中倡导学生及时反馈学习效果，既提高学生自我评估能力，又提高教师的教学质量。普林斯顿大学也提出构建阶段性评价机制以及时反馈教与学的效果；在评价的依据上，更加重视对学生创新思维和实践能力的考察；在评价的方法上，除了考试，还通过实践操作、提交论文、口试答辩、成果展示、社区评价等多种方法进行评价。

# 第四章 我国一流大学个性化人才培养模式的调查分析

调查研究是联系理论与实际的有效途径，是沟通认识与实践的知行桥梁，是我们认识事物、分析问题、探索规律的重要方法。要深入了解我国一流大学个性化人才培养模式的现状，运用调查研究方法是必不可少的重要途径，尤其是基于目前国内理论研究和实践探索的情况，进行调查研究显得尤为迫切。从理论研究来看，目前关于高校个性化人才培养模式的理论研究较为薄弱，积累的文献资料十分有限，更缺乏对个性化人才培养模式的深入调查，并且，已搜集到的文献资料当中，有相当一部分是成绩总结式或成就宣传式文献，这类文献对成绩宣扬的多，对问题揭露的少，难以帮助我们认识现实中的问题，因此，试图单纯通过文献研究为本研究提供事实依据的方法是行不通的。从实践探索来看，高校个性化人才培养模式的改革实践是极其复杂和具体的，需要我们通过调查来深入透视目前改革的成绩与不足。

## 第一节 调查目的与意义

### 一、调查的目的

调查的目的主要有三个方面：其一，是更深入了解我国一流大学个性化人才培养模式改革的现状。通过选取若干个案进行调查研究，了解目前改革的主要举措、进展情况以及成功经验。其二，是更深刻认识我国一流大学个性化人才培养模式中存在的问题。通过深入的问卷调查和访谈调查，摸清我国一流大学个性化人才培养模式中的缺陷和不足，进行准确的问题聚焦。其三，是更准确地进行原因剖析和对策探讨。对学生、教师和管理者的深度访谈，能够获得第一手的经验材料，为进一步从理论层面剖析问题产生的原因和探讨行之有效的对策打下坚实基础。

## 二、调查的意义

首先，有利于我们突破主观主义的藩篱，从更客观的角度认识我国一流大学个性化人才培养模式改革中的成绩与不足。一个好的调查研究能通过对客观现实的反映，澄清人们主观认识上的模糊和纷乱，深化人们对客观事物的认识和了解。当前，在建设创新型国家和培养创新人才的时代背景下，我国部分一流大学纷纷开始进行个性化人才培养模式的改革，各种培养模式如百花争艳，各有千秋，但学界和社会对高校个性化人才培养模式改革的关注度并不是很高，纵使实践探索已如火如荼，很多人对此的认识还比较肤浅，有的还停留在以往的印象当中。对我国一流大学个性化人才培养模式改革进行深入调查，有利于丰富和深化我们对于目前改革现实的认识和了解。

其次，有利于我们透过表象，厘清当前我国一流大学个性化人才培养模式中存在的具体问题。人才培养模式具有多样性和复杂性，不同的大学其人才培养模式也不尽相同，对于具体的个性化人才培养模式，由于其构成要素涉及人才培养理念、专业设置模式、教学制度体系等多个要素，这些要素又具体包含不同的内容，因此，个性化人才培养模式涉及培养过程中众多的具体细节，要了解这些具体细节，必须深入模式当中，了解模式中各种活动主体的思想和感受，从而对模式及模式中的问题有更全面和透彻的把握。

其三，有利于提高对策探讨的针对性和有效性。通过对所选取的个案的调查研究，能够透视目前我国一流大学个性化人才培养模式改革的走向与趋势，并且，对这些个案存在的问题及原因的总结和提炼，能够以一斑而窥全豹，帮助我们观察和找出我国一流大学个性化人才培养模式改革中一些带有共性的问题，进而结合各方面因素，剖析其原因，达到提高对策探讨针对性和有效性的目的，以期为我国一流大学个性化人才培养模式的改革完善提供一些有价值的对策和建议。

## 第二节 调查对象与方法

### 一、调查的对象

本调查选取我国中部地区四所一流大学（一所一流大学建设高校、两所一流学科建设高校和一所省属重点高校）的个性化人才培养模式作为研究个案，以参加个性化人才培养模式的本科生、教师和管理者为调查对象，其中，问卷调查的对象是本科生，访谈调查的对象以本科生为主，兼顾教师和管理人员。

### 二、调查的方法

调查采取集体问卷和个别访谈相结合的方法。如前文所述，对个性化人才培养模式的调查需要见微知著，只有考察模式各个构成要素的具体实施细节，才能对模式中存在的问题有全面细致的了解。问卷调查虽具有覆盖面广、便于统计的优点，但问卷调查得到的信息往往比较肤浅，无法深入追溯问题背后的原因和调查对象的深层感受，因此，本研究尤其重视采用访谈的方法，利用访谈法长于挖掘深层信息的优点，来弥补调查法的不足。两种方法的具体实施步骤和程序如下：

1. 问卷调查

（1）确定调查内容。由于各大学的个性化人才培养模式不尽相同，且各有特点，因此，在设计问卷之前必须对接受调查的个性化人才培养模式的基本情况进行充分了解，主要通过两种途径：一方面对各一流大学所披露的公开信息进行收集分析，另一方面在四所大学分别访问了部分学生进行深入的了解和核实，然后，根据所掌握的各大学的培养模式的情况，从个性化人才培养模式的构成要素出发，围绕个性化人才培养模式的特征和目标，在导师的指导下编制了预测问卷，并经过小范围的试调查后加以修改，形成正式问卷。正式问卷采用匿名形式，题型包括封闭式选择题、开放式选择题和问答题，以客观和充分地收集调查信息。

正式问卷共分4个部分，第一部分为个人基本信息，包括调查对象的性别、年级、所在高校类别、入学时专业所属学科、对个性化人才培养模式的了解程度以及参加模式的主要目的。第二部分为培养模式的基本情况，主要调查一些培养制度的设置情况，包括专业分流的时间、专业选择的范围、教学制度的设置情况以及考核的范围、依据和方法等。第三部分考察调查对象对培养模式的感受，从人才培养理念、专业设置模式、课程设置方式、教学制度体系、教学组织形式、教学管理模式、隐性课程形式、教学评价方式等构成要素出发，围绕培养学生的个性，即独特性、主体性、创造性、和谐性，来分别设计问题，问题的选项采用累加量表的形式，即分为符合、比较符合、普通、不太符合和不符合五级。第四部分是开放式问答题，主要了解调查对象感到最不满意的地方以及对该模式的改进建议。对这部分的答案主要采用定性分析方法。

（2）选择抽样方法。选择多少调查对象进行调查，即是用普遍调查还是抽样调查，如果用抽样调查，选择何种抽样方法，都要根据调查对象的特点和我们的研究条件决定。对于本调查的对象——参加个性化人才培养模式的学生，他们具有两个比较突出的特点：一是总体上数量较少，四所大学的个性化人才培养模式均采取选拔少量优秀学生进行个性化培养的形式，例如本调查中的武汉大学"弘毅学堂"，每个年级只有100~140名学生，华中农业大学和华中师范大学每个年级只有60余人。二是采用虚拟班级的形式进行日常管理，学生平时很少集中。由于是从全校范围内选拔，学生来自不同的院系，虽然建立了班级，但在班级管理上，有的是学校集中统一管理，有的则挂靠某一院系进行管理，班级管理比较松散。除了上课，学生平时集中交流的机会很少，虽然有定期交流集中的制度，但这项制度并没有得到严格执行。考虑到调查对象的以上特点以及研究条件的限制，进行普遍调查的难度较大，因此，抽样法相对切实可行。问卷发放采取概率抽样的方式，并根据调查对象的总体，选择了适当的样本数量，使样本在不同性别、年级和专业上均有一定的分布，提高了样本的代表性。

（3）实施问卷调查。在取得对方支持的前提下，在华中农业大学和武汉大学两所大学实施了问卷调查。为了保证问卷调查取得预期效果，采取了比较灵活的调查形式，一是与被调查的有关学生保持紧密联系，让他们及时提供班级举行交流集中活动的信息，抓住他们集中的机会进行问卷调查并当场回收问卷；二是充分发挥教学秘书和辅导员的作用，请求他们协助进行调查，让他们利用平时组织管理学生的机会，以集中调查和网上发放电子问卷的形式进行，取得了较好的效果。

在两所大学共发放问卷300份，华中农业大学"张之洞实验班"和武汉大学"弘毅学堂"各发放问卷150份。共回收285份问卷，其中有效问卷233份，有效样本占总样本的比例为81.8%。

2. 访谈调查

访谈调查在本研究中占有重要的地位，做好访谈调查是全面深入了解个性化人才培养模式的现状，找准模式中存在的问题的重要保证，是本研究取得成效的重要突破口。为了做好访谈调查，主要采取了以下措施：

（1）设计访谈提纲。为了获得全面深入的信息，本研究计划访谈的对象包括参加个性化人才培养模式的本科生、教师和管理人员，对于三类访谈对象，则需要分别设计不同的访谈提纲。

针对参加个性化人才培养模式的本科生，在设计访谈提纲时，主要考虑两方面的因素，一是根据问卷调查的结果，对那些在问卷中无法深入追查的问题及其原因，在设计访谈提纲时，注意设计相应的访谈项目，以便对其进行补充调查。二是根据个性化人才培养模式的构成要素，从人才培养理念、专业设置模式、课程设置方式、教学制度体系、教学组织形式、教学管理模式、隐性课程形式、教学评价方式等8个方面出发，围绕提高本科生的独特性、主体性、创造性、和谐性来设计访谈问题，形成访谈提纲。并且，在访谈的过程中，根据访谈的具体情况，对访谈提纲进行了适当的增减和灵活的调整，以最大限度地收集有效信息。每一次访谈结束后，根据访谈的效果，再对下一次的访谈提纲进行修正和调整，以便达到访谈的最佳效果。

针对参与个性化人才培养模式的教师和管理人员，则根据他们在模式中的角色和职责，分别设计不同的访谈提纲。对教师的访谈主要侧重教育教学的角度，从个性化人才培养模式构成要素中与教育教学关系密切的人才培养理念、教学制度体系、教学组织形式、教学管理模式及教学评价方式等方面设计访谈问题。对管理人员的访谈主要侧重学生管理和教学管理角度。同时，对教师和管理人员的访谈，还结合了学生在问卷和访谈中反映的问题，请他们发表关于这些问题及原因的看法，以及他们对本科生个性培养的意见和建议。

（2）选择访谈对象和方法。在访谈对象的选择上，尤其是对本科生的选择，采取全面访谈和重点访谈相结合的原则。全面访谈即受访学生的年级覆盖大四、大三、大二和大一，并且不同性别均占有一定的比例，使受访学生具有广泛性和代表性。重点访谈即在四个年级的受访学生中，又以大三学生为侧重对象，因为大三学生参加个性化人才培养模式的时间相对更长，对个性化人才培养模式的了解和感受更为全面和深刻，另外，访谈时，相对于其他年级的学生，大三学生课程基本结束，时间相对空闲，便于接受访谈。值得特别说明的是，在挑选受访的学生时，还特意选择了10余名学生干部，因为学生干部在平时的工作过程中，他们既协助学校承担一定的管理工作，又对其他学生的学习和生活情况有一定的了解，他们对个性化人才培养模式的体会比一般学生更加全面丰富，再者学生干部一般责任心较强，表达能力较好，对访谈的配合度较高，访谈的效果更好。

在访谈方法的选择上，根据访谈的目的，针对不同的访谈对象的特点，灵活采用了多种访谈方法，如结构化访谈方法、半结构化访谈方法、面对面深度访谈方法等，还利用了电子邮件访谈和电话访谈方式。对本科生的访谈较多采用了面对面深度访谈的方式，访谈时间一般在90分钟到150分钟之间。对教师和管理人员的访谈方式和访谈时间则相对灵活。在访谈时，尽量会说服访谈对象同意进行全程录音，如果对方不同意录音，则采取记笔记的形式记录访谈要点，访谈结束后根据录音或笔记及时整理访谈材料，在材料整理过程中，对某些不清楚的信息还进行了必要的回访。

（3）实施访谈计划。实施访谈是一个充满艰苦和曲折的过程。在访谈之前的联系准备阶段，为了保证访谈顺利进行，必须取得访谈对象及其主管部门的同意和支持。为此，一方面通过单位介绍、导师推荐等帮助联系安排，另一方面也准备了介绍此次调研目的、意义及内容的材料，以便向有关部门和访谈对象进行解释和沟通，以得到他们的配合和支持。在联系访谈对象时，尤其注意的是，选择受访学生时，先由我们提出条件和要求，例如年级和人数，然后全部由主管教学秘书或辅导员来联系安排，这样就保证了受访学生能够较好配合我们的访谈。访谈教师和管理人员时，有的教师和管理者出于各种原因接受访谈的意愿不强，有的经过多次预约和反复联系还是无法接受访谈，最终访谈成功的也是在我们付出较大的努力和采取灵活的方式后实现的。

在正式进入访谈话题之前，通过向访谈对象解释访谈的目的和意义，并强调访谈的内容只用于学术研究，访谈对象的个人信息会得到严格保密等，让访谈对象放下思想顾虑，并尽可能营造一种轻松融洽、自由表达的访谈氛围。访谈中既围绕访谈提纲进行提问，同时也适当允许访谈对象进行自由谈话，保持谈话的开放性和自由性，并通过不断的追问来进一步挖掘深层信息。访谈录音是在访谈开始时征得访谈对象同意的基础上进行的公开录音。

访谈结束后，对访谈录音、访谈笔记和访谈对象提供的培养方案、评估报告等资料及时进行了分类整理，在资料整理分析和论文写作的过程中，对个别访谈对象进行了必要的回访。

最终，对四种个性化人才培养模式，累计共访谈本科生88人，其中，大四学生12人，大三学生51人，大二学生15人，大一学生10人。教师12人，管理人员4人。经过整理获得的访谈资料合计8万余字，其中根据录音和笔记整理的资料6万余字，其他资料2万余字。

## 第三节　调查结果与分析

对问卷调查所得出的数据采用定量分析的方法，对访谈材料及问卷中开放性问题采用定性分析的方法。对于回收的调查问卷，首先剔除无效问卷，再将有效问卷进行编码，以便需要时进行核对，然后使用Spss 17.0统计软件进行数据的输入、处理和分析。对调查问卷的信度检验显示，问卷的克隆巴赫系数（Cronbach's Alpha）为0.970，说明问卷的信度是比较高的。

访谈获得的材料相对更为深入和全面，对访谈结果的分析一方面进行归纳和综合，总结同一模式和不同模式之间相似和相同的观点与看法，另一方面，在剖析问题时，为了使我们对问题的认识更加直观和生动，有必要对有关访谈材料进行直接引用，原汁原味呈现被调查者的意见和感受。

## 一、模式一："张之洞实验班"的调查结果与分析

为了更加清晰和全面地考察"张之洞实验班"模式的现状、特点和问题，有必要先分析"张之洞实验班"模式的基本情况和主要特点，在对该模式有了比较全面的了解之后，再分析其存在的主要问题。

1. "张之洞实验班"的基本情况

"张之洞实验班"所在的华中农业大学是我国中部地区的一所教育部直属的全国重点大学。"张之洞实验班"是该大学 2007 年申报获批的国家人才培养模式创新实验区项目，并于当年组建了第一届实验班。

目前，"张之洞实验班"按照学科分为文管实验班和农科实验班。文管实验班的学生来自文、法、经、管四类学科，农科实验班的学生则全部来自农科。文管实验班挂靠经济管理学院管理，农科实验班挂靠植物科学技术学院管理。

（1）组建"张之洞实验班"的指导思想是：以科学发展观和人的全面可持续发展理论为指导，坚持"教育要面向现代化、面向世界、面向未来"的方针，遵循"厚基础、广视野、强能力、重创新"育人理念和精英人才成长规律，充分利用优质教育资源，夯实基础，加强通识，强化自主，发展个性，致力于培养学生人文和科学素养及实践创新能力，为全面建设社会主义和谐社会和创新型国家培养战略后备军。

（2）"张之洞实验班"的遴选办法：文管实验班和农科实验班的遴选办法在遴选对象和遴选条件上有所区别，在遴选程序上基本相同。

文管实验班的遴选对象面向文法学院、外国语学院和经济管理学院的文、法、经、管类专业全日制本科一年级新生。其遴选条件要求具备以下三点：一是具有良好的思想政治素质和高度社会责任感，身心健康，自主学习能力强；二是高考成绩高于当地重点线 20 分以上，语文、数学、外语单科成绩均在 115 分以上；三是要求具备下列条件之一：①科技创新活动和社会实践活动方面有一定经历与成绩，②参加全国数

学、信息学奥林匹克、英语等竞赛获省级以上奖励；③获省级及以上荣誉称号；④具有其他文体、管理等特长。

农科实验班的遴选对象面向植物科学技术学院、动物科学技术学院、动物医学院、资源与环境学院和园艺林学学院等五个学院的农科类专业全日制本科一年级新生。其遴选条件要求具备以下三点：一是具有良好的思想政治素质和高度社会责任感，身心健康，自主学习能力强；二是高考成绩位于生源省考生的前30％，外语单科成绩在120分以上；三是要求具备下列条件之一：①科技创新活动和社会实践活动方面有一定经历与成绩，②参加全国数学、物理、化学、生物、信息学奥林匹克等竞赛获省级以上奖励；③获省级及以上荣誉称号；④热爱农业，有志于从事农业科学研究。

在遴选程序上，两个实验班均经过个人申请、学院审核、组织考核三个步骤。个人申请是由刚入学的大学一年级新生在当年9月份提出书面申请，报所在学院审核。学院进行核查推荐，签署意见汇总后分别报经济管理学院、植物科学技术学院审核。组织考核分别由经济管理学院、植物科学技术学院负责牵头实施。组织考核包括初选、面试和录取三大程序。初选由遴选工作小组根据报名学生高考成绩和特长情况初步筛选，确定进入面试的学生名单；面试为综合素质考核，主要考查学生知识结构、表达能力、逻辑思维、英语口语以及个性品质等，并进行心理素质测试，根据考核结果确定初步名单；录取则由考核组织单位提出录取名单，报遴选工作领导小组审核后公示，确定录取学生名单。全部遴选工作在9月份完成，入选学生开始按照"张之洞实验班"模式进行培养。

（3）"张之洞实验班"的运行管理："张之洞实验班"单独组建，文管实验班依托经济管理学院管理，农科实验班依托植物科学技术学院管理。日常管理则由以上两个院分别指派辅导员负责。

2."张之洞实验班"培养模式的主要特点

（1）人才培养理念："张之洞实验班"以学生实践创新能力培养为核心，培养适应国家发展需要的、具有优良的思想道德素质和高度的社会责任心、具有深厚的科学和人文素养、基础扎实、自主学习能力和实践创新能力强、个性与人格健全发展、能引领现代农业和社会建设发展的高素质创新人才。

（2）专业设置模式：在专业设置时间上，"张之洞实验班"在本科一、二年级实行通识教育，三、四年级进行专业教育。"张之洞实验班"的学生在一、二年级的通识教育阶段不确定具体专业，进入三年级后才选定具体专业，进行专业分流。选定专业和专业分流时完全依据学生个人的志愿和兴趣，学校不做任何干预，学生在选择专业时是完全自由的。文管班学生专业分流时可以在文法学院、外国语学院和经济管理学院开设的所有专业里任选，农科班学生专业分流时则在植物科学技术学院、动物科学技术学院、动物医学院、资源与环境学院和园艺林学学院等五个学院的农科类专业里任选。

在专业设置空间上，在三年级选定专业后，"张之洞实验班"学生基本上不会也不能再更改专业。原因主要有两点：一是在前两年的通识教育阶段，学生们有比较充分的时间和多种渠道了解自己的专业兴趣所在，从而在三年级时能够比较理性地选择专业，很大程度上避免了专业选择上的盲目性。学生了解专业的渠道主要有修读课程、咨询学长和导师、学校所组织的专业选择咨询会等。在修读课程上，在一、二年级，学生除了上通识课，还会修读大量专业基础课（例如文管班的专业基础课将文法学院、外国语学院和经济管理学院的基础课打通），并通过自由选课的形式去听一些自己感兴趣的专业课，通过有关课程的修读发现自己的专业兴趣。咨询学长和导师的意见是帮助学生选择专业的重要渠道，学长在专业学习和专业发展中的亲身经验对他们选择专业具有重要的参考意义，导师则可从更高的角度和视野为他们选择专业提出中肯的意见。另外一个重要渠道是学校所组织的专业选择咨询会，邀请有关专业的教授来介绍专业情况等。二是没有中途更换专业的制度安排。在三年级一旦选定专业，同时专业核心课程也在学校的选课系统中确定，课程选定后学期中途是不能再退所选课程的，如果学生想通过重新选课来更换专业，则要等到下学期，这意味着至少要耽误半年时间，对于时间紧张的三、四年级来说，很多人不愿意承受这样的代价。因此，即使理论上可以更换专业，实践上也不具有可操作性。

专业设置口径上，文管班学生专业分流时，专业选择的范围是在文法学院、外国语学院和经济管理学院开设的所有专业里任选，这些专业包括：社会学、社会工作、法学、广告学、艺术设计、英语、商务英语、经济学、会计学、国际经济与贸易、工程管理、工商管理、农林经济管理、土地资源管理、人力资源管理、信息管理与信息系统、市场营销等。其专业划分所依据的主干学科为社会学、法学、新闻传播学、经济学、管理学、农学、林学、工学、理学等。农科班学生专业选择的范围是农科类专业，这些专业有：农学、植物科学与技术、植物保护、动物科学、动物医学、林学、茶学、园艺、园林等。其专业划分所依据的主干学科为农学、林学、生物学、生态学、兽医学、畜牧学、园艺学、建筑学等。

（3）课程设置方式：在课程结构上，"张之洞实验班"总的课程结构为：公共基础课＋学科基础课＋通识必修课＋专业核心课＋自由选修课。在一、二年级的通识教育阶段，"张之洞实验班"的课程主要为公共基础课、学科基础课和通识必修课，在三、四年级主要为专业核心课，自由选修课在学有余力和不与其他必修课冲突的情况下，可以在四年当中任意时间选修，选修的内容为全校范围内开设的通识课和专业课。总的来看，课程开设的先后顺序遵循了循序渐进的原则，由前两年的基础课逐渐过渡到后两年的专业核心课，并且一定程度上注意拓宽学生的知识基础。

在一、二年级的通识教育阶段，文管班和农科班的通识必修课基本相同，只在公共基础课和学科基础课上存在区别。文管班和农科班的通识必修课为中国文化、西方文化、美学、公共关系、应用写作、领导科学与艺术。文管班的公共基础课为思想政治理论、英语、数学、信息技术基础、体育；农科班的公共基础课在文管班的基础上还增加了物理、化学和生物课程。

在学科基础课方面，例如文管班的学科基础课将文法学院、外国语学院和经济管理学院的学科基础课打通，打通后的学科基础课主要有社会学概论、法学导论、管理学原理、微观经济学、宏观经济学、农业经济学、会计学、统计学原理、社会心理学、经济思想史、管理思想史、企业管理、研究方法与论文设计。农科班的学科基础课同样是将农科类专业的基础课进行组合打通，主要包括遗传学、遗传学实验、生物化学、生物化学实验、分子生物学、植物生理学、植物生理学实验、动物生理学、动物生理学实验。至于专业核心课，则是进入专业学习后根据各个具体专业的专业课进行安排。

（4）教学制度体系："张之洞实验班"的教学制度体系较为丰富，主要有学分制、导师制、双学位制、主辅修制、弹性学制、分流制、国际国内访学交流制、实习制。

在学分制上，"张之洞实验班"实行完全学分制，文管班和农科班的最低学分要求分别为160学分和165学分，学分不设上限。以文管班的学分分配为例，在160学分中各类课程的具体学分要求如下：公共基础课为50.5学分、学科基础课为40.5学分、通识必修课为12学分、专业核心课为36～38学分、实践环节13学分、课外学分6学分、形式与政策课程2学分。

在导师制上，"张之洞实验班"的学生全部配备导师，一般是在大学一年级的下半学期确定导师。在确定导师时，实行导师与学生双向选择的原则，学生主要选择自己学科方向内的教师作为导师。校方要求担任导师的教师具有教授或副教授职称，学术造诣较深，治学严谨并且责任心较强。导师的职责是对学生的学习、科研、社会实践、人际关系、心理健康等进行全面指导。目前，一个导师平均指导4～5个学生。

在双学位制和主辅修制上，"张之洞实验班"的学生不仅可以攻读本校的双学位和辅修本校其他专业，还可以跨校修读双学位和辅修专业，这得益于"张之洞实验班"所在大学与同城的几所教育部直属重点大学之间的跨校修读双学位和辅修专业制度。在弹性学制上，"张之洞实验班"的学生可以提前也可以延后毕业，提前毕业需要达到最低学分要求和满足其他毕业条件。在分流制上，"张之洞实验班"的学生在进入大学三年级开始进行专业分流，专业分流的依据和专业选择的范围在前文专业设置模式中已有详细介绍，这里不再展开。在国际国内访学交流制度上，并没有专门针对"张之洞实验班"的访学交流制度，但"张之洞实验班"所在大学在学校层面有面向全体学生的访学交流项目，"张之洞实验班"学生如果想参加这些访学交流项目，只能与其他学生一起申请和竞争。在实习制度上,"张之洞实验班"学生一般是在第三学年结束后的暑假由学校组织实习,采用集体实习的方式,具体实习单位由校方联系,实习学生由相关学科的老师带队和管理,实习时间一般为15~30天。文管班的实习一般在工厂企业等单位,农科班的实习主要在种植养殖基地或农业企业等单位。

(5) 教学组织形式:在前两年的通识教育阶段,"张之洞实验班"的通识必修课和专业基础课实行单独小班上课,在后两年的专业教育阶段,"张之洞实验班"学生分流进入各个专业,则随同专业的其他学生一起上专业课,这时候由于人数较多,以上大课为主。

"张之洞实验班"每个年级的班级规模为20~30人,例如2010级农科班为29人,文管班为24人。在前两年的通识教育阶段,"张之洞实验班"的通识必修课和专业基础课实行单独开课,由于文管班和农科班的通识必修课基本相同,因此,两个班的通识必修课有时在一起上,但专业基础课是分开单独小班上课。较小的班级规模为教师进行习明纳式(seminar)教学提供了便利条件,很多教师在教授"张之洞实验班"时,面对这种小班,也改变了自己传统的教学方式,较多采用了探究式、参与式和启发式教学,在教学中注意引导和鼓励学生参与探讨和交流,突出学生在教学中的主体地位,培养学生独立思考和主动探究的能力。在后两年的专业教育阶段,以上大课为主,这种大课的人数少则80多人,多则100余人,这样的班规模决定了教学只能以教师讲授和知识传输为主,师生之间充分深入的交流与互动很难实现。

(6) 教学管理模式:"张之洞实验班"的教学管理实行校院两级管理,以学院管理为主的模式。学校层面的教学管理主要由教务处负责,教务处除了对部分课程的教学进行直接组织管理外,还与各院系合作建立全校的课程教学管理系统,通过管理该系统,统筹协调全校的教学资源分配。"张之洞实验班"学生在专业分流时即通过在该系统中选定课程从而确定具体专业,因此,"张之洞实验班"的专业分流也是由教务处主持和组织。另外,教务处还制定统一的教学规范和考核标准,管理审批大学生科技创新项目。

对于"张之洞实验班",由教务处直接组织管理的主要有公共基础课和通识必修课的教学,"张之洞实验班"的通识必修课虽然是单独开课,但有些师资是从外校调配,因此需要学校教务处统筹协调。在教务处对公共基础课和通识必修课的教学进行统一安排后,"张之洞实验班"的专业基础课则分别由经济管理学院和植物科学技术学院在避免与以上课程冲突的情况下灵活安排。除了安排和管理专业基础课的教学,学院还要负责安排相应的课程考试以及学生的考核。

(7) 隐性课程形式:较为优良的校风和学风,比较严格的学生管理制度以及一定数量的社团活动是"张之洞实验班"隐性课程的主要形式。"张之洞实验班"所在的华中农业大学历史悠久,在逾百年的发展历程中,学校积淀了"勤读力耕、立己达人"和"育人为本、崇尚学术"等特色鲜明的办学思想,塑造了"团结、勤俭、求是、奋进"的优良校风。这些优良的大学精神和校风学风,对学生产生了潜移默化的影响。另外,学校师资力量雄厚,办学条件优良,拥有中国科学院院士、中国工程院院士、"长江学者奖励计划"特聘教授、"973计划"首席科学家等多人,一级学科博士点13个,一级学科硕士点19个,博士学位授权点专业61个。名师身上所体现出的对学术的不懈追求,无疑会激励学生积极进取,努力拼搏。学校在学生管理上也比较严格,如对大一大二学生实行晚自习制度、早操制度,为了规范学生宿舍管理,让学生形成良好作息习惯,学生宿舍还实行定时熄灯制度等。

(8) 教学评价方式:校方对"张之洞实验班"的学生实行独立评价,这种独立评价与其他学生的评价的区别在于对专业基础课和通识必修课教学的评价方式不同,在对其他课程的教学评价方式和毕业考核标准上,"张之洞实验班"学生与其他学生则基本相同。

由于在前两年"张之洞实验班"的专业基础课和通识必修课实行小班独立上课,因此,对与这两类课程的教学评价,"张之洞实验班"具有一些自身的特点。首先,在评价的范围上,实行过程评价和结果评价相结合,并且对过程评价的重视度相对提高。小班上课的特点使得教师在平常的教学中,有较多的机会与学生进行交流互动,因此,在对学生的考核上,教师更加重视对平常学习过程的考核,加大平时成绩的分量,除了考勤以外,学生上课的发言讨论情况、课堂测验、课后作业、课程论文以及阶段性考试等，都作为平时成绩的主要考核内容。通常这两类课程的平时成绩会占到总成绩的40%左右。其次，在评价的依据上，除了重视考试分数，也适当提高了对学生创造性思维、知识运用能力和实践能力的考察力度。例如，有的课程采用开卷考试的形式，题型比较灵活和开放，没有指定教材和现成答案，重点考察学生的创造性思维和知识运用能力；有的专业基础课实践性较强，采用的是实践操作或实验操作的考核形式，重点考察学生的实践动手能力；还有日常提交的课程论文，也能考察学生的发现问题能力、解决问题能力和写作能力。其三，在评价的方法与手段上，专业基础课和通识必修课的评价方法比较多样化。除了传统的闭卷考试外，还采用了开卷考试、实践操作、提交论文等其他方法。

对于其他课程的教学评价，例如公共基础课和专业核心课，由于是和同专业的其他学生一起上大课，其教学评价方式则比较传统。在评价范围上，虽然也实行过程评价和结果评价相结合，但以结果评价为主，期末考试成绩一般占到总成绩的70%~80%，平时成绩主要为上课考勤和阶段性考试成绩。在评价依据上，主要看考试分数，对创造性思维和实践能力的考察相对不足。在评价的方法与手段上，则以闭卷理论考试为主，评价方法比较单一。

在学期考核上，"张之洞实验班"学生的成绩构成为：考试成绩占60%，自评互评占40%。考试成绩主要以平均学分绩点的形式体现，平均学分绩点的算法是将修过的每一门课程的课程成绩乘以该门课程的学分，累加后再除以总学分。自评互评是由自己评价自己和同学评价自己，以百分制打分的形式。在学期考核成绩中，还有一项综合测评成绩，综合测评主要考察学生的科研创新成果和社会实践活动成果。综合测评成绩对于学期考核和毕业考核都不是必备的条件，但在评优评先以及评奖学金时，综合测评成绩可以作为加分项。

在毕业考核标准上，"张之洞实验班"学生与其他学生则基本相同，即通过所有课程考试、修满最低学分和完成毕业论文。

3."张之洞实验班"培养模式的问卷统计与分析

本调查在"张之洞实验班"共发放问卷150份，回收有效问卷110

份。样本的个人基本属性如表 4-1 所示。

表 4-1 样本个人基本属性统计特征

| 变量 | 类别 | 样本量（人数） | 百分比（%） |
| --- | --- | --- | --- |
| 性别 | 男 | 72 | 65.5 |
| | 女 | 38 | 34.5 |
| 年级 | 大一 | 39 | 35.5 |
| | 大二 | 38 | 34.5 |
| | 大三 | 33 | 30.0 |
| 入学时专业所属学科 | 经济学 | 22 | 20.0 |
| | 文学 | 2 | 1.8 |
| | 农学 | 58 | 52.7 |
| | 管理学 | 24 | 21.8 |
| | 哲学 | 2 | 1.8 |
| | 医学 | 1 | 0.9 |
| | （缺失） | 1 | 0.9 |

（1）人才培养理念

"张之洞实验班"的人才培养理念是以学生实践创新能力培养为核心，培养适应国家发展需要的、具有优良的思想道德素质和高度的社会责任心、具有深厚的科学和人文素养、基础扎实、自主学习能力和实践创新能力强、个性与人格健全发展、能引领现代农业和社会建设发展的高素质创新人才。

按照"张之洞实验班"的人才培养理念和大学生个性发展的内涵（即独特性、主体性、创造性、和谐性），在问卷调查中设置了5个关于人才培养理念的问题，答案则以符合程度高低的形式，检验"张之洞实验班"的人才培养理念是否着重于促进学生个性发展以及其理念的践行情况。

第一，关于"将以生为本理念作为教育活动的根本出发点"的调查情况：从图 4-1 所呈现的调查结果来看，认为符合和比较符合的百分比分别为 31.19% 和 40.37%，综合两项数据，显示有 71.56% 的学生认为该理念及其践行程度较好。

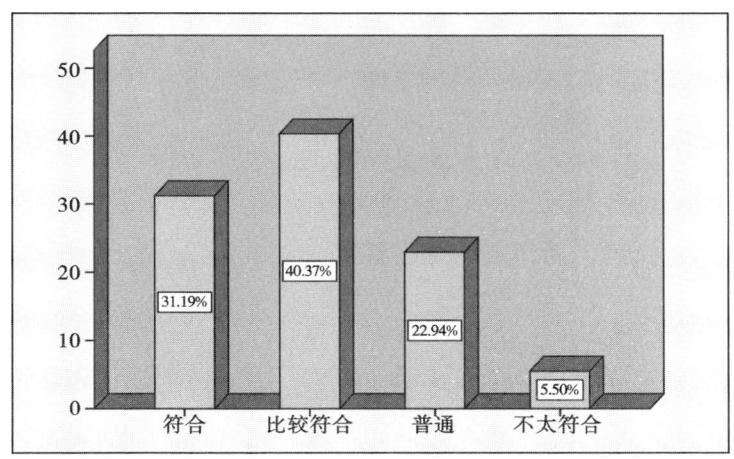

图 4-1 "将以生为本理念作为教育活动的根本出发点"的符合程度

第二,关于"教育活动注意了解和尊重学生的个性差异"的调查情况:从图 4-2 所呈现的调查结果来看,认为符合和比较符合的百分比分别为 18.35% 和 45.87%,综合两项数据,显示有 64.22% 的学生认为该理念及其践行程度较好。

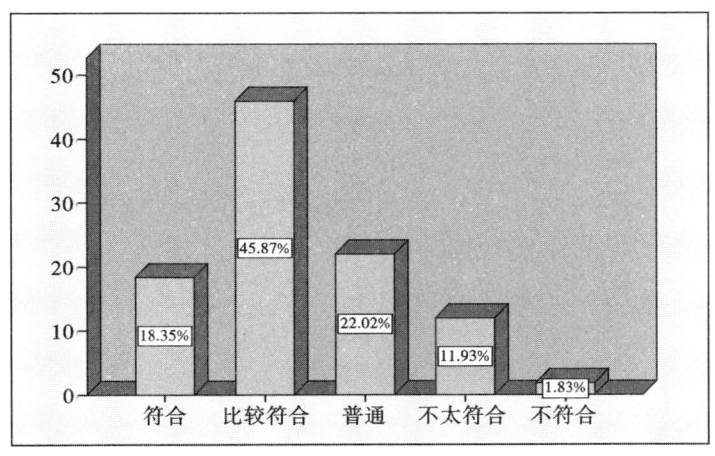

图 4-2 "教育活动注意了解和尊重学生的个性差异"的符合程度

第三,关于"教育活动尊重学生主体地位,重视学生主体性培养"的调查情况:从图 4-3 所呈现的调查结果来看,认为符合和比较符合的百分比分别为19.27%和38.53%,综合两项数据,显示有57.80%的学生认为该理念及其践行程度较好。

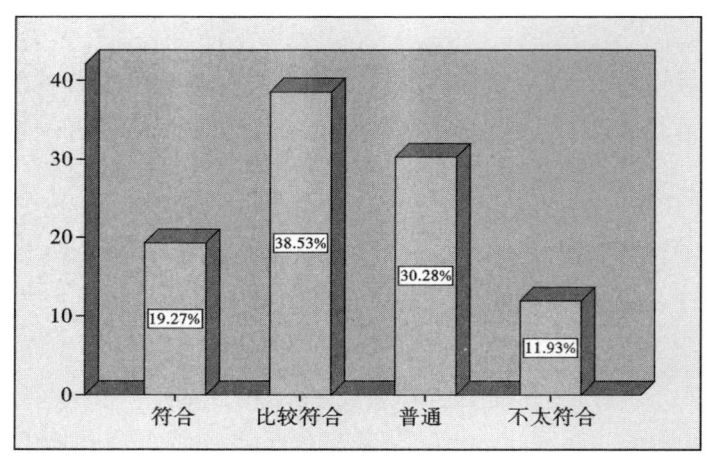

图4-3 "教育活动尊重学生主体地位,重视学生主体性培养"的符合程度

第四,关于"重视学生创新能力培养"的调查情况:从图4-4所呈现的调查结果来看,认为符合和比较符合的百分比分别为9.17%和26.61%,综合两项数据,显示只有35.78%的学生认为该理念及其践行程度较好。同时,认为普通、不太符合和不符合的综合百分比高达

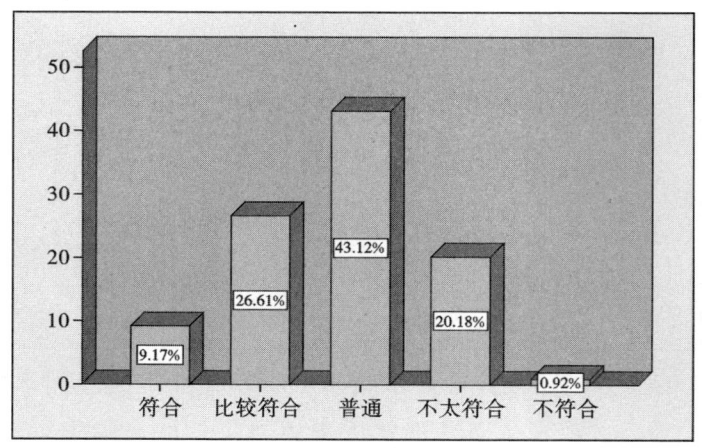

图4-4 "重视学生创新能力培养"的符合程度

64.22%，显示出大部分学生对"张之洞实验班"强调学生创新能力培养的理念及其践行程度的认可度较低。

第五，关于"促进学生个性发展和全面发展相统一"的调查情况：从图4-5所呈现的调查结果来看，认为符合和比较符合的百分比分别为19.09%和36.36%，综合两项数据，显示有55.45%的学生认为该理念及其践行程度较好。同时，认为普通的百分比也达到32.73%，认为普通、不太符合和不符合的综合百分比则达到44.55%。

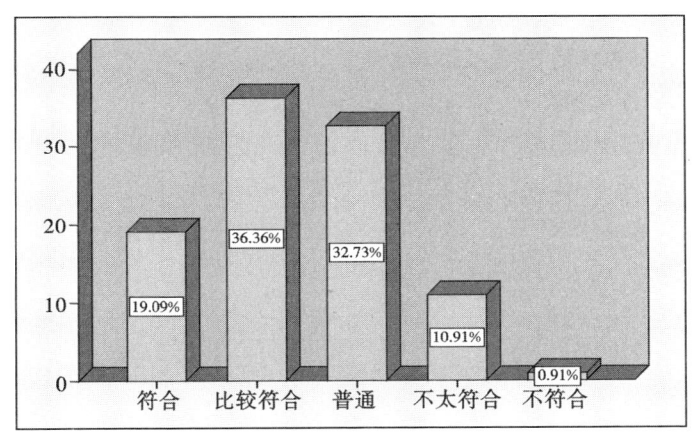

图 4-5 "促进学生个性发展和全面发展相统一"的符合程度

综上，从问卷中关于"张之洞实验班"模式人才培养理念的调查情况来看，在"将以生为本理念作为教育活动的根本出发点"上，接受调查的"张之洞实验班"学生认为其符合和比较符合的综合百分比超过了70%，显示"张之洞实验班"模式的此项人才培养理念及其践行程度得到了大多数学生的认可。

在"教育活动注意了解和尊重学生的个性差异"、"教育活动尊重学生主体地位，重视学生主体性培养"、"促进学生个性发展和全面发展相统一"等人才培养理念上，认为其符合和比较符合的综合百分比在50%~65%，同时，认为这三项人才培养理念与真实情况符合程度较低（即普通、不太符合和不符合）的综合百分比都达到35%~45%，显示"张之洞实验班"模式在培养和提升学生的独特性、主体性和和谐性上还有较大的改进空间。

符合程度最低的是"重视学生创新能力培养"这一理念。认为其符合和比较符合的综合百分比只有35.78%，意味着超过60%的调查对象认为该理念与真实情况符合程度较低，显示"张之洞实验班"模式在培养和提升学生的创造性上还存在较大缺陷。

（2）专业设置模式

在问卷中，关于专业设置模式共设计了5个问题，分别是"进入专业教育的时机恰当"、"专业分流时能充分满足个人的志愿和兴趣"、"专业选择的范围能充分满足个人的志愿和兴趣"、"专业口径设置较宽，专业适应面广"和"专业教育时间充足，专业功底扎实"。以下是关于这5个问题的统计结果。

第一，关于"进入专业教育的时机恰当"的调查情况：从图4-6所呈现的调查结果来看，认为符合和比较符合的百分比分别为20.00%和45.45%，综合两项数据，显示有65.45%的学生对专业分流的时机持比较肯定的态度。

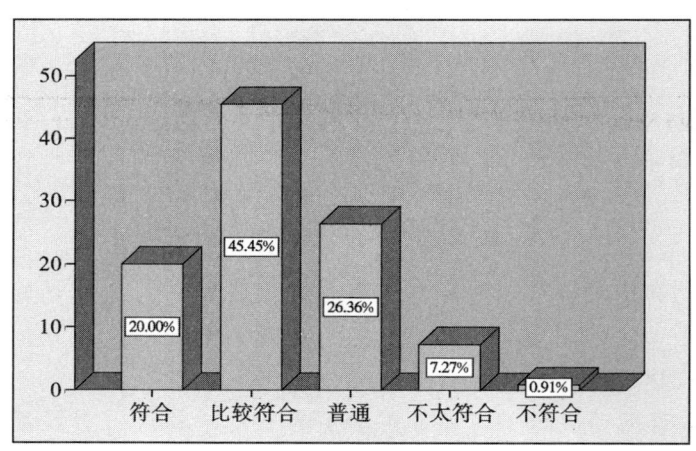

图4-6　"进入专业教育的时机恰当"的符合程度

第二，关于"专业分流时能充分满足个人的志愿和兴趣"的调查情况：从图4-7所呈现的调查结果来看，认为符合和比较符合的百分比分别为21.82%和44.55%，综合两项数据，显示有66.37%的学生对该举措的实施效果持比较肯定的态度。

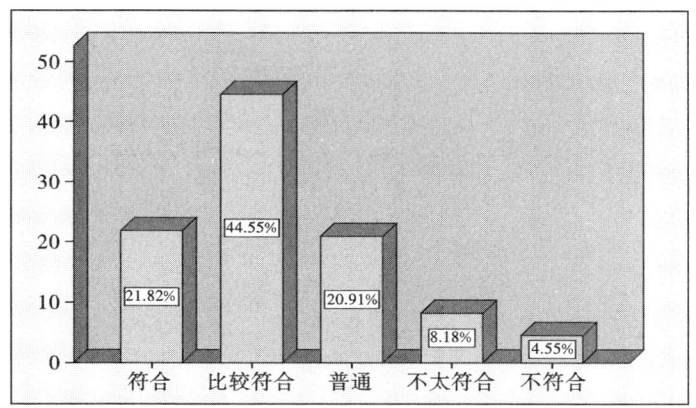

图 4-7 "专业分流时能充分满足个人的志愿和兴趣"的符合程度

第三,关于"专业选择的范围能充分满足个人的志愿和兴趣"的调查情况:从图 4-8 所呈现的调查结果来看,认为符合和比较符合的百分比分别为 17.27% 和 40.00%,综合两项数据,显示有 57.27% 的学生对该举措的实施效果持比较肯定的态度。

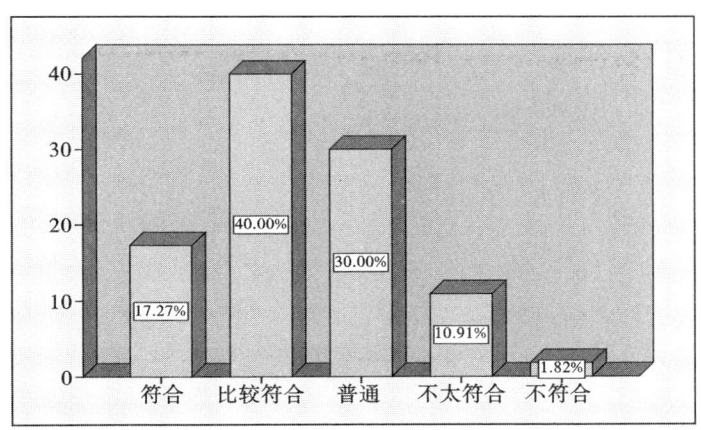

图 4-8 "专业选择的范围能充分满足个人的志愿和兴趣"的符合程度

第四,关于"专业口径设置较宽,专业适应面广"的调查情况:从图 4-9 所呈现的调查结果来看,认为符合和比较符合的百分比分别为 21.82% 和 30.00%,综合两项数据,显示有 51.82% 的学生对专业口径设置持比较肯定的态度。同时,认为普通的百分比也达到 33.64%,认为普通、不太符合和不符合的综合百分比达到 48.19%。

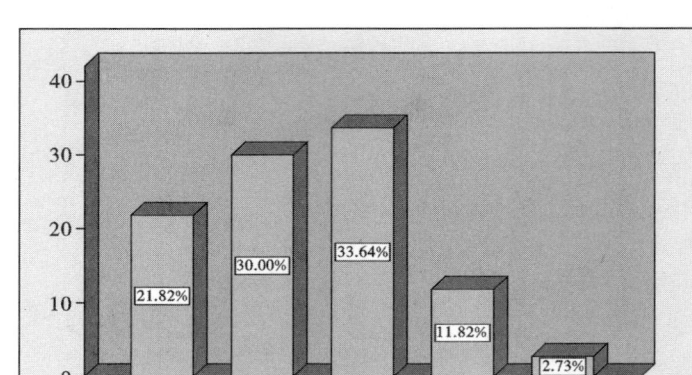

图 4-9 "专业口径设置较宽，专业适应面广"的符合程度

第五，关于"专业教育时间充足，专业功底扎实"的调查情况：从图 4-10 所呈现的调查结果来看，认为符合和比较符合的百分比分别为 21.82%和 38.18%，综合两项数据，显示有 60.00%的学生对专业教育时间持比较肯定的态度。

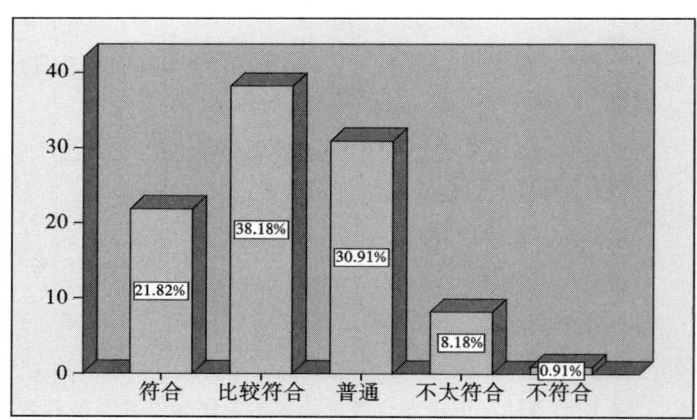

图 4-10 "专业教育时间充足，专业功底扎实"的符合程度

综上，从问卷中关于专业设置模式的调查情况来看，在"进入专业教育的时机恰当"、"专业分流时能充分满足个人的志愿和兴趣"和"专业教育时间充足，专业功底扎实"这三项上，接受调查的"张之洞实验班"学

生认为其符合和比较符合的综合百分比都达到或超过了 60.00%，显示"张之洞实验班"的专业设置模式在专业分流时机、专业分流对学生个性差异和个性需求的尊重与满足以及专业教育时间上得到了较多数学生的认可。

但在"专业选择的范围能充分满足个人的志愿和兴趣"和"专业口径设置较宽，专业适应面广"这两项上，接受调查的"张之洞实验班"学生认为其符合和比较符合的综合百分比分别只有 57.27% 和 51.82%，同时，认为这两项与真实情况符合程度较低（即普通、不太符合和不符合）的综合百分比都超过 40%，尤其是对"专业口径设置较宽，专业适应面广"，认为其符合程度较低的综合百分比达到 48.19%，显示"张之洞实验班"的专业设置口径和专业选择范围还有待改进。

（3）课程设置方式

在问卷中，关于课程设置方式共设计了 4 个问题，分别是"总体课程门类开设合理，能掌握专业应具备的知识和能力"、"课程内容理论与实践并重"、"课程内容反映学科的主要知识、方法论和发展前沿"和"通识课程能明显提高自己的科学素养和人文素养"。

第一，关于"总体课程门类开设合理，能掌握专业应具备的知识和能力"的调查情况：从图 4-11 所呈现的调查结果来看，认为符合和比较符合的百分比分别为 19.27% 和 41.28%，综合两项数据，显示有 60.55% 的学生对总体课程门类持比较肯定的态度。

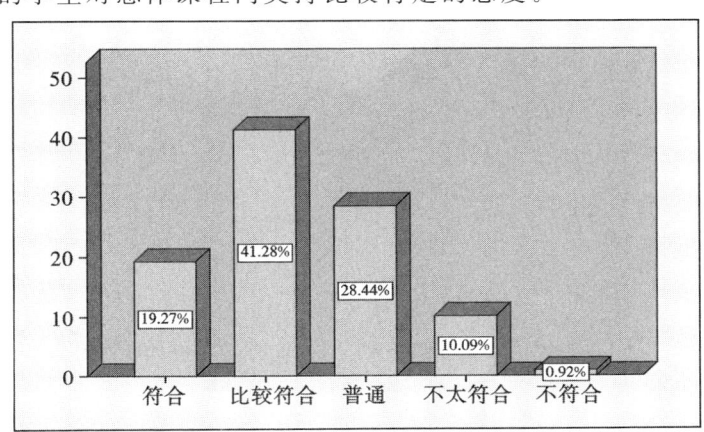

图 4-11 "总体课程门类开设合理，能掌握专业应具备的知识和能力"的符合程度

第二，关于"课程内容理论与实践并重"的调查情况：从图4-12所呈现的调查结果来看，认为符合和比较符合的百分比分别为17.43%和35.78%，综合两项数据，显示有53.21%的学生对课程内容在理论性和实践性的结合上持比较肯定的态度。

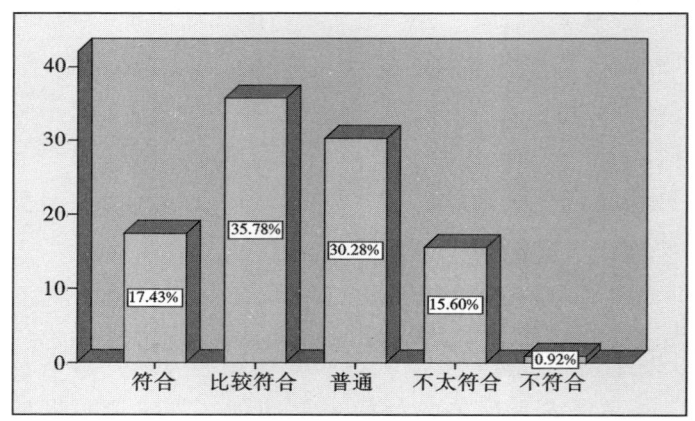

图4-12 "课程内容理论与实践并重"的符合程度

第三，关于"课程内容反映学科的主要知识、方法论和发展前沿"的调查情况：从图4-13所呈现的调查结果来看，认为符合和比较符合的百分比分别为17.43%和41.28%，综合两项数据，显示有58.71%的学生对课程内容反映学科的主要知识、方法论和发展前沿的符合程度持比较肯定的态度。

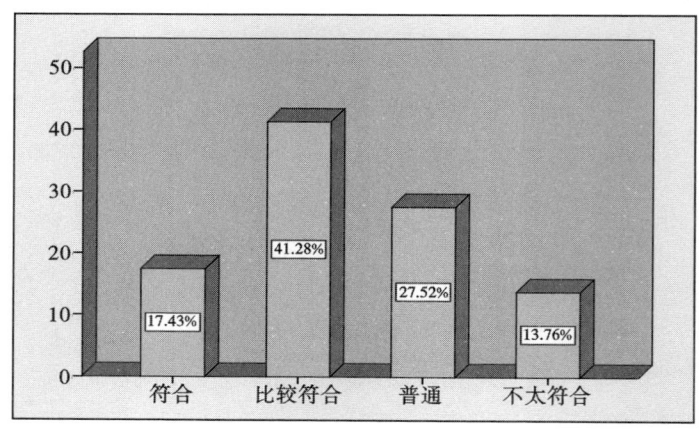

图4-13 "课程内容反映学科的主要知识、方法论和发展前沿"的符合程度

第四，关于"通识课程能明显提高自己的科学素养和人文素养"的调查情况：从图4-14所呈现的调查结果来看，认为符合和比较符合的百分比分别为10.00%和46.36%，综合两项数据，显示有56.36%的学生对通识课程能明显提高自己的科学素养和人文素养的符合程度上持比较肯定的态度。

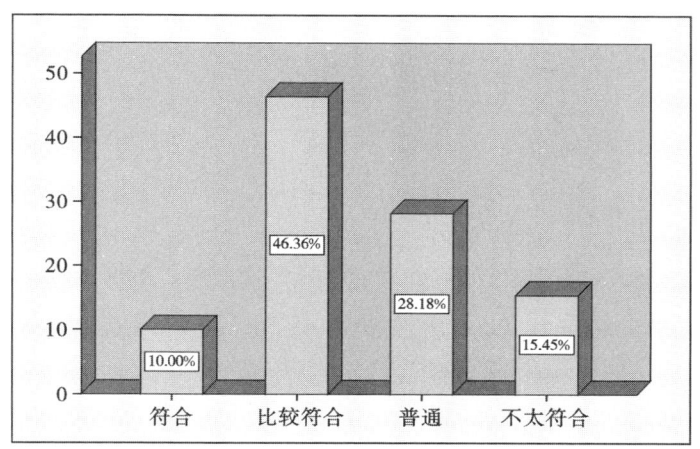

图4-14 "通识课程能明显提高自己的科学素养和人文素养"的符合程度

综上，从问卷中关于课程设置方式的调查情况来看，在"总体课程门类开设合理，能掌握专业应具备的知识和能力"上，认为符合和比较符合的综合百分比超过60%，显示这项得到了较多数学生的认可。

在"课程内容理论与实践并重"、"课程内容反映学科的主要知识、方法论和发展前沿"和"通识课程能明显提高自己的科学素养和人文素养"这三项上，认为符合和比较符合的综合百分比在50%～60%，显示对这三项的认可相对较低。

（4）教学制度体系

在问卷中，关于教学制度体系共设计了8个问题，分别是"学分制中必修学分要求合理"、"学分制中选修学分要求合理"、"实习制度效果好"、"导师与学生有定期交流制度"、"导师能因材施教，进行个性化指导"、"导师制度效果好"、"科研训练制度健全，每位学生都有充分的科研机会"和"为本科生科研提供充分的设施条件和经费资助"。

第一，关于"学分制中必修学分要求合理"的调查情况：从图4-15所呈现的调查结果来看，认为符合和比较符合的百分比分别为15.60%和42.20%，综合两项数据，显示有57.80%的学生对必修学分要求持比较肯定的态度。

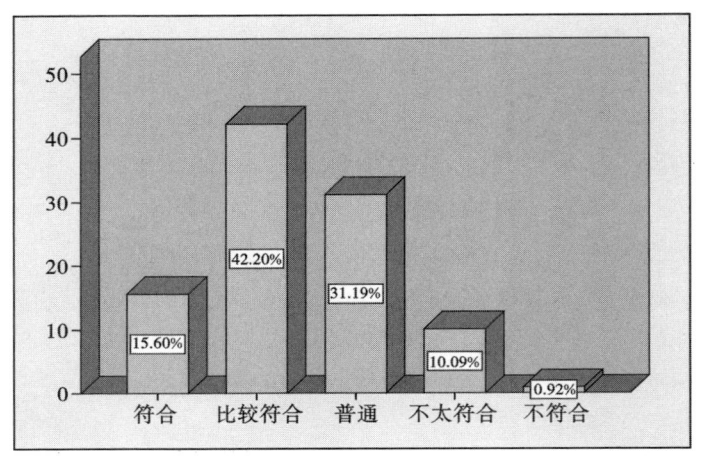

图4-15　"学分制中必修学分要求合理"的符合程度

第二，关于"学分制中选修学分要求合理"的调查情况：从图4-16所呈现的调查结果来看，认为符合和比较符合的百分比分别为17.43%和44.95%，综合两项数据，显示有62.38%的学生对选修学分要求持比较肯定的态度。

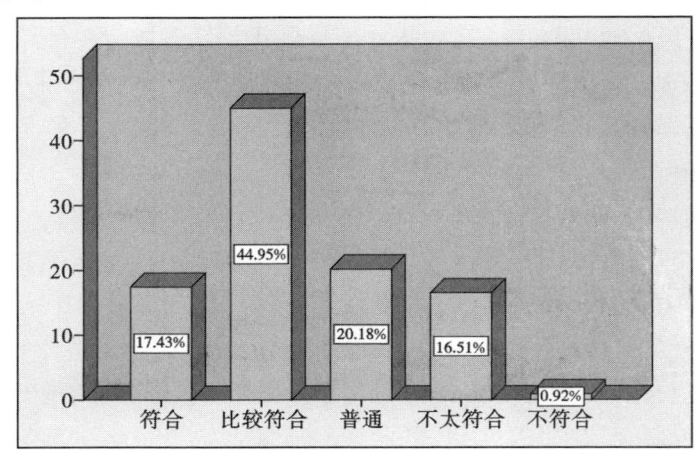

图4-16　"学分制中选修学分要求合理"的符合程度

第三，关于"实习制度效果好"的调查情况：从图4-17所呈现的调查结果来看，认为符合和比较符合的百分比分别为13.76%和34.86%，综合两项数据，显示只有48.62%的学生对实习制度的效果持比较肯定的态度。

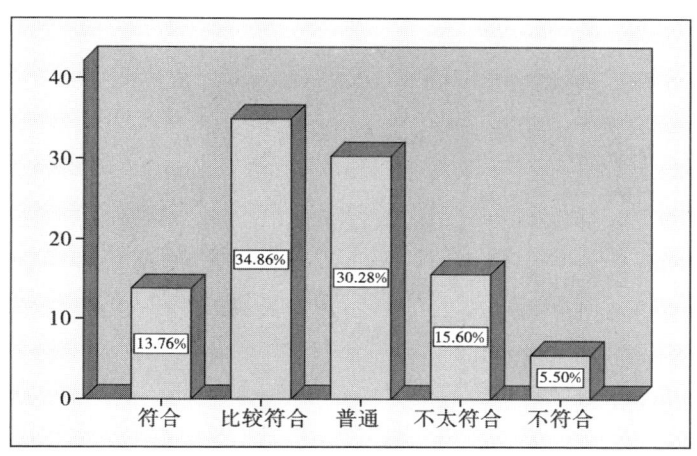

图4-17 "实习制度效果好"的符合程度

第四，关于"导师与学生有定期交流制度"的调查情况：从图4-18所呈现的调查结果来看，认为符合和比较符合的百分比分别为22.02%和24.77%，综合两项数据，显示只有46.79%的学生对此持比较肯定的态度。

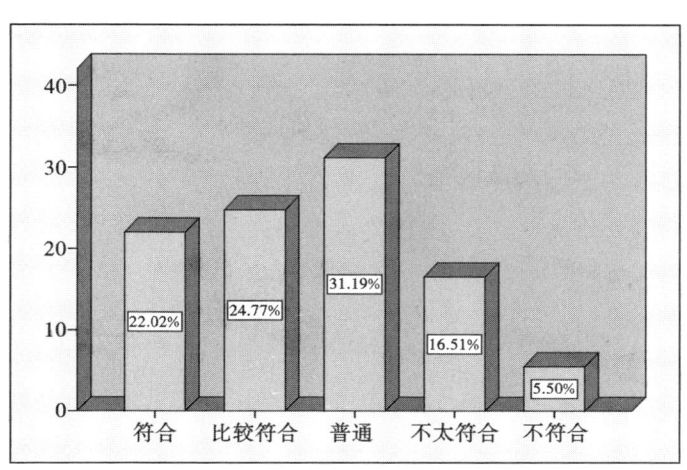

图4-18 "导师与学生有定期交流制度"的符合程度

第五，关于"导师能因材施教，进行个性化指导"的调查情况：从图4-19所呈现的调查结果来看，认为符合和比较符合的百分比分别为16.51％和30.28％，综合两项数据，显示只有46.79％的学生对此持比较肯定的态度。

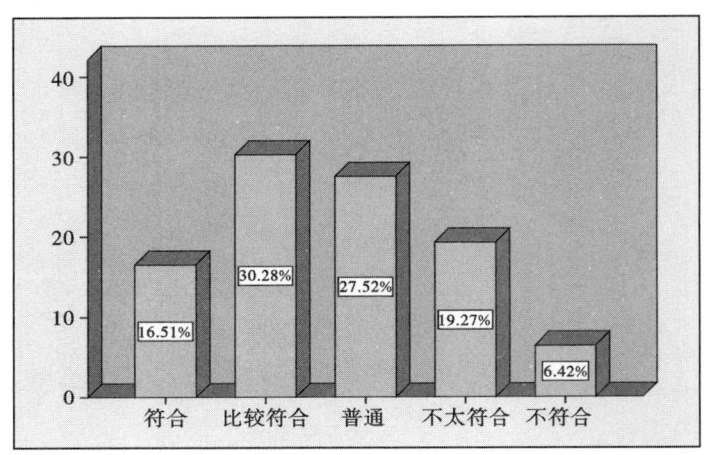

图4-19 "导师能因材施教，进行个性化指导"的符合程度

第六，关于"导师制度效果好"的调查情况：从图4-20所呈现的调查结果来看，认为符合和比较符合的百分比分别为11.93％和29.36％，综合两项数据，显示只有41.29％的学生对导师制的效果持比较肯定的态度。

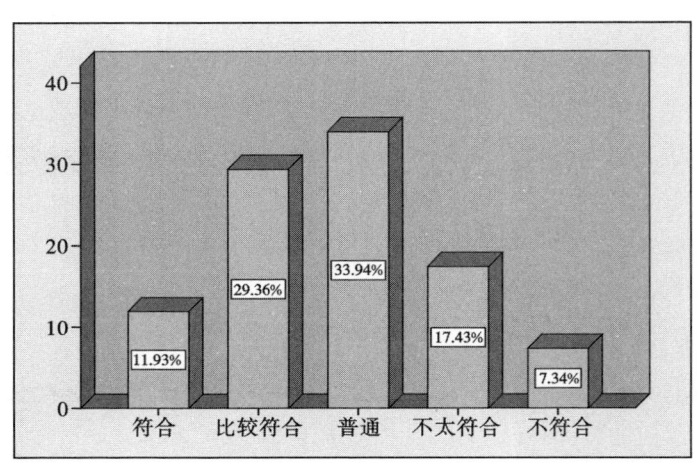

图4-20 "导师制度效果好"的符合程度

第七,关于"科研训练制度健全,每位学生都有充分的科研机会"的调查情况:从图 4-21 所呈现的调查结果来看,认为符合和比较符合的百分比分别为 11.01% 和 41.28%,综合两项数据,显示有 52.29% 的学生对此持比较肯定的态度。

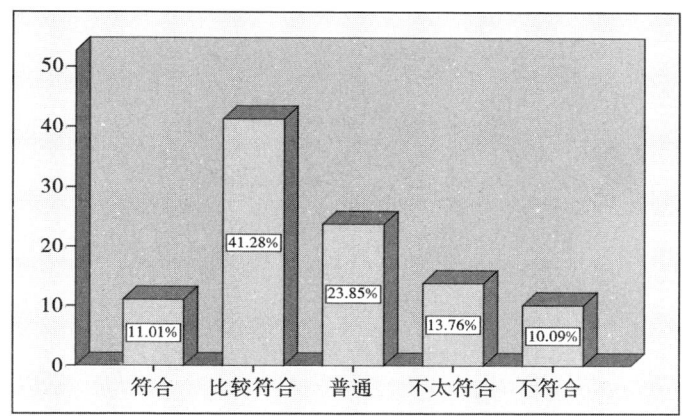

图 4-21 "科研训练制度健全,每位学生都有充分的科研机会"的符合程度

第八,关于"为本科生科研提供充分的设施条件和经费资助"的调查情况:从图 4-22 所呈现的调查结果来看,认为符合和比较符合的百分比分别为 11.01% 和 35.78%,综合两项数据,显示只有 46.79% 的学生对此持比较肯定的态度。

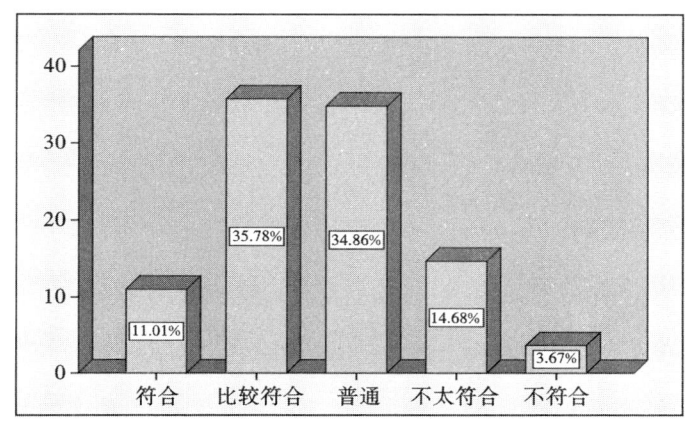

图 4-22 "为本科生科研提供充分的设施条件和经费资助"的符合程度

综上，从问卷中关于教学制度体系的调查情况来看，在"学分制中必修学分要求合理"、"学分制中选修学分要求合理"、"科研训练制度健全，每位学生都有充分的科研机会"这三项上，认为符合和比较符合的综合百分比在50%～65%，显示这三项得到了较多数学生的认可。

在"实习制度效果好"、"导师与学生有定期交流制度"、"导师能因材施教，进行个性化指导"、"导师制度效果好"和"为本科生科研提供充分的设施条件和经费资助"这五项上，认为符合和比较符合的综合百分比在40%～50%，显示学生对这五项的认可相对较低。整体来看，"张之洞实验班"在导师制度、实习制度以及科研制度上还有待改进。

（5）教学组织形式

在问卷中，关于教学组织形式共设计了4个问题，分别是"教学组织形式灵活多样"、"经常举行小班研讨课"、"注重采用启发式教学"和"注重采用参与式教学"。以下是关于这4个问题的统计结果。

第一，关于"教学组织形式灵活多样"的调查情况：从图4-23所呈现的调查结果来看，认为符合和比较符合的百分比分别为18.35%和49.54%，综合两项数据，显示有67.89%的学生对此持比较肯定的态度。

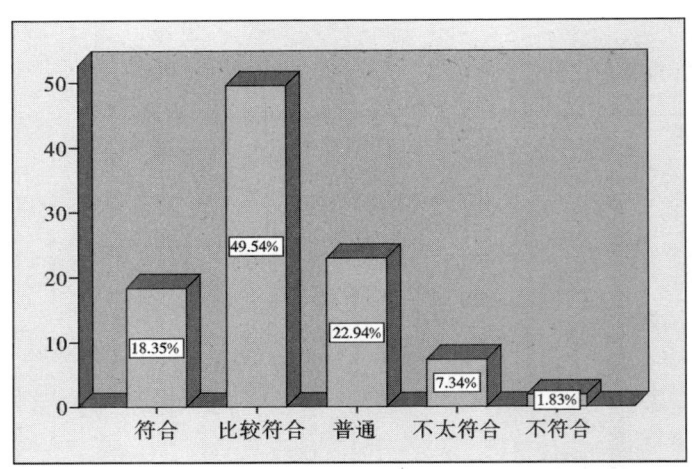

图4-23　"教学组织形式灵活多样"的符合程度

第二，关于"经常举行小班研讨课"的调查情况：从图4-24所呈现的调查结果来看，认为符合和比较符合的百分比分别为19.27%和44.04%，综合两项数据，显示有63.31%的学生对此持比较肯定的态度。

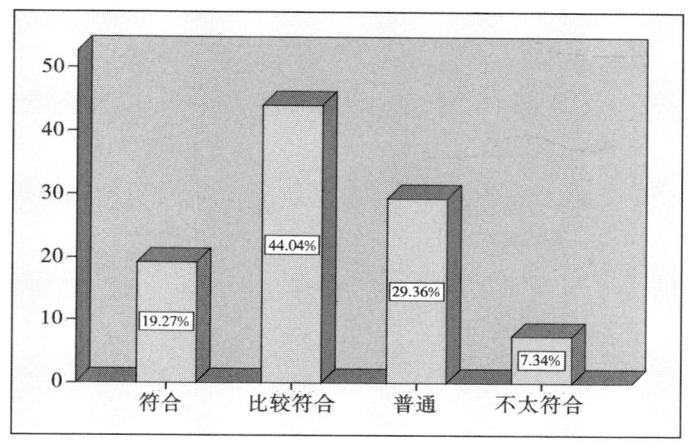

图4-24 "经常举行小班研讨课"的符合程度

第三，关于"注重采用启发式教学"的调查情况：从图4-25所呈现的调查结果来看，认为符合和比较符合的百分比分别为17.43%和33.03%，综合两项数据，显示有50.46%的学生对此持比较肯定的态度。

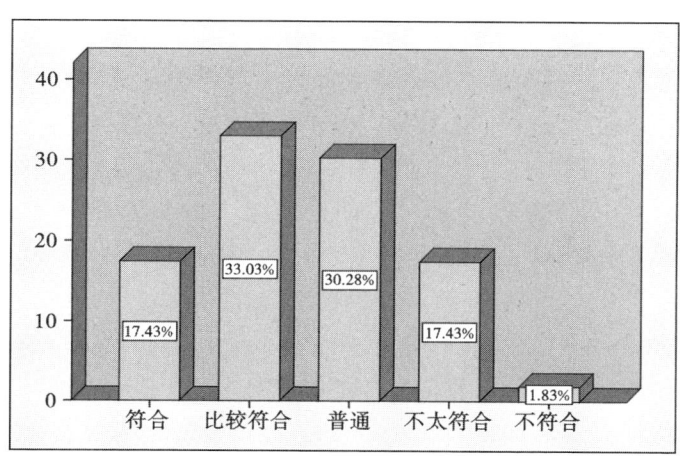

图4-25 "注重采用启发式教学"的符合程度

第四，关于"注重采用参与式教学"的调查情况：从图4-26所呈现的调查结果来看，认为符合和比较符合的百分比分别为22.55％和49.02％，综合两项数据，显示有71.57％的学生对此持比较肯定的态度。

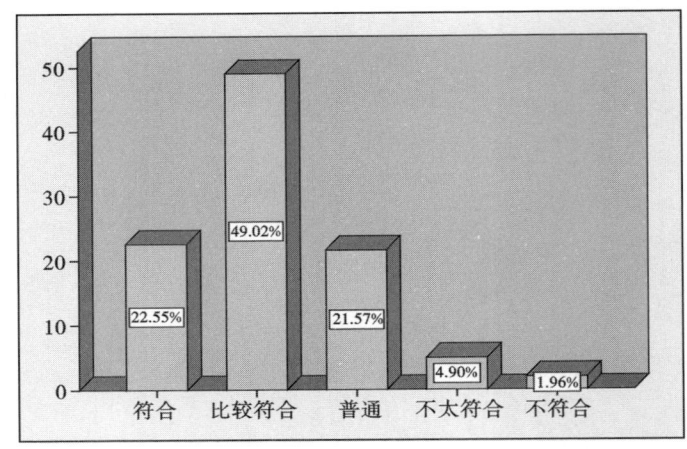

图4-26 "注重采用参与式教学"的符合程度

综上，从问卷中关于教学组织形式的调查情况来看，符合程度最高的是"注重采用参与式教学"，认为符合和比较符合的综合百分比为71.57％。"教学组织形式灵活多样"和"经常举行小班研讨课"这两项，认为符合和比较符合的综合百分比均在60％～70％。较低的为"注重采用启发式教学"，认为符合和比较符合的综合百分比为50.46％。整体来看，"张之洞实验班"的教学组织形式得到了较多数学生的认可，这与其前两年采用小班上课的教学组织形式有关，但在启发式教学上还有待加强。

（6）教学管理模式

在问卷中，关于教学管理模式的问题是"教学管理制度灵活，能够适应学生的个体差异"。从图4-27所呈现的调查结果来看，认为符合和比较符合的百分比分别为12.75％和24.51％，综合两项数据，显示只有37.26％的学生对此持比较肯定的态度。

从问卷中关于教学管理模式的调查情况来看，"教学管理制度灵活，能够适应学生的个体差异"符合程度比较低。整体来看，"张之洞实验班"的教学管理模式亟待改进。

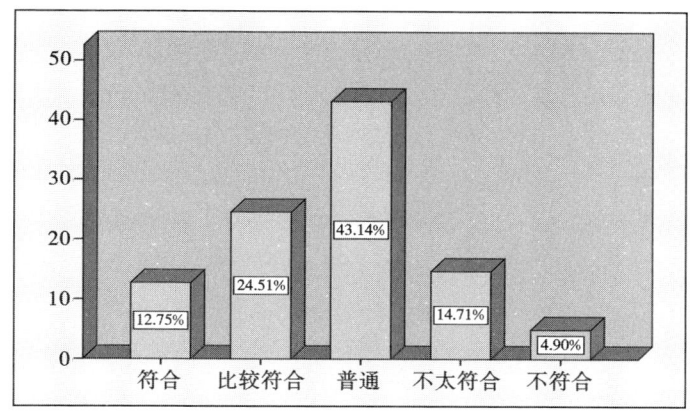

图 4-27 "教学管理制度灵活,能够适应学生的个体差异"的符合程度

(7) 隐性课程形式

在问卷中,关于隐性课程形式共设计了 5 个问题,分别是"校园文化良好,对学生产生潜移默化的熏陶"、"社团活动丰富、有意义"、"在课堂教学之外,师生之间交流管道畅通"、"在课外,在学习、生活、人际交往等方面都能得到指导和帮助"和"与同班其他专业同学交流机会多"。

第一,关于"校园文化良好,对学生产生潜移默化的熏陶"的调查情况:从图 4-28 所呈现的调查结果来看,认为符合和比较符合的百分比分别为 16.50% 和 44.66%,综合两项数据,显示有 61.16% 的学生对此持比较肯定的态度。

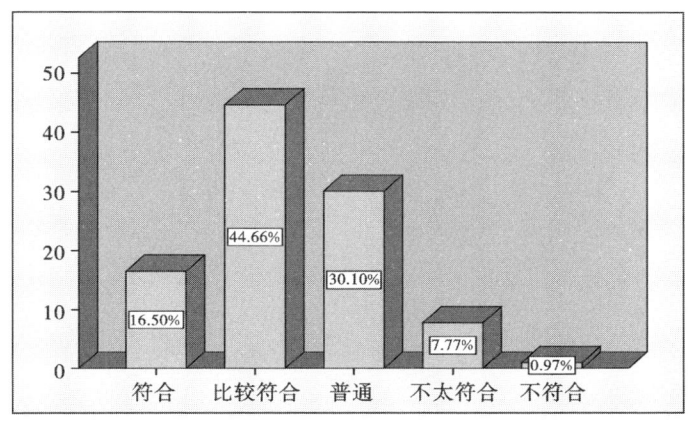

图 4-28 "校园文化良好,对学生产生潜移默化的熏陶"的符合程度

第二，关于"社团活动丰富、有意义"的调查情况：从图4-29所呈现的调查结果来看，认为符合和比较符合的百分比分别为13.59%和39.81%，综合两项数据，显示有53.40%的学生对此持比较肯定的态度。

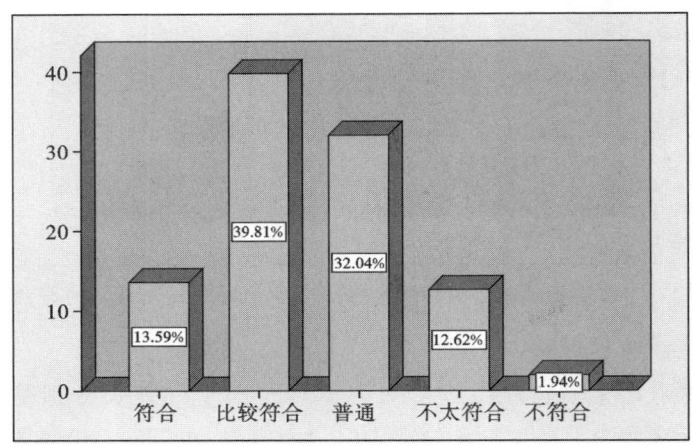

图4-29 "社团活动丰富、有意义"的符合程度

第三，关于"在课堂教学之外，师生之间交流管道畅通"的调查情况：从图4-30所呈现的调查结果来看，认为符合和比较符合的百分比分别为12.75%和40.20%，综合两项数据，显示有52.95%的学生对此持比较肯定的态度。

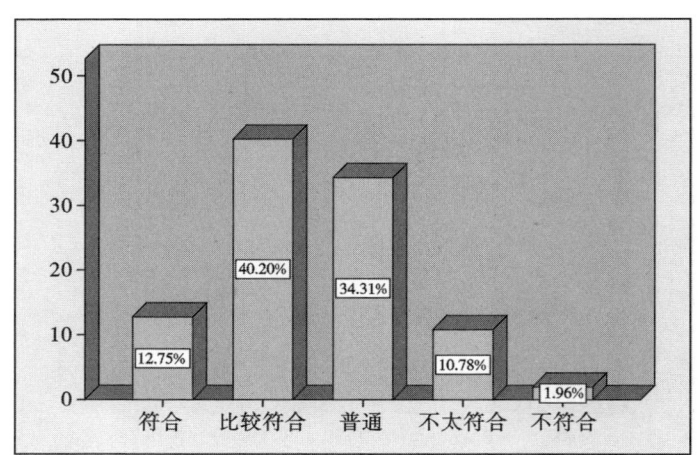

图4-30 "在课堂教学之外，师生之间交流管道畅通"的符合程度

第四，关于"在课外，在学习、生活、人际交往等方面都能得到指导和帮助"的调查情况：从图4-31所呈现的调查结果来看，认为符合和比较符合的百分比分别为7.77%和42.72%，综合两项数据，显示有50.49%的学生对此持比较肯定的态度。

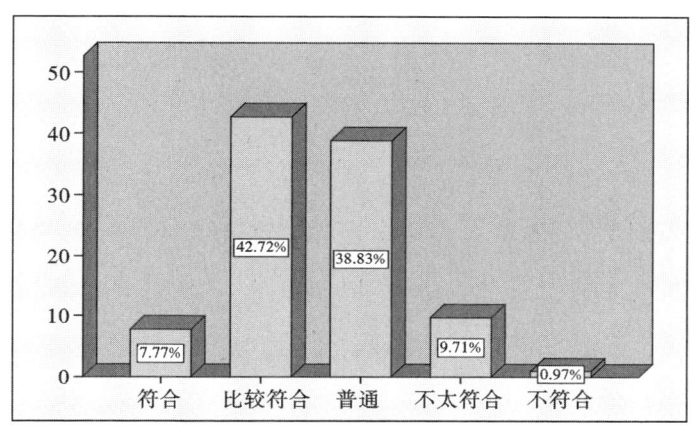

图4-31 "在课外，在学习、生活、人际交往等方面都能得到指导和帮助"的符合程度

第五，关于"与同班其他专业同学交流机会多"的调查情况：从图4-32所呈现的调查结果来看，认为符合和比较符合的百分比分别为9.71%和33.01%，综合两项数据，显示只有42.72%的学生对此持比较肯定的态度。

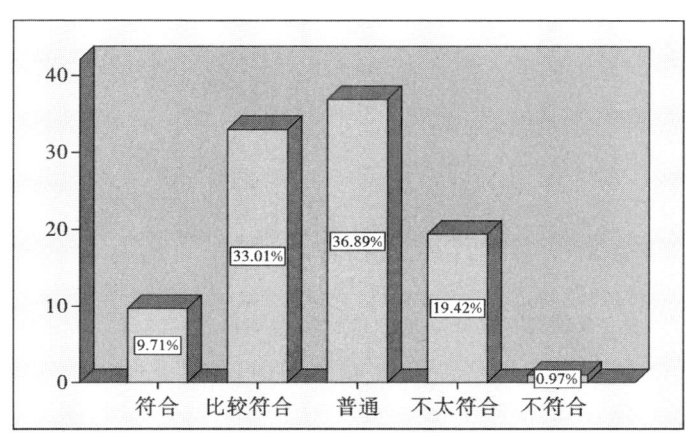

图4-32 "与同班其他专业同学交流机会多"的符合程度

综上，从问卷中关于隐性课程形式的调查情况来看，在"校园文化良好，对学生产生潜移默化的熏陶"、"社团活动丰富、有意义"、"在课堂教学之外，师生之间交流管道畅通"、"在课外，在学习、生活、人际交往等方面都能得到指导和帮助"这四项上，认为符合和比较符合的综合百分比均在50%～65%。符合程度较低的为"与同班其他专业同学交流机会多"。整体来看，"张之洞实验班"的隐性课程还需进一步加强，尤其是要多创造机会增进学生之间的沟通交流。

（8）教学评价方式

在问卷中，关于教学评价方式共设计了3个问题，分别是"教师能自主决定所教课程的考核内容和方式"、"课程考试内容重视对创造性思维能力的考核"和"考试结果能促进教师了解教学不足，改进教学效果"。以下是关于这3个问题的统计结果。

第一，关于"教师能自主决定所教课程的考核内容和方式"的调查情况：从图4-33所呈现的调查结果来看，认为符合和比较符合的百分比分别为7.77%和20.39%，综合两项数据，显示只有28.16%的学生对此持比较肯定的态度。

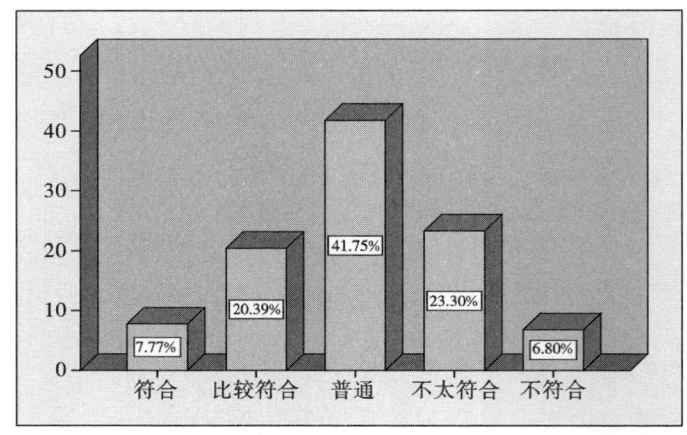

图4-33 "教师能自主决定所教课程的考核内容和方式"的符合程度

第二，关于"课程考试内容重视对创造性思维能力的考核"的调查情况：从图4-34所呈现的调查结果来看，认为符合和比较符合的百分比分别为9.71%和26.21%，综合两项数据，显示只有35.92%的学生对此持比较肯定的态度。

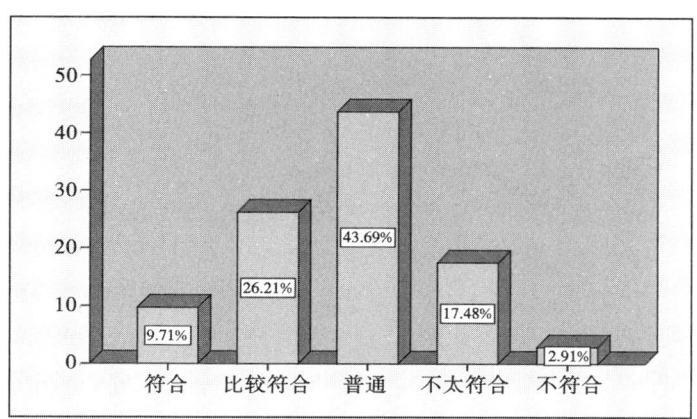

图 4-34 "课程考试内容重视对创造性思维能力的考核"的符合程度

第三，关于"考试结果能促进教师了解教学不足，改进教学效果"的调查情况：从图 4-35 所呈现的调查结果来看，认为符合和比较符合的百分比分别为 11.76% 和 36.27%，综合两项数据，显示有 48.03% 的学生对此持比较肯定的态度。

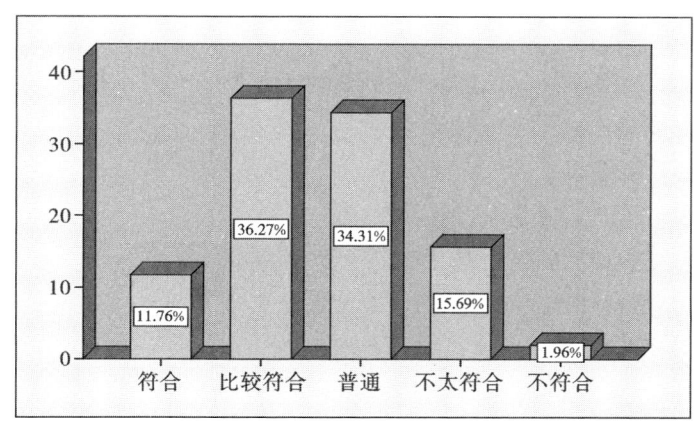

图 4-35 "考试结果能促进教师了解教学不足，改进教学效果"的符合程度

综上，从问卷中关于教学评价方式的调查情况来看，"教师能自主决定所教课程的考核内容和方式"、"课程考试内容重视对创造性思维能力的考核"和"考试结果能促进教师了解教学不足，改进教学效果"等三

项的符合程度均较低，尤其是前两项的符合程度最低。

## 二、模式二："弘毅学堂"的调查结果与分析

### 1. "弘毅学堂"的基本情况

"弘毅学堂"所在的武汉大学是我国中部地区的一所教育部直属、入选一流大学建设高校的全国重点大学。2010年，为了推进人才培养模式改革，探索创新人才培养的新路径，武汉大学实施了"基础学科拔尖学生培养试验计划"，专门组建"弘毅学堂"，每年遴选一批优秀学生进行个性化的超常规培养。"弘毅学堂"下设7个学科小班，其中5个理科班即化学班、物理班、数学班、生物班和计算机班，2个文科班即国际数理经济与数理金融班、国学班。"弘毅学堂"作为探索个性化培养模式和培养基础学科拔尖创新人才的试验田，通过发挥引领和示范作用，有力推动了武汉大学本科拔尖创新人才培养模式改革。

（1）"弘毅学堂"的遴选办法：在招生规模上，"弘毅学堂"每年遴选100～140名优秀学生，每个学科小班平均不超过20名学生。在遴选的时间和范围上，在每年9月中旬，每个学科小班均面向全校当年入学的本科新生进行选拔。

在选拔的基本要求上，以化学班为例，对参加选拔的学生的基本要求为：备选学生必须拥护党的领导、热爱祖国、道德品质优良、心理健康、人格健全。对化学学科充满兴趣、有着强烈的化学及相关学科求知欲、基础扎实、具有一定的科技创新潜质。对从事基础化学研究有着执着的信念，有志于在将来从事化学及其相关学科的教学与基础科学研究。英语、数学、物理成绩优秀。报名时要求具备下列条件之一：①中学阶段参加数学、物理、化学、生物和计算机科学竞赛并获得省级赛区二等奖或以上的学生；②其他立志献身化学事业的学生自荐。再以物理班为例，物理班报名时要求具备下列条件之一：①对物理有极浓厚的兴趣，有志于物理学科研究，并具备较好发展潜力的高素质学生；②高考英语、数学和理科综合成绩不低于该门课程总分的80%；③高考成绩优秀，在全国高中数学联赛、全国中学生物理竞赛两项比赛中获省级赛区一等奖以上的保送生，或奥林匹克竞赛中获奖的学生。

在具体遴选程序上，符合条件的学生在要求的时间内填写报名申报

表及个人陈述。经所在学院主管教学副院长审查同意、学院盖章后，送至各学科小班所在学院的本科教学办公室进行资格审核。报名申报表及个人陈述的主要内容为学生学院及专业、生源地、高考分数及本省分数线、自身成长经历及体会、个性特长及取得的成果、进入大学的努力方向及设想等。通过资格审核的学生，将进入笔试和面试环节。笔试部分主要考查学生对基础知识的掌握情况和对相关知识的灵活运用能力。根据笔试成绩的高低排序选拔30名学生进入面试。面试部分每人约20分钟，综合考查学生的基本素质，重点考查学生语言表达能力、逻辑思维、个性品质和心理素质等。遴选标准是善于交流，自主性强；对学术研究有浓厚兴趣，勇于接受挑战；思想活跃，有创新意识。最后，各学科小班遴选专家委员会确定初步学生名单，报学校审批后公示。入选学生在每年10月办理转专业等手续，正式开始学习与培养。

（2）"弘毅学堂"的运行管理："弘毅学堂"下设的7个学科小班分别由这7个学科所属的院系进行管理，例如化学班由化学与分子科学学院进行管理。学科小班的具体教学管理由各学院本科教学办公室负责，并指定专任教学秘书实施日常教学管理。该大学还聘请优秀教师担任每个学科小班的班主任，负责日常班级管理。

2."弘毅学堂"培养模式的主要特点

（1）人才培养理念：该大学提出充分发挥综合性研究型大学的学科多样性优势，因材施教，为每个学生提供个性化成长路径。坚持高起点、高层次、少而精、开放式、国际化培养原则，形成自主创新力和国际竞争力。其中，把自主创新力作为人才质量的核心要素，把国际竞争力作为人才质量的检验标准。培养有潜力跻身国际一流科学家队伍的基础学科领军人才。

（2）专业设置模式：在专业设置时间上，"弘毅学堂"在大学一年级阶段即确定具体专业。在每年10月份完成学生遴选后，入选"弘毅学堂"的学生的具体专业按照所属的学科小班也就确定。

在专业设置空间上，入选"弘毅学堂"7个学科小班的学生一般不可以再更改专业，也不能在"弘毅学堂"7个学科小班之间转班或跨班学习。如果一定要转专业，则有两种途径，一是退出"弘毅学堂"，回到原专业继续学习；二是走全校统一的转专业程序申请新的专业。为了避免学生在进入新专业时跟不上学习进度，这两种转专业途径均有一定的时间限制，即必须在大学一年级下半学期完成，如果错过转专业的时间点，则再无更改专业的机会。通过访谈我们了解到，事实上，绝大部分"弘毅学堂"的学生没有再更改专业的意愿，原因在于"弘毅学堂"的7个小班是按照学科专业来设立，各个小班独立招生，招生报名的首要条件是要求对所报的学科有浓厚的兴趣，并在未来志愿从事该学科的基础研究。因此，报名参与"弘毅学堂"选拔的学生，其兴趣志愿和专业意向已基本确定，其中大部分学生在填报高考志愿时报的就是该专业，在进入具体学科小班后，也就很少出现转专业的情况。

在专业设置口径上，由于"弘毅学堂"的培养目标是基础学科拔尖人才，因此"弘毅学堂"的7个小班的专业均偏向基础学科专业。例如化学班所在的化学与分子科学学院，面向普通学生的本科专业既有基础方向的化学专业，也有应用方向的应用化学和材料化学等专业，但化学班所有学生的专业均为基础方向的化学专业。"弘毅学堂"5个理科班专业划分的主干学科分别为数学、物理学、化学、生物学和计算机科学与技术，专业培养目标是掌握学科基本知识、基本理论和基本技能，为培养学生成长为该学科基础科学研究领域的领军人物，并逐步跻身国际一流科学家行列奠定良好基础。

（3）课程设置方式：在课程结构上，"弘毅学堂"总的课程结构为：公共必修课＋通识选修课＋专业课（必修＋选修）＋自由选修课。公共必修课包括马克思主义中国化的理论与实践、英语、体育和军事理论，其中前两门课程安排在一年级的上下学期上课，后两门课程则由学生自由选择修习时间。通识选修课分为中华文明与外国文化、人文科学、社会科学、数学与自然科学、跨学科领域5大类。文科类的学生，要在数学与自然科学领域至少修满4个学分，理科类的学生，要在人文科学与社会科学类至少修满4个学分。总共最低修满8个学分。通识选修课的修习时间也由学生自由安排。自由选修课在学有余力和不与其他必修课冲突的情况下，可以在任意时间选修全校范围内开设的通识课和专业课。

专业课则在不同的学科小班之间差异较大。以较有特色的化学班的专业课为例,化学班与普通化学专业的区别在于,化学班的专业必修课数量较少,且主要以研讨课和实验课为主。化学班的专业必修课共开设了13门课程,包括高等数学、大学物理、大学物理实验、无机化学研讨课、分析化学研讨课、有机化学研讨课、物理化学研讨课、结构化学研讨课、化学实验安全技术、化学实验基本技能训练、综合化学实验、科学研究技能训练、分子模拟实验。在这13门专业必修课中,研讨课共有5门,实验课和实验相关的课程共有6门,这两类课程占的比例高达85%。尤其需要指出的是,化学班的专业实验课虽只有2门,即综合化学实验和分子模拟实验,但综合化学实验课是将无机化学实验、有机化学实验、物理化学实验等实验贯串起来,以综合实验的形式安排课程内容,这是化学班的实验课区别于普通化学专业实验课的重要特色之一,下文将作详细介绍。

与化学班相比,普通化学专业共开设了17门专业必修课,其中实验课共有7门,除了实验课以外,全部为讲授课程,并没有开设研讨课。"弘毅学堂"化学班与普通化学专业专业必修课对比见表4-2:

表4-2 化学班与普通化学专业专业必修课及学时与学时类型对比

| | 课程名称 | 总学时 | 学时类型 | | | | |
|---|---|---|---|---|---|---|---|
| | | | 讲课 | 研讨 | 实验 | 实践 | 上机 |
| 化学班 | 高等数学 | 144 | 144 | | | | |
| | 大学物理 | 108 | 108 | | | | |
| | 大学物理实验 | 54 | | | 54 | | |
| | 无机化学研讨课 | 108 | | 108 | | | |
| | 分析化学研讨课 | 108 | | 108 | | | |
| | 有机化学研讨课 | 108 | | 108 | | | |
| | 物理化学研讨课 | 108 | | 108 | | | |
| | 结构化学研讨课 | 54 | | 54 | | | |
| | 化学实验安全技术 | 18 | 18 | | | | |
| | 化学实验基本技能训练 | 216 | | | 216 | | |
| | 综合化学实验 | 432 | | | 432 | | |
| | 科学研究技能训练 | 144 | | | 144 | | |
| | 分子模拟实验 | 72 | | | 72 | | |

续表

| | 课程名称 | 总学时 | 学时类型 | | | | |
|---|---|---|---|---|---|---|---|
| | | | 讲课 | 研讨 | 实验 | 实践 | 上机 |
| 普通化学专业 | 高等数学 | 108 | 108 | | | | |
| | 大学物理 | 108 | 108 | | | | |
| | 大学物理实验 | 54 | | | 54 | | |
| | 无机化学 | 144 | 108 | 36 | | | |
| | 分析化学 | 144 | 108 | 36 | | | |
| | 有机化学 | 144 | 108 | 36 | | | |
| | 物理化学 | 144 | 108 | 36 | | | |
| | 结构化学 | 72 | 54 | 18 | | | |
| | 化学实验安全技术 | 18 | 18 | | | | |
| | 无机化学实验 | 144 | | | 144 | | |
| | 分析化学实验 | 144 | | | 144 | | |
| | 有机化学实验 | 144 | | | 144 | | |
| | 物理化学实验 | 144 | | | 144 | | |
| | 分子模拟实验 | 72 | | | 72 | | |
| | 化工基础 | 54 | 54 | | | | |
| | 化工基础实验 | 54 | | | 54 | | |
| | 综合化学实验 | 144 | | | 144 | | |

化学班的综合化学实验课是化学班实验课程中的重要特色课程。该综合化学实验课与一般的化学实验课程的区别在于，它是以科研课题的方式，综合无机化学实验、有机化学实验、物理化学实验和分析化学实验等，通过一定的研究主线将这些单科零散的实验贯串起来。通过设计和开展这种综合实验，有利于提高学生的实验方案设计能力和综合运用多学科化学实验的能力。

在访谈中，化学班的学生对综合化学实验课评价道："假设我们做一个合成，一个有机合成要分很多步，我们班就可以连续几个星期都做，一个星期做一步，一步一步做下来，相当于将整个科学研究的过程走了一遍，这肯定对你以后的研究是有帮助的。其他班就不可能这么做，因为每一次准备就要费很多时间和精力，如果整个学院推广肯定是有难度的，因为老师精力有限，学校资源有限。其他班通常都是，比如这个学期开有机化学的实验，就是一个星期做一个实验，每个实验之间没有很大的联系，基本上就是给你练习一下实验操作，我们的实验虽然也需要你练习一些操作，但实验整个是串联起来的，每个实验之间是有关联的，而且很多时候，它会给你一个课题，让你自己去查资料，你自己去设计实验方案，这基本上就接近科研了，对知识的掌握就串联起来，更系统一些，印象更深刻一些。"

（4）教学制度体系："弘毅学堂"的教学制度体系主要有学分制、导师制、双学位制、主辅修制、弹性学制、国际国内访学交流制。

在学分制上，"弘毅学堂"实行完全学分制，以化学班为例，毕业要求取得最低总学分为120学分，学分不设上限，具体各类课程的学分分配为：公共必修课为21学分，占总学分的17.5%；专业必修课为67.5学分，占总学分的56.3%；选修课程≥31.5学分（其中通识选修课为8学分，专业选修课≥23.5学分），占总学分的26.2%。

在导师制上，"弘毅学堂"的学生全部配备导师，一般是在大学二年级确定导师。导师一般都由教授担任。以化学班为例，在进入二年级时，化学班的学生开始选定自己的科研导师。在学校和学院层面并没有设立选择导师的制度或程序。学生主要根据自己对导师和导师科研方向的了解，在确定自己对该导师的科研方向感兴趣后，自己主动去联系导师，学生一般采用自荐的方式，请该导师指导自己。一般情况下，导师都乐意接纳和指导"弘毅学堂"的学生。

在双学位制和主辅修制上，"弘毅学堂"的学生不仅可以攻读本校的双学位和辅修本校其他专业，还可以跨校修读双学位和辅修专业，这得益于"弘毅学堂"所在大学与同城的几所教育部直属重点大学之间的跨校修读双学位和辅修专业制度。

在弹性学制上，"弘毅学堂"的学生可以提前也可以延后毕业，提前毕业需要达到最低学分要求和满足其他毕业条件。在国际国内访学交流制度上，并没有专门针对"弘毅学堂"的访学交流制度，但"弘毅学堂"所在大学在学校层面有面向全体学生的访学交流项目,"弘毅学堂"学生如果想参加这些访学交流项目,只能与其他学生一起申请和竞争,在同等条件下,学校会优先考虑"弘毅学堂"的学生。

(5)教学组织形式:"弘毅学堂"的教学组织形式较为灵活多样,以化学班为例,化学班的教学组织形式主要有讲授课、研讨课、实验课、习题课等类型。其中,研讨课是化学班教学组织形式的主要特色。

化学班共开设了5门研讨课,分别是无机化学研讨课、有机化学研讨课、物理化学研讨课、结构化学研讨课和分析化学研讨课。其中无机化学研讨课和分析化学研讨课是在大学第一学年开设,有机化学研讨课和物理化学研讨课是第二学年开设,结构化学研讨课是在第三学年开设。

对于研讨课的教学形式,化学班的学生在访谈中做了详细介绍:"研讨课原则上老师会提前给一个学期的研讨主题提纲,大家从提纲中自由选择自己感兴趣的主题,但也可以自己任选主题,然后就自己选择的主题准备主持主题研讨。每个同学至少会主持一次主题研讨。在研讨课上,主持研讨的同学讲完后,其他学生提问题,互相交流,老师最后做点评。每个人都有机会上去讲,大家对你讲的有什么不同的意见,他就会提,互相的交流,知道别人的想法,参考一下,这样你对一个问题的理解就更深刻一些。比如物理化学研讨课,你自己找一些物理化学最新的前沿研究课题,或者课本上有必要深挖的,自己找资料自学,然后你可以提出自己新的观点,有些问题没解决的,你也可以提出观点,然后做PPT,上课的时候上去讲,讲完后全班提问题,如果你的见解不是很独到,老师会帮你修改,同学也会帮你修改,这样一来,你对问题的理解就比较深了,这是很有必要的。可能你看的书比较多,或者跟别人不同,你可以介绍一个新领域,把大家引进去了,大家下去再自学,你的视野相对其他班同学就更开阔。这种方式让每个同学都有交流的机会。感觉这门课的教学比研究生的教学还好一点吧,因为完全是用交流的形式。"

(6)教学管理模式:"弘毅学堂"的教学管理实行校、院两级管理,以学院管理为主的模式。学校层面的教学管理主要由教务处负责,教务处除了对部分课程的教学进行直接组织管理外,还与各院系合作建立全校的课程教学管理系统，通过管理该系统，统筹协调全校的教学资源分配。另外，教务处还制定统一的教学规范和考核标准，管理审批大学生科技创新项目和国际国内访学交流项目等。

对于"弘毅学堂"，由教务处直接组织管理的主要有公共必修课和通识选修课的教学，"弘毅学堂"的公共必修课和通识选修课与其他学生一样，都需要在全校统一的选课系统中进行选课。"弘毅学堂"的专业必修课和专业选修课则由各学科小班所在的院系进行开设和管理，每学期开始时，学生同样需要通过全校的选课系统进行专业必修课和专业选修课的选课。除了安排和管理专业课的教学，学院还要负责组织安排相应的课程考试以及学生的考核。

（7）隐性课程形式：优良的校风和学风，优美典雅的校园环境，比较严格的学生管理制度，班级集体活动以及种类较多的社团活动是"弘毅学堂"隐性课程的主要形式。从校风和学风来看，"弘毅学堂"所在的武汉大学历史悠久、名流学者云集，现在是教育部直属重点综合性大学，国家"985工程"和"211工程"重点建设高校，堪称我国一流大学。在历史上，武汉大学可追溯到清末湖广总督张之洞奏请清政府创办的自强学堂，历经传承演变，是近代中国第一批国立大学。1946年，学校已形成文、法、理、工、农、医六大学院并驾齐驱的办学格局。新中国成立后，武汉大学受到历代领导人的重视，在国家、社会和民众中形成了较高的声望。改革开放后，武汉大学敢为人先，勇于创新，在国内高校中率先推行了多项教改措施，取得了良好的社会反响。世界权威期刊《Science》曾将武汉大学列为"中国最杰出的大学之一"。建校以来，武汉大学英才云集，名人辈出，周恩来、董必武、竺可桢、李四光、闻一多、郁达夫、叶圣陶等都曾在此工作任教。较高的学术和社会声望、厚重的历史和人文底蕴，培育了"自强、弘毅、求是、拓新"的大学精神。武汉大学还拥有无与伦比的校园环境，学校依山傍水，风景如画，环境优美，中西合璧的宫殿式建筑群古朴典雅，巍峨壮观，被誉为"中国最美丽的大学"。作为一所百年名校，武汉大学各项规章制度健全，教学管理和学生管理严格规范。"弘毅学堂"各学科小班都配备了班主任和班干部，各班不定期组织各种集体活动，增加师生之间和学生之间的互动交流。在社团活动方面，武汉大学社团众多，种类丰富，每位同学都能找到符合自己兴趣爱好的社团，通过参与社团活动，增长知识和能力，促进自己全面发展。

（8）教学评价方式："弘毅学堂"的7个学科小班在教学评价方式上各有不同，由于化学班的教学评价方式较具有特色和代表性，这里以化学班的教学评价方式为例作详细说明。

化学班研讨课的教学评价方式较具特色。由于研讨课是为化学班单独开设，上课人数为20人左右（2010级化学班为19人），较小的班级规模以及独特的教学形式，使得教师能够对研讨课的教学评价方式作出一些新的探索和尝试。首先，在评价的范围上，实行过程评价和结果评价相结合，并且对过程评价的重视度大幅提高。研讨课的教学形式极大凸显学生在教学中的主体地位，在上课的过程中，主要由学生就自己研究的主题主持研讨和交流，并通过回答问题与其他学生进行互动交流，教师只是担当引导启发和总结点评的角色，因此，在考核的范围上，研讨课的授课教师极为重视每一个学生平时在课堂中的表现，平时成绩一般占到总成绩的70%~80%，有时甚至为100%，即没有期末考试，主要考核平时上课的发言讨论情况。其次，在评价的依据上，提高了对学生创造性思维、知识运用能力、表达能力等综合能力的考察力度。对研讨课的考核，教师主要注重学生在准备和主持研讨的过程中，所展现的文献搜集和分析能力、创造性思维以及展示和表达自己观点的能力，而并不通过试卷和考试分数来评判学生。其三，在评价的方法与手段上，主要通过提交论文、演讲、答辩、交流互动等方法。

对于不是为化学班单独开设的课，即与其他非"弘毅学堂"学生一起上的课，如公共必修课、通识选修课和专业选修课，由于班级规模较大，上课人数众多，则无法像小班研讨课一样注重过程评价和综合考核，对这类课程的考核，在考核范围上，虽然也实行过程评价和结果评价相结合，但主要以结果评价为主，期末考试成绩所占比例为70%~80%，平时成绩主要以考勤和阶段测验为主。在考核的依据上，主要依据考试分数。在考核的方法手段上，试卷是常用的方法，评价方法比较单一。

在学期考核上,化学班学生的成绩由课程成绩和自评互评成绩构成。课程成绩主要以平均学分绩点的形式体现。自评互评是由自己评价自己和同学评价自己,以百分制打分的形式,自评互评是作为平时成绩。

在毕业考核标准上,化学班学生与其他学生则基本相同,即通过所有课程考试、修满最低学分和完成毕业论文。对于科研创新成果和实践活动成果,并不作为毕业的强制性要求,只是作为评优评先和保送研究生时的加分项目。

3. "弘毅学堂"培养模式的问卷统计与分析

本调查在"弘毅学堂"化学班、生物班和计算机班共发放问卷150份,回收有效问卷123份,样本的个人基本属性如表4-3所示。

表4-3 样本个人基本属性统计特征

| 变量 | 类别 | 样本量(人数) | 百分比(%) |
| --- | --- | --- | --- |
| 性别 | 男 | 74 | 60.2 |
| | 女 | 49 | 39.8 |
| 年级 | 大一 | 32 | 26.1 |
| | 大二 | 42 | 34.1 |
| | 大三 | 49 | 39.8 |
| 入学时专业所属学科 | 理学 | 83 | 67.5 |
| | 工学 | 40 | 32.5 |

(1)人才培养理念

按照"弘毅学堂"的人才培养理念和大学生个性发展的内涵(即独特性、主体性、创造性、和谐性),在问卷调查中设置了5个关于人才培养理念的问题,答案则以符合程度高低的形式,检验"弘毅学堂"的人才培养理念是否着重于促进学生个性发展以及其理念的践行情况。

第一,关于"将以生为本理念作为教育活动的根本出发点"的调查情况:从图4-36所呈现的调查结果来看,认为符合和比较符合的百分比分别为25.20%和39.84%,综合两项数据,显示有65.04%的学生认为该理念及其践行程度较好。

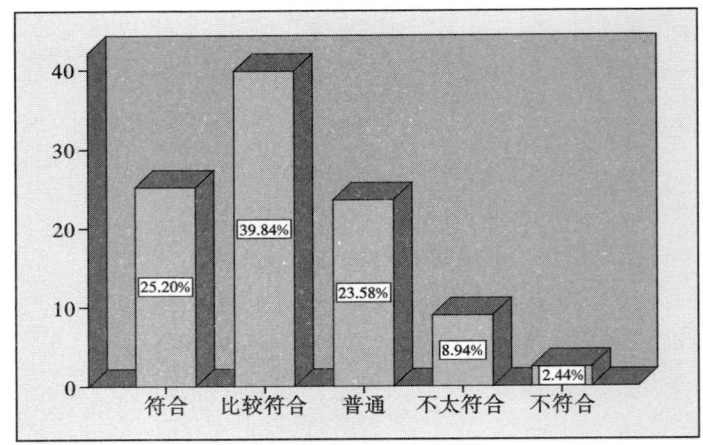

图 4-36 "将以生为本理念作为教育活动的根本出发点"的符合程度

第二,关于"教育活动注意了解和尊重学生的个性差异"的调查情况:从图 4-37 所呈现的调查结果来看,认为符合和比较符合的百分比分别为 21.14% 和 39.02%,综合两项数据,显示有 60.16% 的学生认为该理念及其践行程度较好。

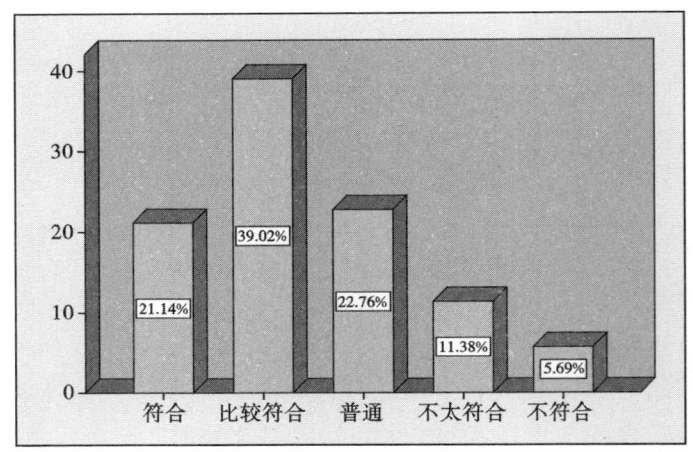

图 4-37 "教育活动注意了解和尊重学生的个性差异"的符合程度

第三,关于"教育活动尊重学生主体地位,重视学生主体性培养"的调查情况:从图 4-38 所呈现的调查结果来看,认为符合和比较符合的百分比分别为 25.83% 和 42.50%,综合两项数据,显示有 68.33% 的学生认为该理念及其践行程度较好。

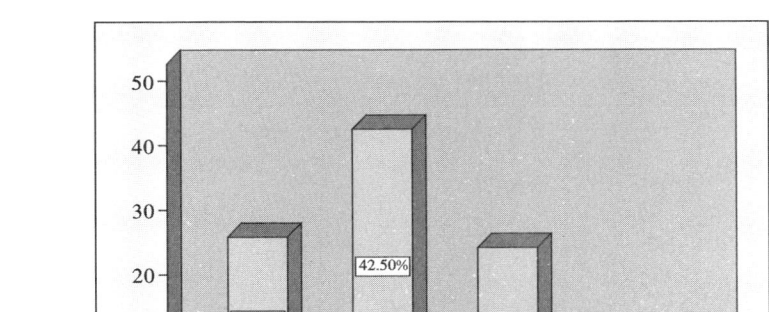

图 4-38 "教育活动尊重学生主体地位，重视学生主体性培养"的符合程度

第四，关于"重视学生创新能力培养"的调查情况：从图 4-39 所呈现的调查结果来看，认为符合和比较符合的百分比分别为 20.49% 和 33.61%，综合两项数据，显示只有 54.10% 的学生认为该理念及其践行程度较好。

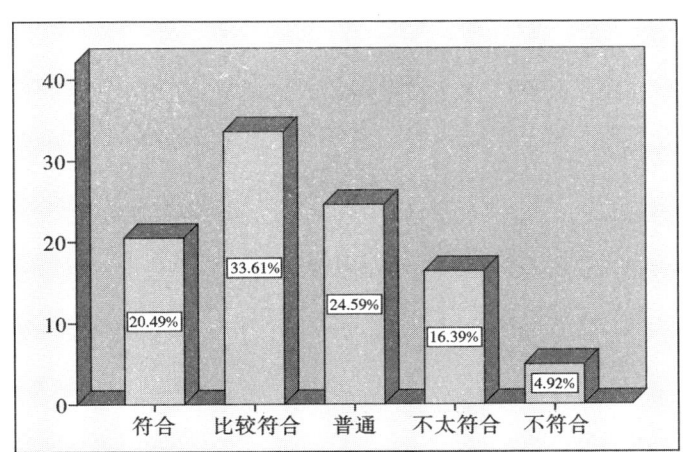

图 4-39 "重视学生创新能力培养"的符合程度

第五，关于"促进学生个性发展和全面发展相统一"的调查情况：

从图 4-40 所呈现的调查结果来看，认为符合和比较符合的百分比分别为 15.45％和 29.27％，综合两项数据，显示只有 44.72％的学生认为该理念及其践行程度较好。

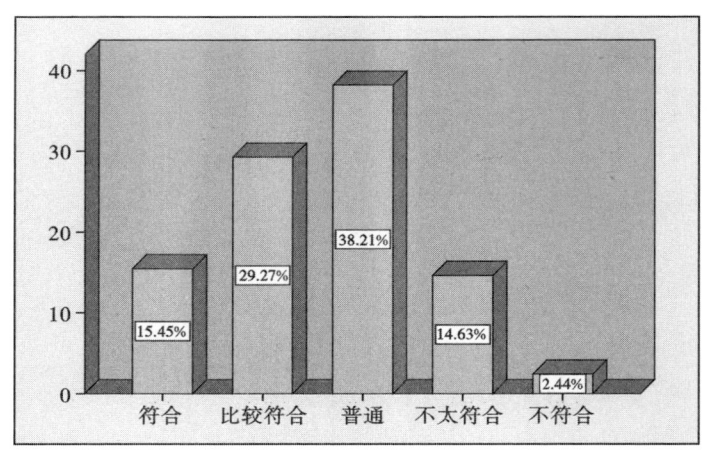

图 4-40　"促进学生个性发展和全面发展相统一"的符合程度

综上，从问卷中关于"弘毅学堂"模式人才培养理念的调查情况来看，在"将以生为本理念作为教育活动的根本出发点"、"教育活动注意了解和尊重学生的个性差异"和"教育活动尊重学生主体地位，重视学生主体性培养"这三项上，认为其符合和比较符合的综合百分比在 60％～70％，显示"弘毅学堂"模式的以上三项人才培养理念及其践行程度得到了较多数学生的认可。

在"重视学生创新能力培养"和"促进学生个性发展和全面发展相统一"两项上，认为其符合和比较符合的综合百分比分别只有 54.10％和 44.72％，显示"弘毅学堂"模式在培养提升学生的创造性和和谐性上还有较大的改进空间。

（2）专业设置模式

考虑到"弘毅学堂"培养模式不进行专业分流的特点，关于专业设置模式重点调查两个问题，分别是"进入专业教育的时机恰当"和"专业口径设置较宽，专业适应面广"。

第一，关于"进入专业教育的时机恰当"的调查情况：从图 4-41 所呈现的调查结果来看，认为符合和比较符合的百分比分别为24.39%和30.08%，综合两项数据，显示有54.47%的学生对进入专业教育的时机持比较肯定的态度。

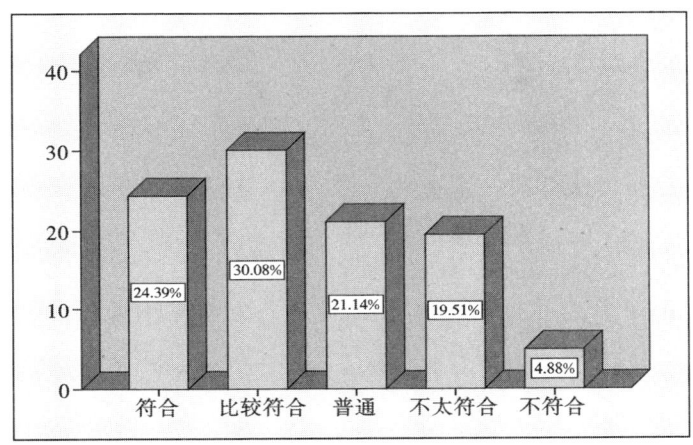

图4-41 "进入专业教育的时机恰当"的符合程度

第二，关于"专业口径设置较宽，专业适应面广"的调查情况：从图4-42所呈现的调查结果来看，认为符合和比较符合的百分比分别为25.83%和40.00%，综合两项数据，显示有65.83%的学生对专业口径设置持比较肯定的态度。

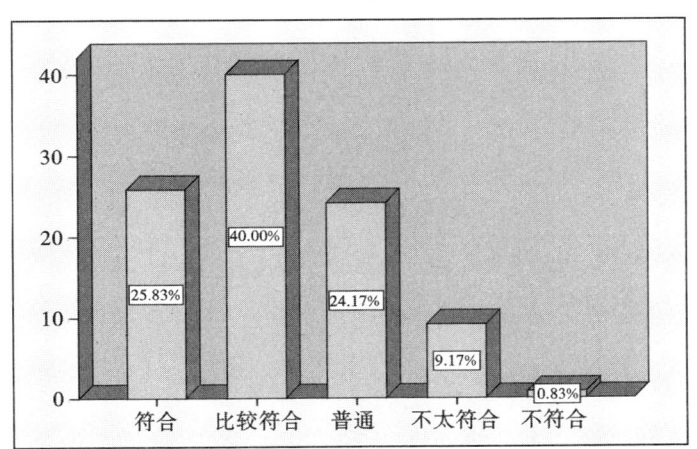

图4-42 "专业口径设置较宽，专业适应面广"的符合程度

从问卷中关于专业设置模式的调查情况来看，在"进入专业教育的时机恰当"上，虽然有54.47%的学生表示比较认可，但认为普通、不太符合和不符合的综合百分比也达45.53%，尤其是不太符合和不符合的综合百分比达24.39%，显示有相当比例的学生对进入专业教育的时机持不同看法。

（3）课程设置方式

关于"弘毅学堂"的课程设置方式，共设计了4个问题，分别是"总体课程门类开设合理，能掌握专业应具备的知识和能力"、"课程内容理论与实践并重"、"课程内容反映学科的主要知识、方法论和发展前沿"和"通识课程能明显提高自己的科学素养和人文素养"。

第一，关于"总体课程门类开设合理，能掌握专业应具备的知识和能力"的调查情况：从图4-43所呈现的调查结果来看，认为符合和比较符合的百分比分别为31.15%和40.98%，综合两项数据，显示有72.13%的学生对总体课程门类持比较肯定的态度。

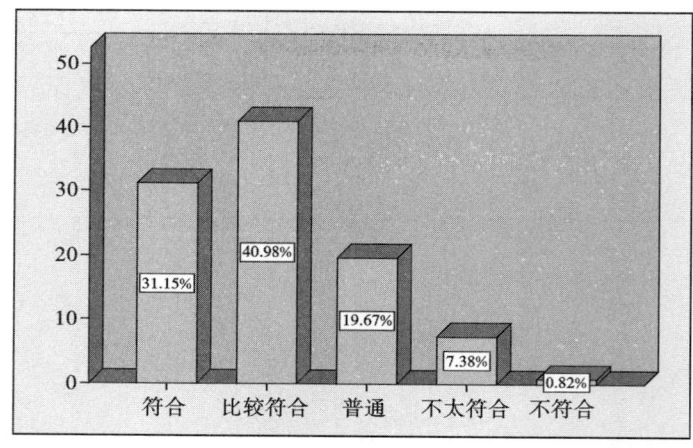

图4-43 "总体课程门类开设合理，能掌握专业应具备的知识和能力"的符合程度

第二，关于"课程内容理论与实践并重"的调查情况：从图4-44所呈现的调查结果来看，认为符合和比较符合的百分比分别为23.77%和36.89%，综合两项数据，显示有60.66%的学生对课程内容在理论性和实践性的结合上持比较肯定的态度。

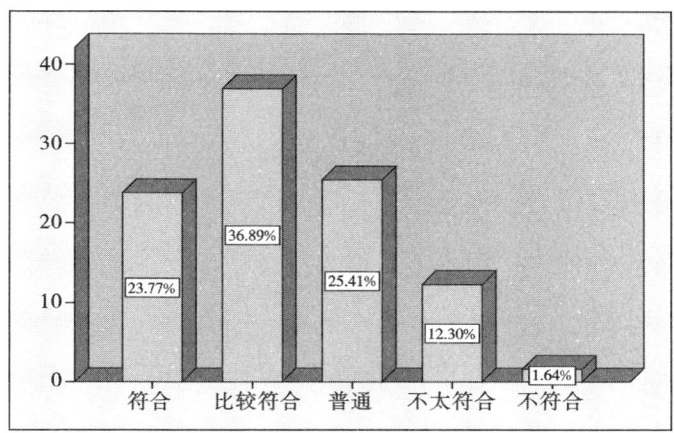

图 4-44 "课程内容理论与实践并重"的符合程度

第三,关于"课程内容反映学科的主要知识、方法论和发展前沿"的调查情况:从图 4-45 所呈现的调查结果来看,认为符合和比较符合的百分比分别为 20.49% 和 43.44%,综合两项数据,显示有 63.93% 的学生持比较肯定的态度。

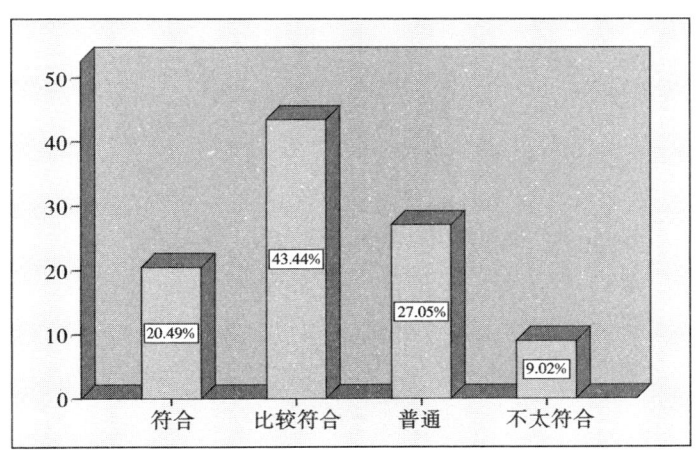

图 4-45 "课程内容反映学科的主要知识、方法论和发展前沿"的符合程度

第四,关于"通识课程能明显提高自己的科学素养和人文素养"的调查情况:从图 4-46 所呈现的调查结果来看,认为符合和比较符合的百分比分别为 26.02% 和 34.96%,综合两项数据,显示有 60.98% 的学生

持比较肯定的态度。

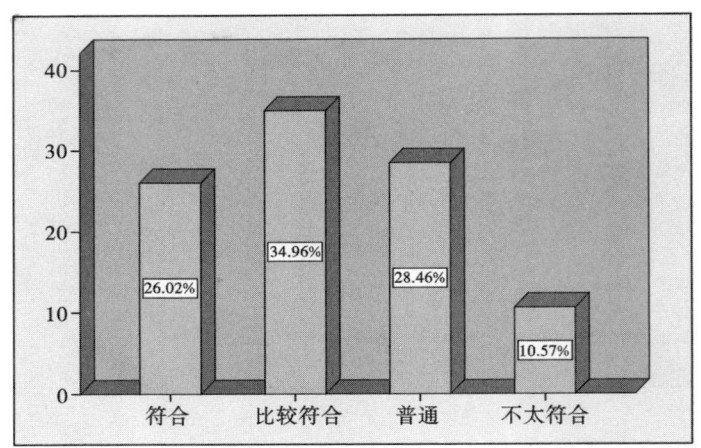

图 4-46 "通识课程能明显提高自己的科学素养和人文素养"的符合程度

从问卷中关于课程设置方式的调查情况来看,在"总体课程门类开设合理,能掌握专业应具备的知识和能力"上,接受调查的学生认可度较高。但在"课程内容理论与实践并重"、"课程内容反映学科的主要知识、方法论和发展前沿"和"通识课程能明显提高自己的科学素养和人文素养"上,认为符合和比较符合的综合百分比均在60%左右,显示"弘毅学堂"的课程设置方式仍有较大的改进空间。

（4）教学制度体系

针对"弘毅学堂"教学制度体系的特点,共设计了7个问题,分别是"学分制中必修学分要求合理"、"学分制中选修学分要求合理"、"导师与学生有定期交流制度"、"导师能因材施教,进行个性化指导"、"导师制度效果好"、"科研训练制度健全,每位学生都有充分的科研机会"和"为本科生科研提供充分的设施条件和经费资助"。

第一,关于"学分制中必修学分要求合理"的调查情况:从图 4-47 所呈现的调查结果来看,认为符合和比较符合的百分比分别为 30.33% 和 45.08%,综合两项数据,显示有 75.41% 的学生对必修学分要求持比较肯定的态度。

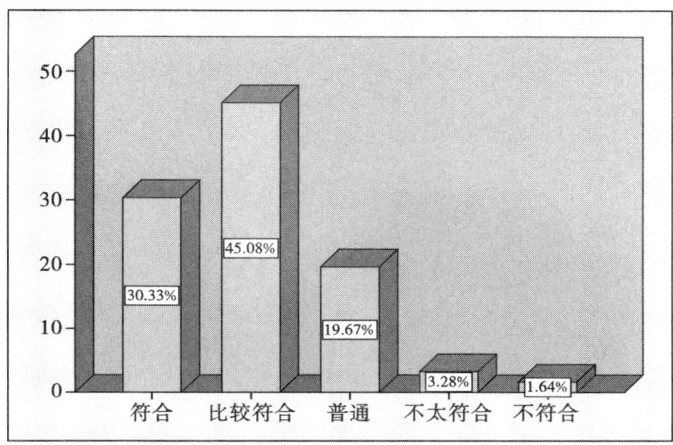

图 4-47 "学分制中必修学分要求合理"的符合程度

第二,关于"学分制中选修学分要求合理"的调查情况:从图 4-48 所呈现的调查结果来看,认为符合和比较符合的百分比分别为 29.51% 和 45.90%,综合两项数据,显示有 75.41% 的学生对选修学分要求持比较肯定的态度。

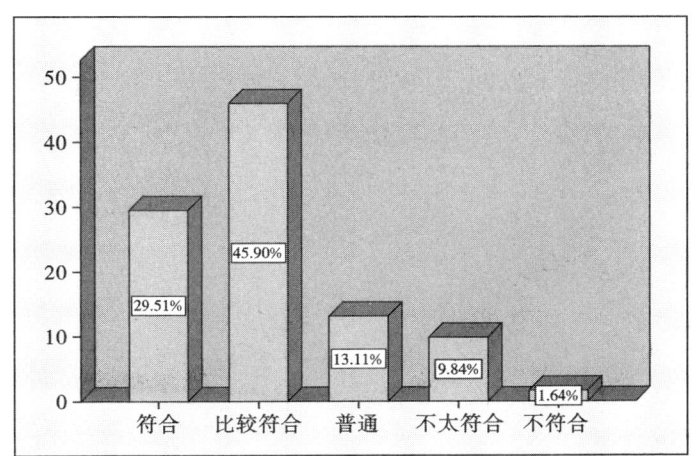

图 4-48 "学分制中选修学分要求合理"的符合程度

第三,关于"导师与学生有定期交流制度"的调查情况:从图 4-49 所呈现的调查结果来看,认为符合和比较符合的百分比分别为 13.33%

和20.00%，综合两项数据，显示只有33.33%的学生对此持比较肯定的态度。

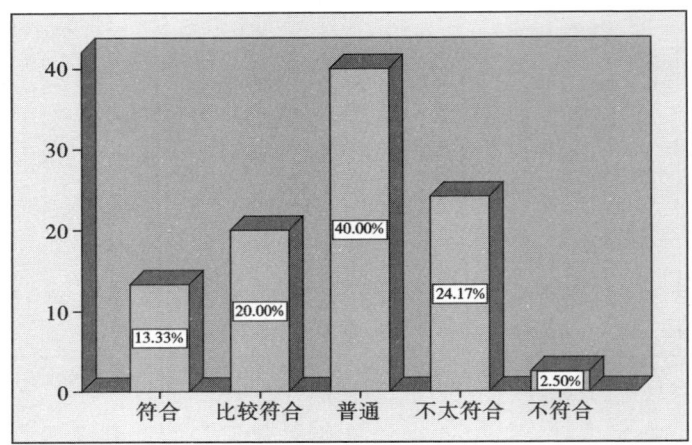

图4-49 "导师与学生有定期交流制度"的符合程度

第四，关于"导师能因材施教，进行个性化指导"的调查情况：从图4-50所呈现的调查结果来看，认为符合和比较符合的百分比分别为10.66%和26.23%，综合两项数据，显示只有36.89%的学生对此持比较肯定的态度。

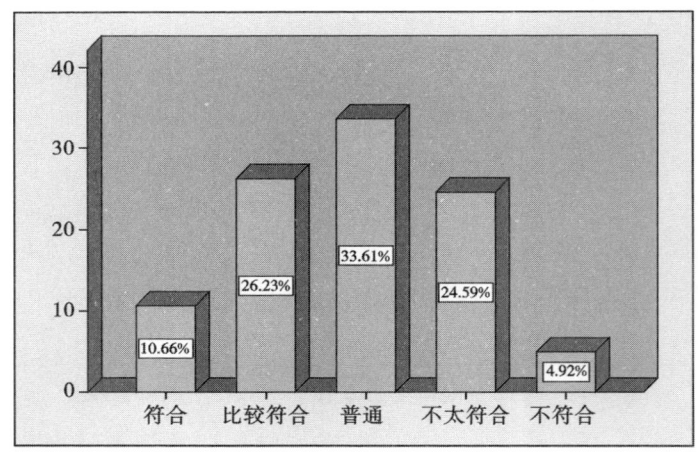

图4-50 "导师能因材施教，进行个性化指导"的符合程度

第四章 我国一流大学个性化人才培养模式的调查分析

第五,关于"导师制度效果好"的调查情况:从图 4-51 所呈现的调查结果来看,认为符合和比较符合的百分比分别为 12.30% 和 31.15%,综合两项数据,显示只有 43.45% 的学生对导师制的效果持比较肯定的态度。

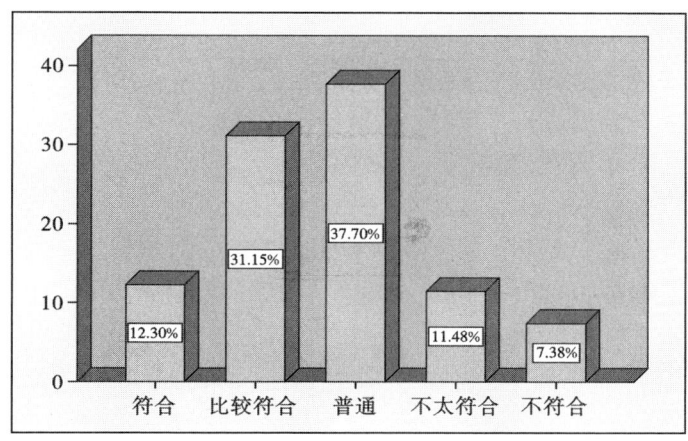

图 4-51 "导师制度效果好"的符合程度

第六,关于"科研训练制度健全,每位学生都有充分的科研机会"的调查情况:从图 4-52 所呈现的调查结果来看,认为符合和比较符合的百分比分别为 31.97% 和 37.70%,综合两项数据,显示有 69.67% 的学生对此持比较肯定的态度。

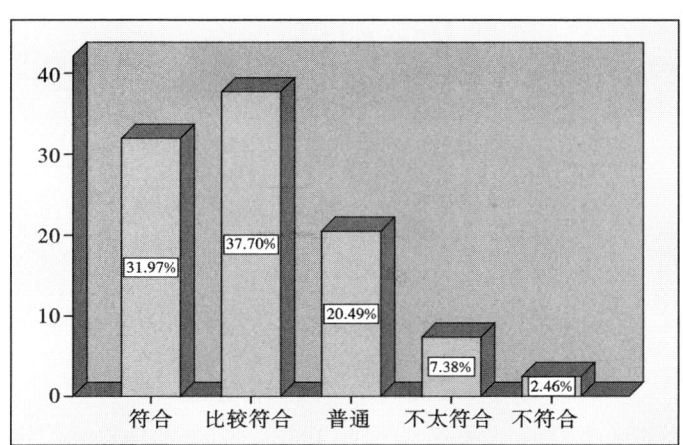

图 4-52 "科研训练制度健全,每位学生都有充分的科研机会"的符合程度

第七,关于"为本科生科研提供充分的设施条件和经费资助"的调查情况:从图4-53所呈现的调查结果来看,认为符合和比较符合的百分比分别为25.83%和30.00%,综合两项数据,显示只有55.83%的学生对此持比较肯定的态度。

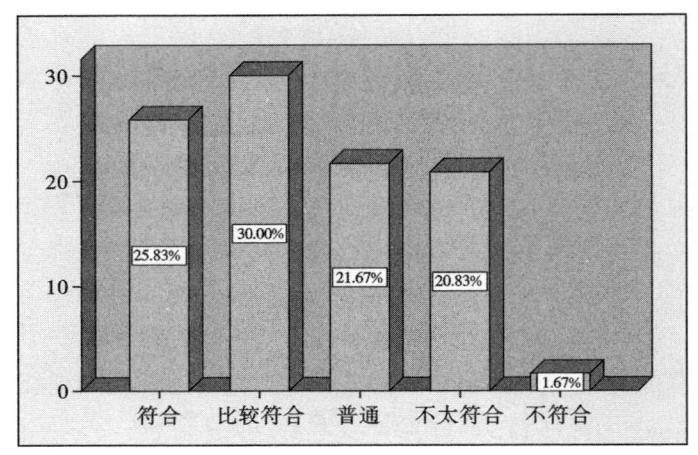

图4-53 "为本科生科研提供充分的设施条件和经费资助"的符合程度

从问卷中关于教学制度体系的调查情况来看,在"学分制中必修学分要求合理"、"学分制中选修学分要求合理"和"科研训练制度健全,每位学生都有充分的科研机会"这三项上,认为符合和比较符合的综合百分比较高,显示这三项得到了较多数学生的认可。但对于"为本科生科研提供充分的设施条件和经费资助",其认可度则只有55.83%,显示科研制度仍有待改进。

在"导师与学生有定期交流制度"、"导师能因材施教,进行个性化指导"和"导师制度效果好"上,认为符合和比较符合的综合百分比均未超过50%,尤其是前两项的认可度较低,反映"弘毅学堂"的导师制度还需大力改进。

(5)教学组织形式

关于教学组织形式共设计4个问题,分别是"教学组织形式灵活多样"、"经常举行小班研讨课"、"注重采用启发式教学"和"注重采用参与式教学"。以下是关于这4个问题的统计结果。

第四章　我国一流大学个性化人才培养模式的调查分析

第一，关于"教学组织形式灵活多样"的调查情况：从图4-54所呈现的调查结果来看，认为符合和比较符合的百分比分别为23.14%和28.93%，综合两项数据，显示只有52.07%的学生对此持比较肯定的态度。

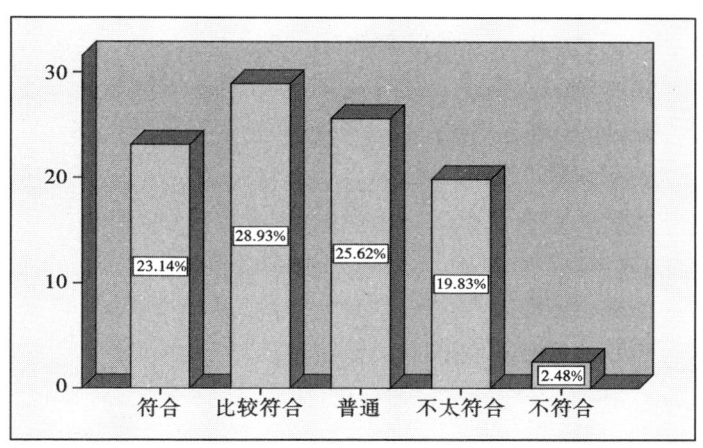

图4-54　"教学组织形式灵活多样"的符合程度

第二，关于"经常举行小班研讨课"的调查情况：从图4-55所呈现的调查结果来看，认为符合和比较符合的百分比分别为22.13%和27.87%，综合两项数据，显示有50.00%的学生对此持比较肯定的态度。

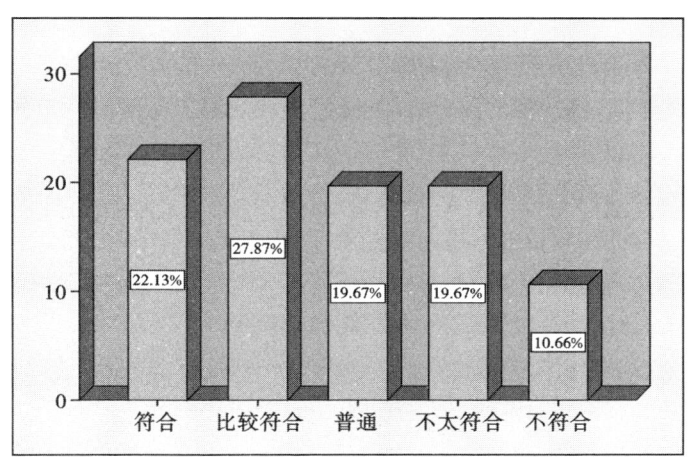

图4-55　"经常举行小班研讨课"的符合程度

第三,关于"注重采用启发式教学"的调查情况:从图4-56所呈现的调查结果来看,认为符合和比较符合的百分比分别为12.30%和27.05%,综合两项数据,显示只有39.35%的学生对此持比较肯定的态度。

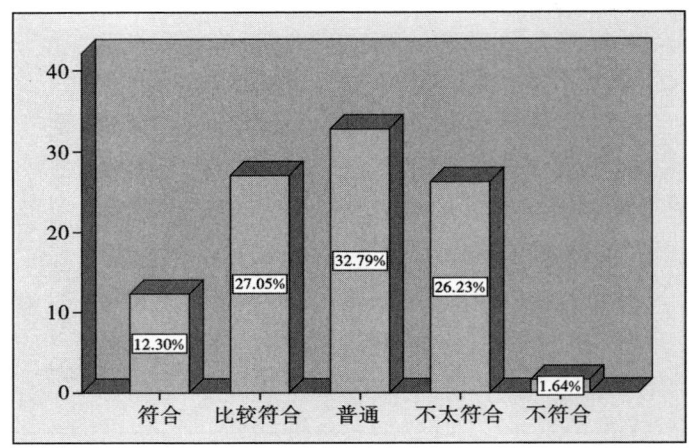

图4-56 "注重采用启发式教学"的符合程度

第四,关于"注重采用参与式教学"的调查情况:从图4-57所呈现的调查结果来看,认为符合和比较符合的百分比分别为23.08%和32.48%,综合两项数据,显示有55.56%的学生对此持比较肯定的态度。

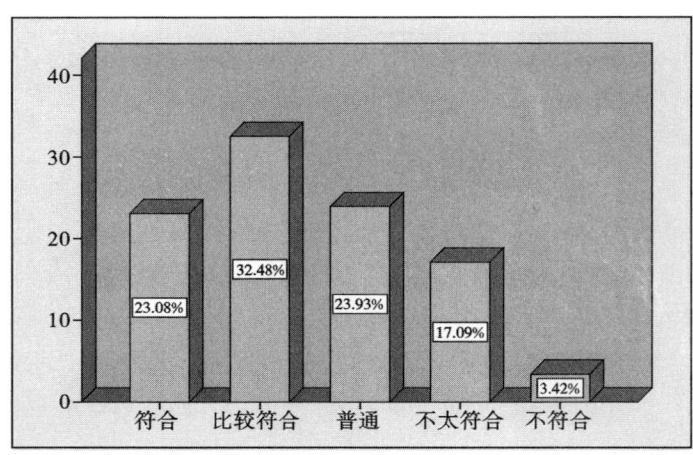

图4-57 "注重采用参与式教学"的符合程度

从关于教学组织形式的调查情况来看,"教学组织形式灵活多样"和"经常举行小班研讨课"这两项,认为符合和比较符合的综合百分比均刚超过50%,显示有接近一半的被调查学生对这两项的认可度较低,这一情况也在访谈中得到了印证,即"弘毅学堂"的学科小班中,有的班注重教学组织形式的改革和小班研讨课的探索,但有的班则在这两方面的改革探索上稍显落后。

(6) 教学管理模式

关于教学管理模式,主要调查的问题是"教学管理制度灵活,能够适应学生的个体差异"。从图 4-58 所呈现的调查结果来看,认为符合和比较符合的百分比分别为 12.07% 和 27.59%,综合两项数据,显示只有 39.66% 的学生对此持比较肯定的态度。

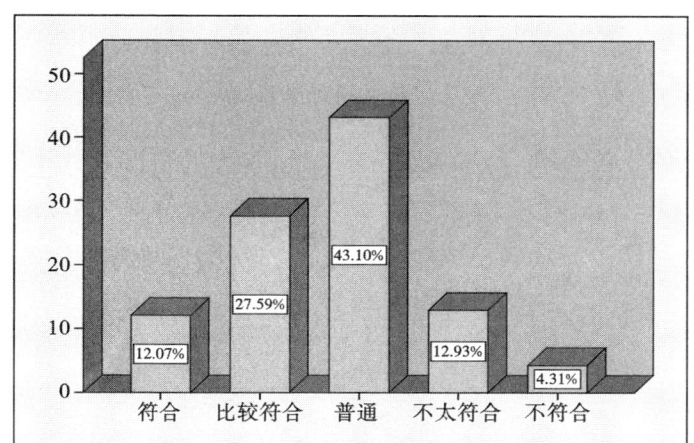

图 4-58 "教学管理制度灵活,能够适应学生的个体差异"的符合程度

从关于教学管理模式的调查情况来看,对于"教学管理制度灵活,能够适应学生的个体差异",完全认可和完全不认可的比例都相对较低,相当多的学生选择了"普通",显示"弘毅学堂"的教学管理模式仍有较大的改进空间。

(7) 隐性课程形式

关于隐性课程形式共设计了以下 5 个问题,分别是"校园文化良好,对学生产生潜移默化的熏陶"、"社团活动丰富、有意义"、"在课堂教学之外,师生之间交流管道畅通"、"在课外,在学习、生活、人际交往等

181

方面都能得到指导和帮助"和"与同班其他同学交流机会多"。

第一，关于"校园文化良好，对学生产生潜移默化的熏陶"的调查情况：从图4-59所呈现的调查结果来看，认为符合和比较符合的百分比分别为24.14%和43.10%，综合两项数据，显示有67.24%的学生对此持比较肯定的态度。

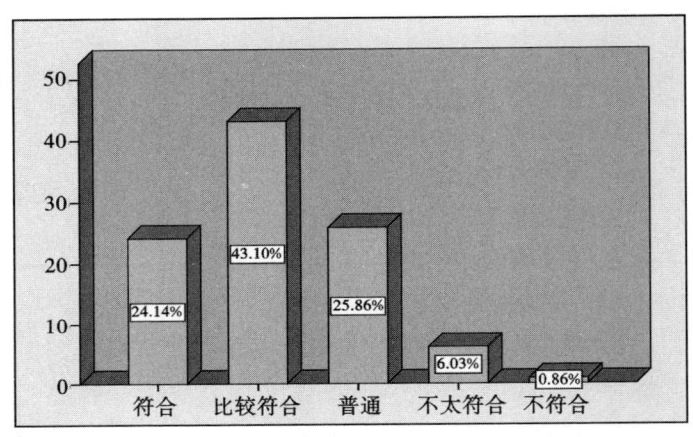

图4-59 "校园文化良好，对学生产生潜移默化的熏陶"的符合程度

第二，关于"社团活动丰富、有意义"的调查情况：从图4-60所呈现的调查结果来看，认为符合和比较符合的百分比分别为22.41%和47.41%，综合两项数据，显示有69.82%的学生对此持比较肯定的态度。

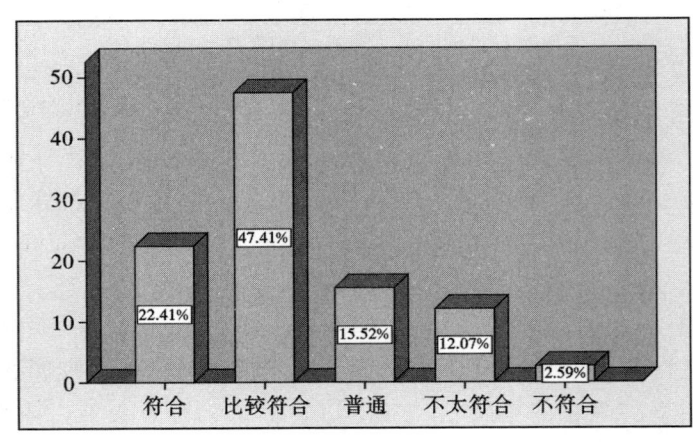

图4-60 "社团活动丰富、有意义"的符合程度

第三，关于"在课堂教学之外，师生之间交流管道畅通"的调查情况：从图4-61所呈现的调查结果来看，认为符合和比较符合的百分比分别为22.61%和39.13%，综合两项数据，显示有61.74%的学生对此持比较肯定的态度。

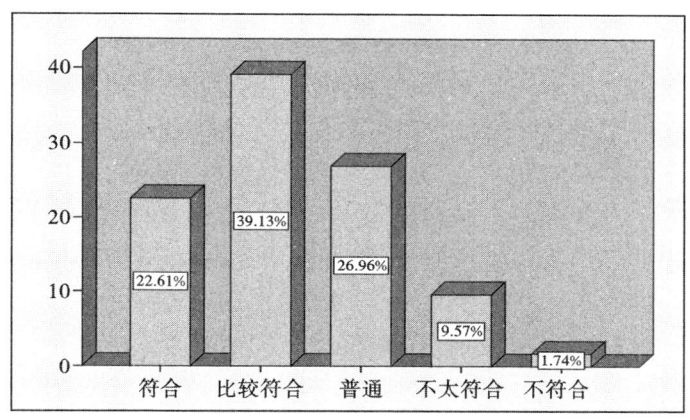

图4-61 "在课堂教学之外，师生之间交流管道畅通"的符合程度

第四，关于"在课外，在学习、生活、人际交往等方面都能得到指导和帮助"的调查情况：从图4-62呈现的调查结果来看，认为符合和比较符合的百分比分别为27.59%和45.69%，显示有73.28%的学生对此持比较肯定的态度。

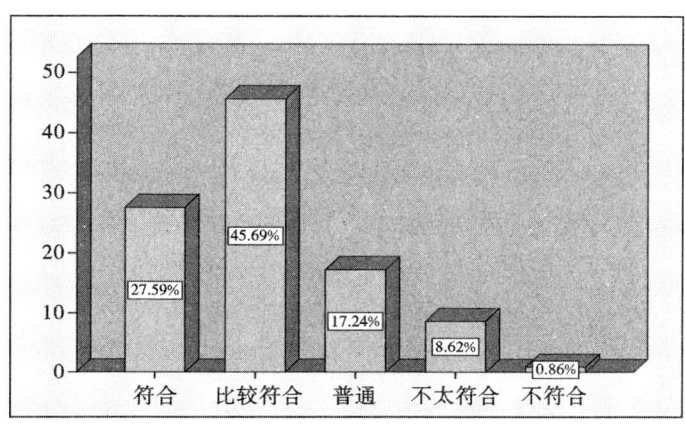

图4-62 "在课外，在学习、生活、人际交往等方面都能得到指导和帮助"的符合程度

第五，关于"与同班其他同学交流机会多"的调查情况：从图4-63所呈现的调查结果来看，认为符合和比较符合的百分比分别为8.62%和25.86%，综合两项数据，显示只有34.48%的学生对此持比较肯定的态度。

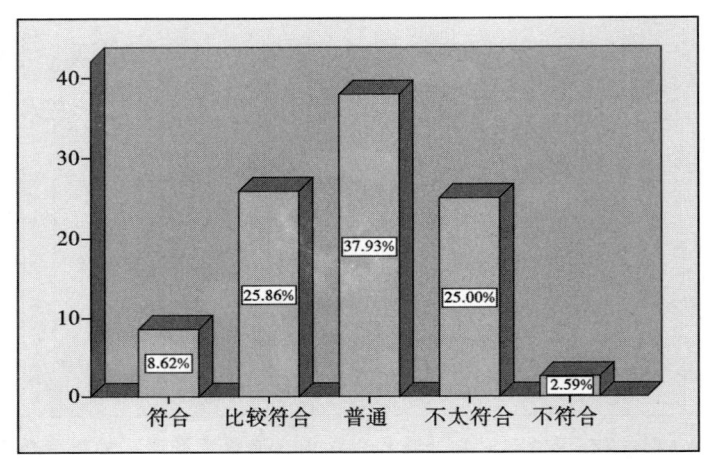

图4-63　"与同班其他同学交流机会多"的符合程度

从关于隐性课程形式的调查情况来看，在"校园文化良好，对学生产生潜移默化的熏陶"、"社团活动丰富、有意义"和"在课外，在学习、生活、人际交往等方面都能得到指导和帮助"等三项上，接受调查的学生认可度较高。

认可度相对较低的是"在课堂教学之外，师生之间交流管道畅通"和"与同班其他同学交流机会多"，反映出在师生交流以及班级归属感和凝聚力上仍有待加强。

(8) 教学评价方式

关于教学评价方式主要设计以下3个问题，分别是"教师能自主决定所教课程的考核内容和方式"、"课程考试内容重视对创造性思维能力的考核"和"考试结果能促进教师了解教学不足，改进教学效果"。

第一，关于"教师能自主决定所教课程的考核内容和方式"的调查情况：从图4-64所呈现的调查结果来看，认为符合和比较符合的百分比分别为27.59%和38.79%，综合两项数据，显示有66.38%的学生对此持比较肯定的态度。

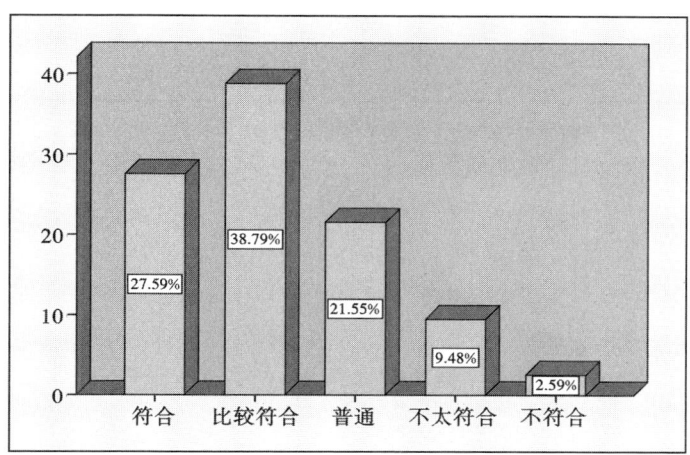

图 4-64 "教师能自主决定所教课程的考核内容和方式"的符合程度

第二，关于"课程考试内容重视对创造性思维能力的考核"的调查情况：从图 4-65 呈现的调查结果来看，认为符合和比较符合的百分比分别为 18.97% 和 33.62%，综合两项数据，显示有 52.59% 的学生对此持比较肯定的态度。

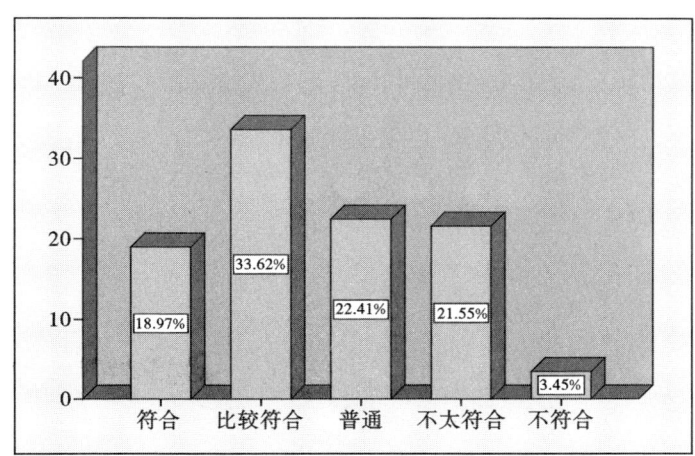

图 4-65 "课程考试内容重视对创造性思维能力的考核"的符合程度

第三，关于"考试结果能促进教师了解教学不足，改进教学效果"

的调查情况：从图4-66呈现的调查结果来看，认为符合和比较符合的百分比分别为15.52%和25.00%，综合两项数据，显示只有40.52%的学生对此持比较肯定的态度。

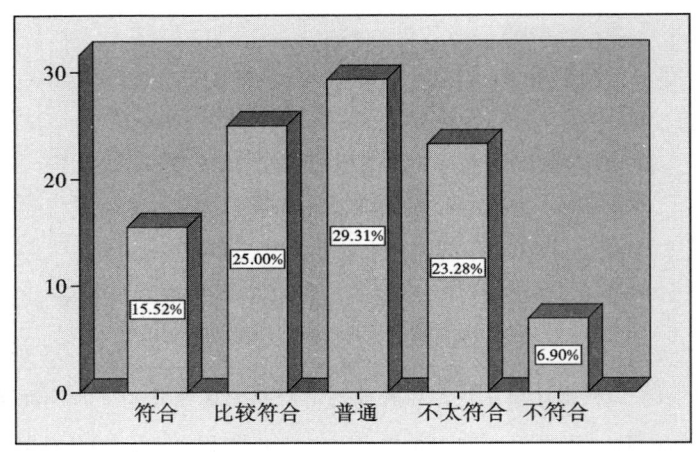

图4-66 "考试结果能促进教师了解教学不足，改进教学效果"的符合程度

从关于教学评价方式的调查情况来看，在"教师能自主决定所教课程的考核内容和方式"上，学生的认可度较高，这一点在访谈中也得到了佐证，尤其是对研讨课的教学评价方式，教师的自主权较大。在"课程考试内容重视对创造性思维能力的考核"和"考试结果能促进教师了解教学不足，改进教学效果"上，认可度相对较低，反映出在评价依据和发挥评价的反馈矫正功能上还需改进。

### 三、模式三："博雅计划"的调查结果与分析

1. "博雅计划"的基本情况

"博雅计划"所在的华中师范大学是教育部直属的全国重点大学。2007年，为贯彻落实《教育部关于进一步深化本科教学改革　全面提高教学质量的若干意见》精神，深化教育教学改革，推动构建创新型人才培养模式的进展，华中师范大学决定实施本科人才培养"博雅计划"。

（1）"博雅计划"的指导思想：博雅创新人才计划，旨在充分发挥学生的主体性作用，实行个性化的培养方案，为学生个性化的发展提供充

足的条件，促使一批优秀人才或在某方面有特长的学生能脱颖而出[①]。

（2）"博雅计划"的遴选办法：入选学生应具备以下条件：本校非师范专业二年级在籍全日制普通本科学生，综合素质较高，专业课程学习平均学分绩达到80分以上，外语水平高，具有较强的创新意识和自学能力，身体健康，立志献身于科学研究事业。

每年9月，"博雅计划"开始报名和选拔工作。依据条件，学生自愿报名与学院推荐相结合，由各院（系）统一将学生名单报教务处，学校组织专家对学生进行综合考评，从大二年级学生中选拔30~50名学生，从第三学期开始进入"博雅计划"。

（3）"博雅计划"的运行管理：学校成立以主管校长为组长的"博雅计划"领导小组，下设办公室（挂靠教务处），负责统一协调管理工作。入选"博雅计划"学生的学籍由教务处分类管理，学生每学期所修本科人才培养方案规定的各类课程的总学分不得低于25个，平均学分绩必须达到80分以上。达不到规定要求的学生被视为自动退出该计划。入选"博雅计划"的学生仍归原院（系）管理，其思想政治教育由原院（系）学工办与其导师共同进行，并组建虚拟班级，不定期组织学习交流和学习总结。

2. "博雅计划"培养模式的主要特点

（1）人才培养理念："博雅计划"由校训"忠诚博雅、朴实刚毅"得来，取其"广博"、"高雅"之意，寄托了学校对学生们拥有广博知识面和高雅素质的期望。具体来说，通过实施"博雅计划"，增加学生知识的广度，体现复合型人才的特点；培养学生的创新思维，提高学生的科研能力；力争使培养出的学生超越本科生，优于研究生，成为精英人才[②]。

（2）专业设置模式：在专业设置时间上，入选"博雅计划"的大部分学生在大一时具体专业就已确定，并从大一开始就进入专业学习

---

① 华中师范大学本科人才培养"博雅计划"实施意见（试行），华师行字〔2007〕57号.

② 刘建清，郑伦楚．重点大学复合型创新英才培养模式探讨：华中师范大学本科人才培养"博雅计划"的实践[J]．中国大学教学，2009（12）：36-38．

阶段①，"博雅计划"并不实行专业分流制度，即入选"博雅计划"的学生没有重新选择专业的机会。

在专业设置空间上，"博雅计划"并没有专业分流的制度安排，如果想转专业，必须走全校统一的转专业程序，即符合条件的学生提出申请，参加拟转专业的课程考试，考核通过方可转入新专业。一般在一年级和二年级各有一次转专业机会，对申请转专业的学生有一定的条件限制，接收专业也只提供少量的指标。

（3）课程设置方式："博雅计划"并未设置相对独立的课程体系，"博雅计划"学生的课程体系与其他普通学生几乎完全相同，只是额外增加了几门课程，如科研方法课和英语口语课。

"博雅计划"总的课程结构为：通识必修课＋通识选修课＋专业课（必修＋选修）＋自由选修课。通识必修课根据文、理、工等学科的不同特点有所区别，文科的通识必修课主要包括高等数学、计算机基础、数据库技术、中国近现代史纲要、思想道德修养与法律基础、马克思主义基本原理、毛泽东思想和中国特色社会主义理论体系概论、大学英语系列课程及体育课。理科及工科的通识必修课主要包括高等语文、中国近现代史纲要、思想道德修养与法律基础、马克思主义基本原理、毛泽东思想和中国特色社会主义理论体系概论、计算机基础、高级程序语言设计、大学英语系列课程及体育课等。具体到不同的专业，通识必修课在上述范围内则有所调整，如政法类专业的通识必修课则不包括思想道德修养与法律基础、马克思主义基本原理、毛泽东思想和中国特色社会主义理论体系概论，而是将其作为专业基础课。

通识选修课也根据文、理、工学科的不同在指定选修上有所区别，文科类要求学生至少修取12个学分，其中理科类不少于4个学分，艺术类不少于2个学分，其他6个学分由学生自主选修。理工科也要求学生

---

① 对于所有大一新生，目前华中师范大学在少数学科专业（具体包括：心理学类、经济学类、社会学类、新闻学类、美术类、中国语言类、计算机科学类）实行按学科大类招生、大类培养，到大学二年级下学期在学科大类内确定具体专业，进行专业分流。其余未实行大类招生的学科专业，学生在大学一年级进校时具体专业就已确定。

至少修取 12 个学分，其中文科类不少于 4 个学分，艺术类不少于 2 个学分，其他 6 个学分由学生自主选修。自由选修课在学有余力和不与其他必修课冲突的情况下，可以选修全校范围内开设的通识课和专业课。

（4）教学制度体系："博雅计划"的教学制度体系主要有学分制、导师制、双学位制、主辅修制、弹性学制、国际国内访学交流制等。

在学分制上，"博雅计划"实行完全学分制，各个专业毕业要求取得最低总学分在 130～160 学分范围内。以法学专业为例，毕业要求取得最低总学分为 157 学分，具体各类课程的学分分配为：通识教育必修课为 29 学分，占 18.5%；通识教育选修课 12 学分，占 7.6%；专业必修课 88 学分，占 56.1%；专业选修课 28 学分，占 17.8%。再以物理学专业为例，毕业要求取得最低总学分为 160 学分，具体各类课程的学分分配为：通识教育必修课为 43 学分，占 26.9%；通识教育选修课 12 学分，占 7.5%；专业必修课 81 学分，占 50.6%；专业选修课 24 学分，占 15.0%。

在导师制上，在进入"博雅计划"时，学生全部配备导师。导师与学生实行双向选择，学生一般是在自己所在的学科专业内选择导师。导师具体指导几名学生也根据各院系"博雅计划"学生的数量来安排。

在双学位制和主辅修制上，"博雅计划"的学生不仅可以攻读本校的双学位和辅修本校其他专业，还可以跨校修读双学位和辅修专业，这得益于华中师范大学与同城的几所教育部直属重点大学之间的跨校修读双学位和辅修专业制度。

在弹性学制上，"博雅计划"的学生可以提前也可以延后毕业，提前毕业需要达到最低学分要求和满足其他毕业条件。在国际国内访学交流制度上，并没有专门针对"博雅计划"的访学交流制度，但在学校层面有面向全体学生的访学交流项目，"博雅计划"学生如果想参加这些访学交流项目，只能与其他学生一起申请和竞争，在同等条件下，学校会优先考虑"博雅计划"的学生。

（5）教学组织形式：由于"博雅计划"单独开的课只有科研方法和英语口语等少量几门课程，科研方法课是全体"博雅计划"学生一起上课，如 2011 级"博雅计划"学生共 65 人一起上课，英语口语课则分成两个班由外教同时上课。

除掉以上"博雅计划"单独开的课，其余的通识课、专业课等课程则是"博雅计划"学生回到自己所在院系，跟其他普通学生一起上课。因此，"博雅计划"的教学组织形式主要以讲授课、习题课、实验课等为主。

对于通识课、专业课等课程，由于班级规模较大，上课主要以教师讲授为主。以教育学院为例，"博雅计划"学生所在的非师范班有45人，有时候是45人一起上课，有的课则是全院100多名学生一起上。这样的班级规模使教师在教学过程中很难关注到每一个学生，教学只能以教师讲授和知识传输为主，师生之间充分深入的交流与互动很难实现。

（6）教学管理模式："博雅计划"的教学管理实行校、院两级管理，以学院管理为主的模式。学校层面的教学管理主要由教务处负责，教务处除了对部分课程的教学进行直接组织管理外，还与各院系合作建立全校的课程教学管理系统，通过管理该系统，统筹协调全校的教学资源分配。另外，教务处还制定统一的教学规范和考核标准，管理审批大学生科技创新项目和国际国内访学交流项目等。

对于"博雅计划"，由教务处直接组织管理的主要有"博雅计划"单独开设的课程以及通识必修课和通识选修课的教学，"博雅计划"的通识必修课和通识选修课与其他学生一样，都需要在全校统一的选课系统中进行选课。"博雅计划"的专业必修课和专业选修课则由各院系进行开设和管理，每学期开始时，学生同样需要通过全校的选课系统进行专业必修课和专业选修课的选课。除了安排和管理专业课的教学，学院还要负责组织安排相应的课程考试以及学生的考核。

（7）隐性课程形式：优良的校风和学风，优美典雅的校园环境，比较严格的学生管理制度，班级集体活动以及种类较多的社团活动是"博雅计划"隐性课程的主要形式。从校风和学风来看，华中师范大学具有悠久的历史，其前身可追溯到1903年创办的文华书院大学部，1924年即在文华大学的基础上扩建为华中大学，其图书科在中国图书馆界占据了举足轻重的地位。1951年学校组建为公立华中大学，1985年正式更名为华中师范大学并由邓小平同志亲笔题写校名。在校的学子以投身师范教育事业、提高民族文化素质为己任,形成了"忠诚博雅、朴实刚毅"的华师精神,发展至今,华中师范大学是教育部直属重点综合性师范大学,入选一流学科建设高校,"211工程"重点建设大学,学校办学条件良好,师资力量较为雄厚。近年来,为了密切师生关系,华中师范大学还创立了"教授午餐会"活动,让本科生和知名教授共进午餐,增进交流。华中师范大学拥有优美的校园环境,校园里古朴典雅的建筑与优美的自然环境相映成趣,为广大学子提供了求学的理想场所。在社团活动方面,学校校园文化生活丰富多彩,学生社团活动十分活跃,"博雅大讲堂"、"一二·九诗歌大赛"、"桂子山艺术节"等成为传统的校园文化活动,并在华中地区颇具影响,为学生培养、锻炼、展现自己的才能提供了广阔的舞台。

(8) 教学评价方式:在教学评价方式上,"博雅计划"学生与其他普通学生基本相同。首先,在评价的范围上,实行过程评价和结果评价相结合,但以结果评价为主,如通识必修课和专业课平时成绩和期末成绩占比为40%和60%,但专业课也具有一定的灵活性,若平时作业较多,则平时成绩可以占50%。对于通识选修课和"博雅计划"单独开设的科研方法课,则主要以结果评价为主,以一篇课程论文作为期末成绩。在评价依据上,由于通识必修课和专业必修课都是以试卷的形式考核,这类课程主要看考试分数,对创造性思维和实践能力的考察相对不足。对于专业选修课,其考核方式虽然以课程论文为主,但也有其他形式,比如说课、研讨(教师让学生阅读一定的书籍,然后围绕这些书跟学生进行讨论的形式),因此,专业选修课一定程度上注重对学生综合能力的考核。在评价的方法与手段上,通识必修课和专业必修课期末考核主要采用考试的方法和试卷的形式,平时成绩主要采用考勤、作业、测验等方式考核。通识选修课和专业选修课主要以课程论文为主,专业选修课有时也采用说课、研讨的方法考核。在毕业考核标准上,要求通过所有课程考试、修满最低学分和完成毕业论文。对于科研创新成果和实践活动成果,并不作为毕业的强制性要求,只是作为评优评先和保送研究生时的加分项目。

## 四、模式四:"楚才学院"的调查结果与分析

1. "楚才学院"的基本情况

"楚才学院"所在的湖北大学是湖北省人民政府与教育部共建高校、湖北省属重点综合性大学。为了推进"一流本科教育"建设,探索构建高素质创新人才培养模式,提高人才培养质量,2007年5月,湖北大学正式启动楚才计划。2008年4月,成立楚才学院,并于同年招收首届新生,分别进入理科班和文科班学习。

(1)"楚才学院"的指导思想:楚才学院着眼于当代社会对人才质量规格的要求,贯彻以人为本、因材施教、博专兼容、德能并重的教育理念,立足湖北大学办学优势与特色,充分利用全校优质资源,创新培养模式,造就基础好、能力强、素质高的一流本科生,为他们未来成为极具社会竞争力的优秀人才奠定坚实基础。

(2)"楚才学院"的遴选办法:楚才学院通过在全校已录取新生中挑选、考察,并通过一学期(楚才计划理科班)或一学年(楚才计划文科班)后综合考核的办法,遴选招收2个班级共计60名优秀学生,其中文科班和理科班各30人。具体程序是:在全体已录取新生中,按2:1比例选优预录120名符合条件的学生,其中文科60名、理科60名,随其专业录取通知书,分别发放楚才计划文科班(预备班)或楚才计划理科班(预备班)录取通知书。有意向的学生在规定时间内与楚才学院取得联系,按要求填写好湖北大学"楚才计划文科班或理科班"申请表,并在规定时间内寄送至楚才学院。根据学校录取通知书要求按时到学校及专业学院报到,同时凭楚才学院录取通知书到楚才学院注册登记。到楚才学院注册登记的学生,学籍仍暂时保留在原报到的专业学院,由楚才学院统一安排住宿,分别进入楚才学院文科预备班和理科预备班学习。文科预备班学生学习一学年后,由楚才学院组织综合考核,从中遴选25名优秀学生,会同从其他普通班级遴选出的学生,正式组成楚才计划文科班;理科预备班学生学习一学期后,由楚才学院组织综合考核,从中遴选25名优秀学生,会同从其他普通班级遴选出的学生,正式组成楚才计划理科班。预备班结束后,其他同学回原学院原专业学习,也可根据湖北大学规定程序申请调整专业。

（3）"楚才学院"的运行管理："楚才学院"对学生实行以楚才学院管理为主的制度。学生工作由楚才学院学生工作部门统一管理，并按小班配备一批师德高尚、知识渊博、责任感强，同时又了解学校情况的班主任，负责指导学生优化学习方法、加强个人修养、选择专业方向等；教学工作由学校教务处协调，相关专业学院协助，由楚才学院归口管理。

2．"楚才学院"培养模式的主要特点

（1）人才培养理念："楚才学院"模式强调突出学生主体、尊重个性差异、满足学生需求，为学生自主学习、拓展研习、实习实践、科技创新和特长发展提供足够的时间与空间。通过实施分段式教育教学模式，先宽基础后精专业。前阶段，学生分别在文、理两大平台学习，课程包括公共课、特色基础课，注重培养学生自主学习能力；后阶段进行专业课程学习，突出人才培养的专业特色和个性特征，其中，基础学科类专业强调开阔的学术视野、跨专业知识结构和创新性研究能力，应用学科类专业强调学生的综合素质、复合型知识结构和创新性实践能力。

（2）专业设置模式：在专业设置时间上，"楚才学院"在本科一、二年级实行通识教育，三、四年级进行专业教育。在通识教育阶段，每位学生是带着自己在高考录取时的专业进入文科班和理科班的。但到了二年级，"楚才学院"再次实施专业分流，即每位学生都有机会重新选择专业，文科班学生和理科班学生可以分别在全校文科类专业和理科类专业中自由选择专业。例如，理科班学生可在数学与计算机科学学院、物理学与电子技术学院、材料科学与工程学院、化学化工学院、资源环境学院及生命科学学院等理工科学院选择专业。

在专业设置空间上，在二年级选定专业后，"楚才学院"学生基本上不会也不能再更改专业。原因主要有两点，一是在一、二年级的通识教育阶段，学生通过修读通识课程、本专业的一些专业基础课程，有较为充分的时间思考和发现自己的专业兴趣，在二年级专业分流时，可以选择的专业范围也比较宽，因此，在二年级专业分流后，基本上不会再出现调整专业的情况。二是在通识教育阶段，每位学生不但要修读通识课，还要依据自己的专业在所在专业学院进行专业基础课的学习，如果在专业选定后再更换专业，尤其是专业跨度较大时，学生就要面临专业基础薄弱，专业学习压力较大的情况。事实上，通过访谈我们了解到，即使在二年级专业分流时，也只有少数学生更换了新的专业。

在专业设置口径上，"楚才学院"学生的专业与其他普通学生并不存在差别。在专业选择的范围上，文科班学生可在哲学学院、文学院、政法与公共管理学院、历史文化学院、外国语学院和商学院等学院开设的专业中自由选择。理科班学生则在数学与计算机科学学院、物理学与电子技术学院、材料科学与工程学院、化学化工学院、资源环境学院及生命科学学院等学院开设的专业中自由选择。

（3）课程设置方式：在课程结构上，"楚才学院"总的课程结构为：公共基础课＋通识必修课＋专业基础课＋专业课（必修＋选修）＋自由选修课。在一、二年级的通识教育阶段，"楚才学院"的课程主要为公共基础课、通识必修课和专业基础课，在三、四年级主要为专业课，自由选修课在学有余力和不与其他必修课冲突的情况下，可以在四年当中任意时间选修，选修的内容为全校范围内开设的通识课和专业课。在一、二年级的专业基础课方面，与"张之洞实验班"不同的是，"楚才学院"文科班和理科班的专业基础课并未实行学科打通的方式，即每个学生只修读本专业的基础课。

为了加强通识教育，楚才学院非常重视通识必修课的建设，不但开设了数量丰富、类型广泛的通识课，而且实行单独上课。例如，理科班的通识必修课主要有普通化学与实验、普通生物学与实验、电工学及电路实验、地理科学概论、数学物理方法、概率论与数理统计、科学哲学、批判性思维、大学语文、中外文化导论、公关与礼仪、学术综合英语、法语、日语等。文科班的通识必修课主要有自然科学概论、概率统计、逻辑与思维、心理学、管理学、经济学原理、社会学、法学讲座、文化人类学、文学概论、中西方哲学、人文社会科学方法论、基础写作、公关与礼仪、中外文化导论等。

（4）教学制度体系："楚才学院"重视教学制度体系的建设，目前形成了学分制、导师制、双学位制、主辅修制、弹性学制、分流制、国际国内访学交流制、实习制等系列制度。

在学分制上，"楚才学院"实行完全学分制。"楚才学院"的学分制与普通学生实行的学分制存在两点差别,一是学分要求不同;二是"楚才学院"设立了一个相对独立的学分和选课系统。在"楚才学院"的学分系统中,学生选课以后,如果在课程学习中途发现自己失去兴趣或成绩不理想,可以退掉该课程及学分,不会影响到学生的学分绩点,从而为学生提供了更多的尝试和试错的机会,有利于学生发现和定位自己的专业兴趣和个性发展方向。

在导师制上,"楚才学院"的学生全部配备导师,一般是在大学一年级的下学期确定导师。在确定导师时,实行导师与学生双向选择的原则,学生主要选择自己学科方向内的教师作为导师。校方要求担任导师的教师具有教授或副教授职称,学术造诣较深,治学严谨并且责任心较强。校方还对导师提出了明确的工作量要求。导师的职责是帮助学生制订个性化的培养方案、指导学生的选课、科研和社会实践。

在双学位制和主辅修制上,"楚才学院"的学生可以攻读本校的双学位和辅修本校其他专业。在国内访学交流制度上,"楚才学院"提供了较多的国内访学交流名额和项目,并且校方负担学习费用。这些访学项目主要是以到国内一流大学学习一年或半年的形式进行。而在国际访学交流项目上,就存在项目较少、合作高校层次不高以及经费不足等问题。在实习制度上,"楚才学院"学生一般是在第三学年结束后的暑假由学校组织实习,采用集体实习的方式,具体实习单位由校方联系,实习学生由相关学科的老师带队和管理,实习时间一般为15~30天。文科班的实习一般在公司企业等单位,理科班的实习主要在工厂等单位。

(5)教学组织形式:"楚才学院"的教学组织形式以讲授课、习题课、实验课等为主。由于文科班和理科班的通识必修课由"楚才学院"安排独立上课,因此,通识必修课是文科班和理科班单独小班上课,但在上课的过程中,以教师讲授为主。

对于专业基础课和专业必修课等课程,则是"楚才学院"学生在自己专业所属院系跟其他普通学生一起上课。这类课程由于班级规模较大,上课以教师讲授为主。教师在教学过程中很难关注到每一个学生,师生之间充分深入的交流与互动很难实现。

(6)教学管理模式:"楚才学院"的教学管理实行校、院两级管理的模式。学校层面的教学管理主要由教务处负责。教务处会同各专业学院统筹安排公共基础课、专业基础课和专业课，并将上述课程安排表下达给"楚才学院"，由"楚才学院"根据上述课程安排表来安排通识必修课。另外，教务处还制定统一的教学规范和考核标准，管理审批大学生科技创新项目和国际国内访学交流项目等。

"楚才学院"的教学管理主要涉及两方面的内容，一是组织管理通识必修课的教学，二是管理楚才学院学生的学分选课系统。楚才学院的学分制独立设置，在该学分系统中，学生的选课、成绩考核与录入和评定学分都由"楚才学院"负责操作和管理。

（7）隐性课程形式：光荣的校史，较为优良的校风和学风，优美清新的校园环境，比较严格的学生管理制度，班级集体活动以及种类较多的社团活动是"楚才学院"隐性课程的主要形式。湖北大学拥有悠久和光荣的历史，其前身可追溯到1930年的湖北省立乡村师范学院，其成立的宗旨就在于当时一批先进的知识分子痛感国家贫弱，目睹农村凋敝，主张教育救国，以济时艰，开办时便设立了农事教育系、乡村教育系和乡村师范专修科，设有农业学校、农场和青山教育实验区，在校外举办了民众夜校，开创了学校与社会结合、教育与民众结合之先河。在抗日救亡运动中，始终坚定地站在爱国运动的前列，并在武汉大、中学校中发挥了较好的组织作用，在学校的历史上谱写了抗日救亡、不畏强权的光辉一页。其后又历经国立湖北师范学院、湖北省教育学院、湖北省教师进修学院等时期，经历5年停办，几度迁徙，历经坎坷，反而愈挫愈勇，艰难向前。发展至今，湖北大学以"日思日睿　笃志笃行"为校训，形成了优良的校风和自强不息、克难奋进的大学精神。湖北大学校园环境优美，"楚才学院"所在的武昌校区位于武汉市沙湖之滨，是读书求学的理想园地。湖北大学的社团文化活动丰富多彩，学生多次在全国"挑战杯"课外学术科技作品竞赛等重大赛事中获奖。学校五人制足球队自2003年组建以来连续12次获全国冠军，成为湖北大学学生社团和体育运动的品牌。

（8）教学评价方式：在教学评价方式上，"楚才学院"学生与其他普通学生基本相同。在评价的范围上，实行过程评价和结果评价相结合，但以结果评价为主,如通识必修课和专业必修课平时成绩和期末成绩一般为三七开或四六开。对于专业选修课和自由选修课,则以结果评价为主,以期末考试或一篇课程论文作为课程成绩。在评价依据上,由于通识必修课和专业必修课都是以试卷的形式考核,这类课程主要看考试分数,对创造性思维和实践能力的考查相对不足。对于专业选修课等课程的考核,其考核方式虽然有时采用课程论文的方式,但一篇课程论文很难真实反映学生的学习状态和学习成果。在评价的方法与手段上,通识必修课和专业必修课期末考核主要采用考试的方法和试卷的形式,平时成绩主要采用考勤、作业、测验等方式考核。专业选修课有时采用课程论文、实验操作等方法考核。

在实践活动上,"楚才学院"要求所有学生参加社会实践活动,并且把实践活动成果作为毕业的必需学分。社会实践活动主要以社会调研的形式进行。在毕业考核标准上,要求通过所有课程考试、修满最低学分和完成毕业论文。对于科研创新成果,并不作为毕业的强制性要求,只是作为评优评先和保送研究生时的加分项目。

# 第五章 我国一流大学个性化人才培养模式的问题及原因剖析

从调研的情况来看,我国一流大学在个性化人才培养模式的改革探索上正在不断取得进展,各个大学根据自身的传统、资源和定位,探索形成了各有千秋和特色鲜明的个性化人才培养模式,人才培养的质量稳步提高,在高等教育系统中形成了一定的示范和带动效应。在肯定成绩的同时,也应该清醒地认识到,随着改革探索的推进,各种矛盾和问题必将不断涌现,实际上,通过调研,尤其是对大量学生和教师的深入访谈,充分暴露出各个模式都存在一些亟待改进的不足和问题,本章将重点剖析这些问题并力图寻找其成因。同时,本章的研究将不仅仅局限于本书实地调研的模式,还将适当兼顾对其他模式所存在问题的分析,以进一步扩大研究的视野和提高研究的价值。

## 第一节 我国一流大学个性化人才培养模式存在的问题

### 一、人才培养理念功能弱化

这里的人才培养理念是指中观(高校)与微观(教师)层面的教育理念。人才培养理念是人才培养模式的首要因素和先导因素,对人才培养模式的构建和创新发挥着重要的引导和调控功能。但是,经过调研我们发现,我国一流大学个性化人才培养模式首先面临着人才培养理念功能弱化的问题。

1. 人才培养理念引导功能弱化

人才培养理念是人才培养的风向标和指挥棒。无论是对于揭示人才培养的内在逻辑和终极价值，还是具体指导人才培养过程，影响教师、管理人员以及学生的信念与追求，人才培养理念都发挥着重要的目标引导功能。但这种目标引导功能在被调研的几种个性化人才培养模式中出现了弱化的现象，具体表现在：一是在中观的大学层面，人才培养理念建构滞后。如今，无论是高等教育的研究者还是各高校的管理者都发现了传统本科人才培养模式忽视个性发展的弊端，在各校的本科人才培养模式改革中，都一致强调个性化培养，个性化和促进学生个性发展等字眼频繁出现在各校的政策文件和培养方案中，但是，很少有人对个性和个性发展的内涵，以及如何促进个性发展做出明确的界定和具体的规划构想，多数情况是在培养目标中以"实行个性化培养"或"促进个性发展"等只言片语来做出说明。总之，提出了明确的个性化人才培养理念的模式并不多见。这里需要说明的是，本书第四章对调研的模式培养理念的阐释，并非来自所调研的一流大学对人才培养理念明确的和正式的宣示，而是本书通过对管理人员和教师的访谈，以及对各校的政策文件和培养方案中有关说明的总结。由此也可反映出，在个性化人才培养理念上的缺失和模糊，导致人才培养理念无法充分发挥对人才培养和模式建构的目标引导功能。二是在微观的教师、管理人员和学生层面，对人才培养理念认知不清。在本书的调查过程中，有相当比例的教师、管理人员和学生对自己所参与的个性化人才培养模式的培养理念不太清楚。对人才培养理念的模糊，会导致教师和管理人员很难更新自己的人才观、教学观、学生观以及质量观，自然在教学和管理行为中也就难以自觉践行新的培养理念。学生对人才培养理念的无知，将导致培养理念难以发挥对学生正面的引导和激励功能，使他们在学习中难以获得自我发展的充足动力和明确目标。

2. 人才培养理念调控功能弱化

人才培养理念还对培养过程和培养模式其他要素发挥着重要的调控功能，但这种调控功能由于培养理念的滞后或由于培养主体的重视程度不足等原因，也出现弱化的现象，导致一些培养模式存在培养实践与培养理念偏离或脱节的情况。例如，在个性化人才培养理念上的缺失和模糊，导致一些大学对个性化培养的实质内容并不十分明确，只是借鉴其他学校的做法，然后在教学资源上适当倾斜来构建培养模式。另外，除了强调"个性化"以外，还有诸如"培养创新能力和实践能力"、"国际化"等理念，但往往人才培养理念中所强调的素质或能力，在培养实践中却由于各种原因成为短板。在访谈中，有主管个性化培养模式的院长以及学生对培养过程与培养理念的偏离提出了看法：

教师Z1①：个性化培养是一个很重要的改革方向，现在很多学校都在探索，但在个性化的内涵和理念上，这方面还需要加强研究和构建。因为有了明确而具体的理念，才能指导和控制培养过程，出现问题和偏差才能予以纠正。现在各学校实践探索的热情很高，但培养理念的建设还需要加强。

学生Z1：我觉得个性化还是不够吧，首先我觉得个性化培养应该有一些实质性的内容，而不是一个时髦的口号，我们不太清楚个性化应该达到一个什么样的目标。其次，按照我的理解，个性化应该是按照每个人的个性差异自由发展，学校在这方面也做出了很多努力，但各种限制还是有，不够个性化的地方还是存在。

学生Z2：很多素质单独培养的话，在这么短的时间内不可能培养好，与其教会我们学到了什么，还不如教我们怎么去学。培养理念里强调以实践创新能力培养为核心，但在实际培养中，这一块恰恰比较弱，现在越来越强调学习成绩了。07和08级"张之洞班"的学生曾经挂科特别多，学习成绩方面要求不高，但他们在课外创新方面做得很多，个人能力很强，没有被束缚在课程上，而我们现在特别放不开，学校会觉得挂科和自己做出来的成果完全没有关系，那我们就先保证自己的成绩，再去考虑别的事情，反而真正核心的东西被我们丢掉了，当自己想拾起来的时候，氛围所制，周围的人如果都强调一个方面，自己也不能太瘸腿，因为所有东西的获得可能都要靠那些真不是核心的东西去争取。

学生Z3：培养过程与培养理念有些地方是有偏差的，比如道德

---

① 关于访谈中的字母代号，Z代表"张之洞班"，H代表"弘毅学堂"，B代表"博雅计划"。

素质、社会责任心的培养，对这方面我们没有侧重，我们只有一个思想道德教育，基本就是讲党的知识。

学生B1：培养理念里强调的东西，在向这些方面努力，只是实现程度达不到。比如多学科交叉培养，交叉学科的话其实就是大家来自不同学科，可能在平时的交流之中或者是上课之中，让大家多交流，了解各个不同专业学生的想法和思维方式，你能获得一些不同的思维方式，真正在学科交叉培养上，并没有制度安排，并没有体现以专业为主体，实现多学科交叉培养。

学生H1：我们的培养理念里强调国际化，但我感觉国际化还是比较弱，比如我们的国际交流机会比较少，而且有的项目是自费的，学校资助比较少，很多人就不愿意去了。学校层面上机会是有，但是到目前为止，我们都不太了解这个事，所以都没有申请。我们班现在还没有人出国参加过国际交流。据我了解，北大、清华、浙大的学生，他们的交流机会就比较多。

（此处及后面所有的访谈资料皆来自本研究的访谈记录，后面不再特别注明。）

培养过程与培养理念出现偏差，既有办学条件所限以及实践探索的不成熟等原因，也有培养理念调控功能弱化，培养主体未能完全依照自己所提出的培养理念并集中全校的优质教育资源来设计和指导培养过程的原因。

## 二、专业设置模式有待完善

### 1. 专业设置时间需要调整

在本书调研的四种模式中，各模式的专业设置时间主要分为两种，一种是学生进校学习一段时间后再进行专业分流，确定具体专业后进入专业学习，这种模式以"张之洞班"和"楚才学院"为代表；另一种则是学生一进校时专业就确定下来并开始进入专业学习，中途也不进行专业分流，这种模式以"弘毅学堂"和"博雅计划"为代表。从适应学生个性差异，促进学生差异化发展的角度来说，专业分流和进入专业学习的时间应该因人而异，更加灵活，不适宜"一刀切"。因此，在制度设计上应该充分考虑学生的个性差异，为学生的选择提供便利。比较以上四种模式，"张之洞班"的专业设置时间相对合理，因为，"张之洞班"

的制度设计既可以让那些专业兴趣不明确的学生晚一点进入专业学习，又可以让那些进校时专业兴趣比较明确的学生提前开始专业学习，比较好地照顾到了学生的个性差异。相比之下，"楚才学院"模式虽然在二年级也进行专业分流，但学生前期只修读本专业的基础课，在发生专业兴趣转移选择新专业时，就面临着要同时学习新专业的专业课和补修较多的专业基础课的沉重学习负担，这迫使相当多的学生即使有更换专业的意愿，也不愿意冒险选择新专业。因此，制度设计上的缺陷使这种专业设置时间的合理性打了折扣。而对于"弘毅学堂"模式，虽然在最初参加其选拔的学生中，有相当多的学生专业兴趣已经比较明确，但通过调查发现，即使已经进入各学科小班学习了一段时间，仍有部分学生的专业兴趣并未完全确定，而且还存在学生在学习中发生专业兴趣转移的情况，一旦这种情况发生，学生重新选择的机会就比较少。对于"博雅计划"模式，其专业设置时间则不够合理，学生一进校就确定具体专业并开始专业学习，中途没有专业分流的制度设计，对于那些高考录取时专业选择比较盲目，进校后专业兴趣转移的学生，其个性差异则难以被照顾到。在访谈中，有学生对各自模式的专业设置时间提出了看法：

学生H5：最不满意的是在刚进入学校接触专业初期就开始评选，在未完全了解专业的情况下进行了选拔，若后期有转专业意向比较麻烦。

学生H6：选拔时间过早，在对大学及今后人生目标没有深入认识的情况下开始选拔，往往容易做出错误的决定。建议大学可以有一到两年的不分专业时间，让同学们能够选择自己喜欢的方向，建立发展自己的兴趣，学习一段时间后再进行选拔。

学生B2：我觉得一进校就定专业，然后四年里就局限在自己的专业内太不合理。就我了解，我周围的大部分同学都希望能够先广泛地学习不同的课程，等发现自己真正感兴趣的专业后，再确定专业。当时我们参加选拔，以为可以先不分专业，可以广泛和自由地选课学习，到了二年级再自由选择专业，现在感觉其实跟其他学生没什么区别，培养方案里有提到可以自由选修课程，然后根据自己学习的主体内容确定专业，但没有这样实行。大家肯定希望是有重新选择专业的机会。

专业设置时间过早的问题在其他一流大学也不同程度的存在,根据北京大学对本校专业设置时间的调查,很多学生认为目前专业划分时间过早,不利于根据自己的兴趣进行专业选择,有43.7%的学生认为划分专业的最佳时间应在二年级结束时,另有36.4%的学生认为应在一年级结束时,两者之和超过80%[①]。

2. 专业设置空间尚待改善

对于适应大学生的个性差异,强化大学生个性的独特性来说,提供宽松自由的专业设置空间十分重要。宽松自由的专业设置空间即应该为专业确定后的学生提供充分的专业游移机会和专业选择空间。若将大一进校时定为首次专业确定的时间(调研的一流大学在高考录取时学生都带有专业属性),从调研的个性化人才培养模式的实际情况来看,其专业设置空间可以分为两种情况:一是实行专业分流制度,为学生提供专业分流机会的"张之洞班"模式和"楚才学院"模式;二是未实行专业分流制度,学生更改专业须经过转专业程序的"弘毅学堂"模式和"博雅计划"模式。从专业选择的机会和空间来看,实行专业分流制度的模式,其专业设置空间相对更为宽松和自由,但需要进一步改进的地方仍然存在。例如,"张之洞班"模式的专业设置空间虽然相对较为宽广,但学生选择专业主要还是局限在一定的学科大类内,自由选择专业仍然是一种有限的自由。"楚才学院"模式虽然在专业分流时文科班和理科班学生可以分别在全校文、理两大学科内自由选择专业,甚至可以文理交叉,但如前文所述,由于在专业基础课上并未实行打通,学生专业选择的自由度受到了较大的限制。相比之下,未实行专业分流制度,学生转专业必须通过转专业程序的模式,其专业设置空间则限制较多,有的大学为学生转专业设置了较高的门槛,而且各校的转专业名额都极为有限。例如规定必须在原专业品学兼优才有资格申请转专业,必须参加新专业的基础课考试且在申请学生中成绩排名靠前的学生才能转到新专业

---

① 陈向明,等. 大学通识教育模式的探索:以北京大学元培计划为例[M]. 北京:教育科学出版社,2008:171.

等。有学生在访谈中对转专业也提出了看法:

> 学生 H7:我认为我们现在的转专业制度太不合理,本来我们就没有像其他学校那样到二年级自由选择专业的制度,那么转专业程序就成了我们唯一的选择,可是转专业又有很高的门槛和很多限制,比如你在原专业不能挂科,专业排名要达到多少,学校这样规定可能是觉得如果你在原专业就成绩不好,转到新专业可能跟不上,这本身就是一种怀疑学生的态度。为什么不能站在学生的角度考虑呢?我正是因为对原专业没有兴趣才成绩不好。现在情况反过来,对于那些想转专业的人,为了退出一个专业却必须先学好这个专业,这合理么?

另外,根据北京大学对本校转专业情况的调查,有40%的被调查学生有过转专业的想法,但是仅有7.9%的学生付诸行动,制约学生转专业的首要因素就是制度障碍,可行性低。38.1%的学生认为转系条件苛刻,程序繁杂,竞争性太强,而且成功的可能性很小[①]。

### 3. 专业设置口径仍需拓宽

大学的专业设置涉及学科结构、学科组织、学位设置等多个方面。我国大学现行的专业设置口径很大程度上受到新中国成立后计划经济体制下专业设置模式的影响,彼时我国高等教育全面学习苏联模式,移植了苏联的专业教育体制,并通过院系大调整,形成了以专业为中心的制度体系,对我国高等教育产生了全面而深远的影响。在专业设置上,国家根据对各类高级专门人才的需求,由教育部门统一制定《高等学校专业目录》,全国各级各类高校必须以此目录来设置专业。改革开放后,这种与计划经济体制相适应的专业设置模式愈来愈难以满足市场经济发展和人的个性解放的要求。虽然近年来我国已逐渐认识到这一弊端,强调要"改变高校长期存在的专业范围过窄、专业划分过细和门类之间重复设置的状况",并通过组织修订《高等学校专业目录》来对学科专业进行调整,但由于未能触及"行政分割主导学科专业设置"这一主要症

---

① 陈向明,等. 大学通识教育模式的探索:以北京大学元培计划为例[M].北京:教育科学出版社,2008:172.

结，仍然难以从根本上解决专业调整僵化滞后、专业面向和专业口径狭窄、专业设置比例失调等问题。另外，现代科学的发展趋势表明，新兴学科和交叉学科已经成为学科发展和重大创新的突破点，也将占领人才培养的制高点，但我国目前的专业目录还没有在目录名称和代码中为新兴学科和交叉学科留出发展空间，没有设置专门的新兴学科和交叉学科门类，难以适应学科发展、科技进步和人才培养的特点及要求。据北京大学对本校专业设置口径的调查，有相当比例的学生认为目前专业划分过细，每一专业涉及面过窄，不利于学生综合能力的培养。其中有35.5%的学生赞成集中与分配制，即不分专业，但对必须学习的学科领域和最低学分数作出规定；有30.5%的学生赞成在现有专业划分的基础上，增加辅修专业和双学位等；有15.6%的学生赞成按大学科划分专业，仅有8.3%的学生赞成维持现状[①]。在本书调研中，也有学生在访谈中谈到了专业设置口径的问题：

学生Z5：农林经济管理专业的专业口径肯定不宽呀，我听别人说，出去找工作都不说是农林经济管理专业，只说是经济管理专业，把前面两个字省略掉了。因为这个专业它的优势只能到研究生才能凸显出来，本科生没有太大优势，而且它本来也不是特别注重技术性那方面能力的培养，就是专业能力的培养，能直接适应社会需要的、对口的那种专业能力，就像会计专业，出来就可以直接做财务方面的工作。这个专业学的比较泛、比较广、比较杂，所以出来的话还真不知道是个什么情况。

学生Z6：农林经济管理专业，我个人认为它的专业课程设计还是偏向研究型，就是比较注重研究技巧和理论知识推导的那种，而人力资源管理和会计专业，他们就有比较多的应用和社会实践课程。

学生Z7：我觉得现在我们的大学本科专业，涵盖的面都比较广了，比如人力资源专业，它有人力资源培训、薪酬管理、绩效管理之类的东西，一个人力资源管理专业，它包含的方向已经足够多了。

---

① 陈向明，等. 大学通识教育模式的探索：以北京大学元培计划为例 [M]. 北京：教育科学出版社，2008：171.

但我觉得就业面越窄的专业它反倒需要学科交叉，比如农林经济管理专业、文科专业，文科专业文史哲理都要涉及，还有那些偏向科学研究的、学术性的专业，面比较窄，也需要学科交叉。

### 三、课程设置方式不够合理

1. 课程结构有待优化

首先，通识课程比重偏低，且与专业课程缺乏有效衔接。通识课程是大学层面设计的，要求学生根据课程结构的要求完成一定学分，以引导学生广泛涉猎不同学科领域，拓宽知识基础，领悟不同学科的思想和方法的重要课程门类，也是大学生发现自身兴趣志向，选择专业方向的主要渠道和依据。要判断某类课程在整个课程体系中的地位，最直接的可从校方对其学分的规定中反映出来。从国外一流大学的经验来看，通识课的比重应该至少占到总学分的四分之一左右，如哈佛大学的核心课程占学生总学分的四分之一，芝加哥大学的通识课程甚至占总学分的一半。相比之下，本书调研的模式中，若将公共基础课包含在内，公共基础课和通识选修课的学分占总学分的比例在25%左右，"张之洞班"模式甚至达到38%，上述比例似乎并不算低，原因其实是公共基础课占了相当高的比重，这些公共基础课主要为政治、英语、军训、体育、数理化和计算机等自然科学基础课，这些课程突出强调了思想政治教育和服务于专业学习的自然科学基础教育，而文学、历史、哲学等人文教育非常薄弱。因此，如果不算公共基础课，真正以通识为目的的通识选修课程仅占总学分的6%～10%。类似的情况在其他一流大学同样存在，如北京大学的通识选修课为16个学分，只占总学分的11%左右；清华大学的通识选修课为13个学分，只占总学分的7.7%左右[①]。另外，还存在通识课程与专业课程缺乏有效衔接的问题。例如"楚才学院"模式，其前期实行的是通识课程与专业课程分段开设的方式，即学生前两年只学习通识课程，后两年只学习专业课程，这种分段开设的模式不利于照顾学生的个性差异，并且造成学生进入专业教育时面临困难。学生进入

---

① 陈向明，等.大学通识教育模式的探索：以北京大学元培计划为例[M].北京：教育科学出版社，2008：83.

专业后必须把四年的专业课程压缩在两年甚至一年半的时间内完成，导致学业负担过重。这种问题也存在于北京大学"元培计划"中，"元培"学生在进入专业学习后不得不补修专业基础课，进入专业后不再上通识课程，缺乏结合专业学习同时了解其他学科知识的机会[①]。

其次，必修课程比重过高，选修课程开设数量不足。从培养大学生主体性的角度，在课程和教学上应该注重突出学习内容的选择性、学习方式的多样性、学习时间的自主性和学习过程的探索性。为此，在课程结构上，必修课程和选修课程应达到一个较为合理的比例，尤其是应开设充足的选修课程满足不同学生的需要。但通过调研发现，目前一流大学个性化人才培养模式在课程结构上存在必修课比重过高，选修课比重较低且开设数量不足的问题。在调研的模式中，必修课的学分在总学分中的比重均超过了70%，如"张之洞班"约为79.3%，"弘毅学堂"约为73.8%，"博雅计划"约为74.6%。而且，大部分的必修课集中在大学一、二年级开设，造成学生课业负担过重，没有时间根据自己的兴趣再去选修其他课程。例如有学生在访谈中谈道：

> 学生Z2：大一大二学校给我们开什么，我们就上什么，这种选择余地是不存在的，大一大二是学校规定的一个课表，因为一二年级"张之洞班"是单独小班上课，所以不可能开太多课让大家选择，那样的话有的课可能只有几个人选，就没法开了。选择的余地主要是在大三，大三的选择余地是大，但大三一年的话要完成自己所有的专业课，所以大部分还是只能从专业中选，才能保证把专业课修满。

在选修课上，其不但比重较低且开设数量不足。例如通识选修课，为了达到通识的目的，通识课程的开设原则要求在自然科学、社会科学和人文学科上都开出一定数量的课程并要求学生在每类学科上都有所涉猎。但现实往往与理想存在差距，一些大学的通识课还无法完全达到上述要求，例如"张之洞班"的自然科学类课程较少，"弘毅学堂"的人文学科类课程数量太少导致很多学生选课选不上。在专业选修课上，也

---

① 陈向明，等. 大学通识教育模式的探索：以北京大学元培计划为例[M]. 北京：教育科学出版社，2008：29.

存在类似情况，例如有学生在访谈中谈道：

> 学生B6：就我们教育学专业来说，有一个很尴尬的现象，就是我们培养方案上专业选修课很多，但实际上开设的课程并没有那么多，有的课从大一到大四就从来没有出现过，所以，在我们院，你哪怕把针对教育学专业的选修课都上完了，你的专业选修课学分还不太够，所以我们就去学一些特殊教育或学前教育的专业必修课来补我们的专业选修课学分，但是那些专业必修课有的对我们用处不大，比如我上的特殊儿童病理学，我觉得哪怕我以后从事教育学研究，对我也完全没有用，但是我们必须去学，因为我要补学分才能毕业。

> 学生H12：专业选修课可以开得更多一些，能够适应更多学生的兴趣，或者是如果某些人感兴趣，可以建议学校开设之类的，这样比较好。因为好多选修课，完全没必要开设。还有些课程就是给大家混学分的，大家去上，无非就是听说这个课老师给分很高。还有这样的课，就是大家上了一个学期，也不知道学到了什么。这样的课大部分是专业选修课。现在选择的范围太窄了，如果某个领域有很多人感兴趣，可以开设这个课，如果某门课选课的人比较少，可以把它撤了。

> 学生H13：课程设置存在严重缺陷，对于一些必要存在的课程，例如线性代数、概率统计等对于现代科学有着重要应用背景的课程，不应当采取不开设的策略，个人更倾向于在大一更多注重基础数理知识的培养，可以选择性开设诸如数理方法、量子力学初步、统计力学初步等有针对性的选修课程，甚至在一定程度上数学分析这门课程也是必要的，当然难度应当随专业进行设置。

另据北京大学对本校课程设置情况的调查，65%的学生和45%的教师认为，其必修课所占比例过大，学生负担重，没有时间选其他课程。选修课存在的问题是数量太少，满足不了学生的需要①。显示课程设置

---

① 陈向明，等. 大学通识教育模式的探索：以北京大学元培计划为例［M］. 北京：教育科学出版社，2008：27.

的知识本位倾向过重，因而在个性化和灵活性上显出不足。

其三，实践实验课程较为薄弱，交叉学科课程十分匮乏。实践实验课程对于培养大学生的实践能力和创新能力具有十分重要的意义。目前有的个性化人才培养模式在实践实验课程上积极探索，取得的成绩值得肯定，例如"弘毅学堂"化学班的综合实验课程，其课程设计的思路类似于东京大学的综合实验课程。但对于其他个性化人才培养模式来说，目前实践实验类课程在课程结构中的比重仍然偏低，虽然有的模式开设了实践性质的课程，例如"张之洞班"的第二课堂，但也只是作为理论课程的补充和辅助。对于文科专业来说，实践更多是以实习或假期社会实践的形式来进行，课程中体现的并不多。据北京大学对本校课程的调查，有70%的学生认为，学生可以参与的与课程有关的实践和科研活动（如课题、实验、调查）太少。在交叉学科课程开设上，我们则与国外一流大学存在较大差距，国外一流大学都极为重视在课程中促进学科交叉，如普林斯顿大学的科学整合课程，杜克大学的焦点课程以及牛津大学的综合性课群等。我国一流大学通常是采取在通识课程中开设一些各类学科方向的概论课，课程由教师个人通过院系申报，这种方式不利于跨学科课程的建设，大部分教师不仅缺乏开设跨学科课程的能力，而且缺乏彼此合作所需要的凝聚力[①]。

2. 课程内容急需提升

首先，通识课程的内容急需提升。从国外一流大学通识教育的成功经验来看，通识课程的内容一般要求涉及自然科学、社会科学和人文学科等人类总体知识领域，确保知识的广度与平衡，同时还要求整合不同领域的知识与思维，使学生能够弥合和突破不同学科间的沟壑和壁垒，学会融会贯通，完整地认识自然、社会和人类自身。就通识课程的建设而言，关键点之一就在于知识体系如何构建。国外一流大学对通识课程建设的重视甚至超过了专业课程，各一流大学都有经过专门设计的"品牌性"通识课程，并且综合性通识课程和跨学科通识课程已成为各大学

---

① 陈向明，等. 大学通识教育模式的探索：以北京大学元培计划为例［M］. 北京：教育科学出版社，2008：21.

通识课程建设的重点。我国一流大学的通识课程目前大部分还处于无专家进行设计、无专门机构管理、无专门经费支持的状态，课程内容有的是相关学科的概论课，有的是相关院系的专业课，主要以单科课程和理论课程为主，跨学科课程和实践课程极少。这种各类课程的大拼盘造成通识课程结构乱、内容杂、质量差，面临着教师不愿教、学生不爱学、学校不重视的窘境，通识课程在学生当中沦为混学分、捞学分的次等课程。在访谈中，有很多学生对本校的通识课程内容提出了意见：

  学生Z4：大一大二的通识课，很多都是讲解基础理论的概论性质的课程，很难引起学生的兴趣，学起来觉得很无聊。通识课程的质量偏低，老师泛泛讲解一些基础知识，比如我们管理学老师就讲你们学这些管理学原理，将来真正用到管理上的很少。所以大家对那些课程基本上提不起什么兴趣。就是在考前的话，可能复习一下，考完基本什么都忘记了。所以大一大二的课程设置，不要光是理论性的，可以多一些实践性和操作性的课程，或者是案例讨论式的开放式的课程模式。那些理论基础性的概论式的课程，可以当作课外阅读，每年规定一定的课外阅读量。

  学生Z5：通识课程的质量一般，我举个例子吧，我选的一门通识课是西方文明，上课的老师是英语老师，他是第一次开这个通识课，他的基本知识是不具备的，所以他每次上课之前是超紧张的，然后我感觉他讲的也没有什么体系，也没有什么内容，就是重复一些基本的概念，讲过来讲过去，对我吸引力不是很大。

  学生B11：通识选修课多数情况下大家有点混学分，就是挑一些比较好过的，老师给平时成绩就靠点名，最后就交篇论文。不排除有好好学的同学，但大部分就是挑一些好通过的课混一下学分，而且我们算成绩（平均学分绩）是不算任选课的，院系之间情况好像不同，但大部分院系是不算任选课的。

  其次，专业课程的内容急需提升。专业课程的内容存在三个方面的问题：一是课程内容比较陈旧。据北京大学对本校教师关于课程内容评价的调查，有73.2%的被调查教师认为课程内容没有反映学科发展前沿，77.3%的教师认为课程内容不利于培养学生的创新思维，同时，对于课程的载体——教材,有75.2%的教师认为教材质量不高,79.8%的教师认为教材没有反映学科发展前沿,78.2%的教师认为教材没有结合实际和学生关心的问题,84.1%的教师认为缺乏外文教材和参考书,83.7%的教师认为教学和实验手段落后[①]。二是课程内容过窄过专。分科课程和单科课程是我国大学专业课程的主要形式,随着时代的发展和科技的进步,大学培养出的人才须有更广阔的学科视野和更复合化的知识结构才能适应经济社会发展的要求,而过度专业化的人不但发展空间和发展潜力有限,而且一旦面临行业或职业转换,这类人将遇到极大的发展障碍。据北京大学对本校课程内容的调查,在课程内容过窄过专上,认为这一问题严重和很严重的学生总比例为37.8%,教师为25.5%[②]。三是课程内容深度不够。在调研中,许多学生认为本校开设的专业课程内容较为肤浅,在培养深厚扎实的专业知识和专业能力上效果不好。例如有学生在访谈中谈道:

学生Z5:专业核心课的话,就我上的农林经济管理,感觉就是没有学到内容吧,感觉那些知识太宽泛太杂了,没有必要在课堂上讲,自己看书就可以了,尤其是老师没有引到点子上吧。有些内容老师翻来覆去地讲,感觉没有必要。总的来看,基础课比较合理,专业核心课还需要调整,感觉上了专业核心课以后,我还是没有加深对这个专业的认识。专业核心课的课程没有体现核心的特色,没有起到核心的作用,老师泛泛讲解一些基础知识,课程没有深度。

学生Z6:我的意见是,农林经济管理专业的课程虽然可以在一年的时间内学完,但是课程的深度不够,比较浅,包括我的老师也说,我们后面一年的时间你要想学到非常深入的东西是比较难的。我们这样的班提出更高一点的要求也是应该的,如果一定程度上能达到研究生的层次,对我们应该是很有帮助的。

---

① 陈向明,等. 大学通识教育模式的探索:以北京大学元培计划为例[M]. 北京:教育科学出版社,2008:183.
② 陈向明,等. 大学通识教育模式的探索:以北京大学元培计划为例[M]. 北京:教育科学出版社,2008:192.

## 四、教学制度体系亟待健全

1. 学分制度不尽完善

学分制是以学分为计量单位衡量学生完成学业状况的教学管理制度，涉及学分管理、绩点制度、选课制度、课程体系等内容。学分制主要有四个突出特点：一是学习时间的自主性；二是学习内容的选择性；三是课程考查的灵活性；四是培养过程的指导性。对于促进学生的个性发展，学分制的优势和精髓在于提升学生的主体性，强化学生的独特性，构建因人而异的知识结构，实现差异化发展。从国外一流大学学分制的实施特点来看，学分制本质上作为一种教学管理制度，有效处理了选课制下学生学习的计量问题，通过对学习量的测度和控制来推进因材施教。目前，我国一流大学的学分制度不尽完善，主要体现在：首先，学年制为主，学分制为辅，学分制仍然是作为学年制的补充和调剂。我国一流大学学分制建立的基础并不是选课制，而仅仅是被当做一种教学管理工具自上而下实行，教学计划的安排仍然是学年制的，学分制一定程度上徒有其表，且我们现在利用的更多的是学分制的控制功能，而不是它的测量功能，学分制的最大功效没有得到充分发挥。其次，选课制下学生的选择自由度较小，学分制难以有效实施。我国一流大学在学分要求上必修课学分比例过高，在调研的4个一流大学的模式中，必修课学分占总学分的比例都超过70%，学生可以自由选择的学分非常有限。即便在学生的选修学分中，有的大学也只允许在本院、本专业、本年级的教学计划内选择课程。其三，学分管理和绩点制度上，存在学分管理刚性过强，学分绩点分配不合理等问题。例如有学生在访谈中谈道：

> 学生Z16：我觉得我们学分选是可以随便选，但选完不能退，选这个课开始觉得应该很有意思，结果一听课觉得太无聊，但是又不能退，就必须撑着把它学完，结果浪费了很长一段时间，还得应付考试之类的，本来就不喜欢，还得逼着自己学。

2. 导师制度实施不力

导师制是促进学生个性发展的重要教学制度。从导师制在国外一流大学的起源和发展来看，从最早发源于牛津大学到被世界各国一流大学所借鉴，导师制也处在不断发展中，但其精髓却始终未变，即通过一对

一、面对面的启发式、探究式和参与式教学，使学生在知识、思维、情感、精神等方面得到全面提升。导师制对于学生个性的独特性、主体性、创造性、和谐性的强化和提高是全方位的。我国一流大学个性化人才培养模式都极为强调导师制的构建，在本书调研的四种模式中，也无一例外都建立了导师制。但经过调研发现，我国一流大学个性化人才培养模式的导师制还存在不少问题。

首先，导师指导制度不够完善。导师指导制度是导师制度的核心，从国外一流大学导师制的实施情况来看，导师指导制度都十分健全和规范，如定期指导和见面制度，小组辅导制度和合作研究制度等，导师有明确的职责和教学计划。例如牛津大学通常师生一周见面一次，一次大约一个小时，学生要提前完成一篇论文，与导师见面时先陈述论文内容，然后师生间进行讨论。在本书调研的四个模式中，这种指导制度尚不够完善，往往是学校为学生配备导师后，剩下的事情则由导师和学生看着办，导师指导什么、何时指导都没有明确的规定，都没有建立师生定期见面交流制度，绝大多数情况是学生若有问题想请教导师，则可以去与导师见面沟通，导师几乎不会主动安排见面和有计划的指导学生，于是这种导师制的实行完全依赖于导师的责任心和学生的主动性。另外，由于担任导师的教师一般都是副教授或教授，他们既要忙于教学科研和行政事务，还要指导自己的研究生，使得他们很难将精力投入到指导本科生上，即便他们有很强的责任感，也往往处于有心无力的状态。如此一来，导师制的实施很大程度上依靠学生的主动性，如果学生不够主动，导师制则形同虚设。

其次，导师激励制度和考评制度缺失。本书调研的模式都未建立起完善的导师激励制度和考评制度。由此，对于大多数导师而言，相较自己的科研和指导研究生来说，指导本科生成为一种副业。缺乏外部的激励和监督，使得有的导师更加不愿意在指导本科生上花费过多心思。在本书调研中，有很多学生谈到了对导师制的看法：

> 学生Z8：导师制度不完善，没有导师跟学生定期见面交流的制度，导师效果不怎么样。跟导师交流主要靠学生自己主动去联系导师，如果不去找导师的话，相当于导师跟学生什么关系也没有，有

的大二下选了导师，可能到大三都没见过面，这种情况都有。

学生Z10：我觉得导师制不能完全靠导师的自觉或责任感，或者是学生的主动性，至少安排一个定期的或不定期的反馈或检查机制，完全没检查的话，有的导师就把学生盯死了，有的就放任不管了。我觉得还是有必要建立学生给导师打分这样的制度。导师跟学生定期交流的机制也有必要。

学生Z18：我们人力资源管理专业，除了开始选导师的时候见过导师，到后来就没再见面交流过了。因为没有用得上导师的地方，导师的指导性不是很强。

学生Z19：导师的建议还是有帮助的，像当时他们学会计的，去找导师问选课，以后发展方向啊，都给了一些好的建议。除了学习之外，也可以跟导师谈生活上的、感情上的、人际交往上的问题，就看学生是否主动了。有的导师跟学生的关系还是比较密切的。跟导师的交往，主动权还是在学生手上，导师也比较忙，我们选导师啊，一般就是教授副教授，他们平时就比较忙，除了我们之外，还带了有大四的学生，所以他们不可能对我们有过多关注。还是看导师的态度吧，他愿意负责就负责，也可能不愿意负责，因为他自己的事情也比较多嘛。

学生Z20：我选的导师到现在还没联系过，我连他的名字都忘了，对我而言，导师是个摆设吧，主要是我的原因，我感觉现在做科研太早了，一些基础都没有打扎实，我感觉导师制度不太现实吧，所以就没有去主动联系导师。你不主动去联系导师，他也不会管你，导师的作用也不大。我们也没给导师打过分。对导师制完全不了解，学校也没给我们一个专门的规章制度，说导师和学生应该怎样怎样，学校就是一句话，导师和学生双向选择。

学生H13：导师支持不明显，与导师之间几乎没有交流。不能总是我们主动去找导师啊，我们什么也不太懂，还是需要一开始的引导吧。

学生H14：我们那个实验室比较大，跟导师交流的机会比较多，不限于次数吧，就是你有问题就可以去找他。

学生 H15：导师的指导作用还比较大吧，很多时候他可能很忙，他要指导他的研究生，他手下带了很多人，他不可能有很多时间来找你，但是如果你去找导师，导师都会很高兴，跟导师交流的主动权在自己手里，如果你自己愿意主动一点的话。但是如果你自己主动性不强的话，导师也不可能有那么多时间盯你一个人。特别是有些教授，他自己很忙，他要带研究生，还要经常出差什么的。

学生 B16：导师对本科生有的时候真的是无暇顾及，靠你自己去找他，他的时间并没有那么多，跟导师没有定期见面交流机制，有什么事的话你自己去找导师，主动权在自己。不过也看导师个人，有的导师比较主动，他会主动给学生安排一些活动。

另外，据北京大学对"元培计划"导师制实施效果的调查，显示学生对导师工作的期望与实际情况之间差距较大，有 67.5% 的元培班学生认为自己从导师制中"受益不大"[①]。

3. 科研制度不够健全

科研制度是提升本科生创造性的重要教学制度，在国外一流大学，对本科生科研的重视程度在不断提高，本科生科研制度在本科生教学制度体系中的地位愈发突出，国外一流大学不仅建立了专门的本科生科研制度，还通过研究性教学、访学实习等制度不断加大对本科生科研的关注和投入。在本书调研的 4 种模式中，虽然都强调对本科生科研的重视，但科研制度建设相当滞后，某种程度上对本科生科研还停留在鼓励和提倡上，科研制度不够健全。相比普通本科生，被选拔进入个性化人才培养模式的学生更加优秀，对他们科研能力和学术水平的要求也高于普通本科生，但遗憾的是本书调研的 4 种模式都未对学生科研做出规范的制度安排和提出明确要求，科研并不是毕业的必需条件，而成为学生为了评优评先和保送研究生等功利目的的一种手段。有学生在访谈中谈到了对科研制度的看法：

学生 Z1：大学 4 年，你不拿一个国家奖项，不做一个大学生创

---

① 陈向明，等. 大学通识教育模式的探索：以北京大学元培计划为例 [M]. 北京：教育科学出版社，2008：40.

新项目，还是挺遗憾的。特别是对这种班级，还是应该有一定要求的。作为张之洞班的人，可以考虑一下这个班设计的意义，不能只是想着好拿学分毕业。

学生Z2：科研没有强制性，是有课外学分要求，但课外学分通过各种途径也能补够。考核上科研成果都是算做综测成绩，另外加分的，评奖学金用的，综测成绩不做强制性要求。科研靠自己跟导师联系参加吧。学校层面有，比如大学生创新基金等，自己申请，只要你项目做得好，通过答辩，都可以，最高可以获得两万元资助。

学生Z5：科研方面就是开了一门研究方法与论文写作的课，侧重于指导本科毕业论文方面。其他还有就是学校层面针对所有同学的科研项目，大学生创新基金项目之类的，你自己去申请。这个不带有强制性，个人自愿申请。没有专门针对我们的科研项目，科研对我们也不做硬性要求。

学生H1：科研训练制度就在于自己的主动，自己可以去联系导师，申请参加导师的课题，或者自己去申请科研项目，让导师指导。不是强制性要求。比如你对某一个方向的科研感兴趣，你去联系院里那个方向的，就是你想进的那个实验室的导师，导师一般都会同意你去他的实验室做科研。有的实验室如果人不是太多，你可以单独开一个课题，但是多数情况下你是在一个博士生的指导下做导师的课题。当然你也可以申请创新项目之类的。虽然没有强制性要求，但我觉得个人的主动性还是很重要的，如果你不想做科研，别人逼你也没有用，你去实验室也可以不做事，但是老师会鼓励你去做科研。

学生B6：科研训练制度一是开科研方法课，二是优先考虑博雅计划学生的科研立项。虽然没有强制性要求，但基本上所有的博雅计划学生都会去申请，因为既然有这样的条件和优惠，大家都有导师指导，所以大家的申报项目也不会太差，基本上所有人都会报，而且大家也都会得到项目。对于毕业，科研和实践不是必需的。对博雅班的考核，跟其他学生差不多一样。虽然学校规定，要在科研上拿到一定的科研成果，但到最后毕业，并不是每个人都能拿到。保研的话，科研成果是有加分的。

### 4. 访学制度流于形式

在全球化浪潮和高等教育国际化深入发展的趋势下，访学制度尤其是国际访学制度不仅能够开阔学生的学术视野，而且可以为学生提供广泛优质的教育资源和多样化的发展机会，为学生的个性发展提供充足的条件和空间。但通过调研发现，目前我国一流大学个性化人才培养模式的访学制度一定程度上流于形式，主要表现为三个方面，一是部分访学项目学术意义不大。例如有些项目是以参观交流或夏令营的形式到国内或国外大学短期访问，在这些活动中，往往是以走马观花的形式，达到开阔眼界的目的，学生往往觉得是游玩了一趟，学术上的收获并不大。二是访学项目过少，时间过短。访学项目过少导致只有少数同学才有机会出外访学。在本书调研的4个模式中，都没有专门为各模式设立的访学项目，只是在学校层面有面向全体学生的访学项目，参加个性化培养模式的学生必须与全校其他学生一起申请，"僧多粥少"的结果是只有极少数学生能申请到访学项目。另外，部分访学项目时间过短造成访学效果欠佳。三是学校支持不力。学校支持不力造成访学交流项目太少，无法惠及参加个性化人才培养模式的每一位学生；学校支持不力还导致资助经费短缺，加重学生经济负担，造成有的学生因无力负担访学费用而放弃访学机会。在访谈中，有学生对访学制度提出了意见：

> 学生B2：我觉得每个人都应该出去交流访学。我们博雅计划现在的交流项目在访学上没有体现得太明显，就是大家分散的，根据个人的意愿想干嘛干嘛，有时候你感觉就是去玩了一趟。

> 学生B6：每个人都有机会，学校对博雅班学生会有优惠，只是会有一部分是自费。2009级当时国内交流是免费，所以所有人都去了。但这次去美国需要自己出一部分费用，而且也不是一个小数目，所以就有人不去了。也就是机会有，但并不是所有人都愿意去。

> 学生Z1：学校层面有国际国内访学的项目，但没有专门针对我们张之洞班的项目。想去只有自己申请，全校一视同仁。

> 学生H2：没有专门针对弘毅班学生的访学项目。自己去申请学校层面的项目。就是说学校层面上机会是有，大家去申请的话，学

校会优先考虑弘毅班的学生。如果申请到了交流机会,你向院里申请经费,院里一般愿意支持。但是到目前为止,我们都不太了解这个事,所以都没有申请。我们班现在还没有人出国参加过国际交流。交流的机会确实比较少,去年国家经委有一个项目,倾向于我们弘毅班,但是最后整个学校获得资助去的也就1个人。

学生H18:在我看来,弘毅班培养模式的国际交流机会不多,而且时间较晚,多在大四,那时候很多同学的目标已经定型了,所以建议有更多的国际交流机会,建议增加出国交流项目的交流学校、交流名额,适当增加对应教育投入。

5. 实习制度效果欠佳

实习制度是本科生实践教学的重要环节和教学制度体系的重要组成部分,对于提高学生的实践动手能力和解决问题能力有重要的作用。但本书通过对4所一流大学个性化人才培养模式实习制度的调研发现,无论是在实习的形式还是内容上,都存在一定的问题,导致实习制度的效果欠佳。

首先,从实习制度实行的形式来看,主要是以集中实习的形式,造成实习资源短缺。各校通常是在第三学年的暑假安排学生集中实习,由老师带队,去有关工厂企业、养殖基地等进行10~20天的实习。这种实习形式虽然有集中统一、便于管理的优点,但缺点是将有限的实习资源进行最大程度的分割,造成每个人获得的实习资源变得非常少,实习环境的有效性和充分性都打了折扣,实习效果难以保证。另外,学生实习虽然有老师带队,但老师往往只是负责管理学生和联系实习单位等工作,能够有效指导学生实习的指导教师非常匮乏。

其次,从实习制度实行的内容来看,学生参与动手实践的机会较少。有很多的实习是听讲座、观看演示讲解、观摩生产流程等内容,真正有机会进行实际的动手操作和实践的机会较少,更几乎没有参与到企业工厂的问题诊断和技术攻关活动中的机会。另外,据有关对一流大学工科本科生实习情况的调查显示,有50.6%的被调查学生的实习内容是参观,65%的学生的实习内容是听企业人员作报告,只有8.2%的学生是生产线下操作,10.3%的学生是生产线上操作。在实习的交流指导上,能够经常与学校和企业的指导教师交流的学生分别只有 28.6％ 和 36.9％[①]。

### 五、教学组织形式面临革新

教育在很大程度上就是引导和组织受教育者的活动,从促进学生个性发展的角度,如果我们注重提高学生在教育活动中的主体性,承认学生的活动是他们个性素质发展的基础,那么就必须看到教学组织形式影响甚至决定着教育教学的效果与质量,对学生的个性发展具有不可忽视的重要意义[②]。无论是国外一流大学还是国内一流大学,班级上课制都是基本的教学组织形式,但国外一流大学为了避免班级上课制不利于照顾学生的个性差异和对学生进行个别指导的缺点,采取了诸如严格控制班级规模,大量开设小班研讨课和辅导课,以及导师个别教学指导等措施,有力地保障了教学质量。对于我国一流大学个性化人才培养模式的教学组织形式,从本书调研的情况来看,存在着亟待革新的问题。

首先,本书调研的 4 个模式,其教学组织形式仍以大班上课为主,小班教学的比例仍然较低。按照本书调研的实际情况,小班教学是指个性化人才培养模式的学生独立上课,人数在 30 人以下的教学形式。在 4 个模式中,采取小班教学形式的课程均未超过全部课程比例的一半,采用小班教学形式比例较高的"张之洞班",其前两年的专业基础课和通识必修课均实行单独小班教学,以学分计算的话,采用小班教学的学分也只占总学分的 33％左右。采用小班教学形式比例较低的是"楚才学院"模式和"博雅计划"模式,前者只是通识必修课采用小班教学,后者的比例最低,严格说来只有英语口语课一门课采用小班教学的形式。

其次,部分大班上课的班级规模过大,教师主宰课堂,难以照顾学生的主体性和个性差异。有相当一部分的课程是由不同院系的学生共同上课,例如公共必修课、通识必修课和选修课等,上课人数动辄上百人,有的专业课则由同一院系不同专业的学生一起上课,人数也往往有

---

① 刘兆青,陈敏. 基于情境认知理论的工科生企业实习现状研究 [J]. 高等工程教育研究,2013(2):170-175.

② 王道俊,郭文安. 教育学 [M]. 北京:人民教育出版社,2009:19.

七八十人，这样的课程便于教师集中统一讲授，但教师难以关注到每一个学生，深入的师生互动更无可能。

其三，小班研讨课开设数量严重不足。小班研讨课是实现启发式、探究式和参与式教学的重要教学形式，国外一流大学无不重视小班研讨课的开设。但本书调研的模式中，明确在课程中开列小班研讨课，并真正实行研讨教学的只有"弘毅学堂"化学班，其他模式也强调通过小班上课改变传统的教学方式，但真正的研讨课数量仍然十分不足。

其四，传统教学方式难以改变，教学质量堪忧。在采用大班上课的教学形式时，由于班级规模过大，不得不采用以教师讲授为主的传统教学方式，满堂灌的现象甚至十分普遍。即使采用小班教学形式，部分教师一时也难以改变自己的教学观念，教学方式无法适应个性化人才培养的要求，教学质量堪忧。

有许多学生在访谈中谈到了对教学组织形式的意见：

学生Z1：教课老师的质量越来越差，一年不如一年。最开始的时候每一个方向基本上都是最顶尖的老师过来教，到后来有一种应付的感觉。有的老师甚至师德都有问题。学校在选择教课老师的时候是怎样一种态度？之前有一些教授给本科生上课，但现在越来越敷衍。这里面有个原因就是给我们这种小班上课的话，老师的工资也少些，工资是按人数算的，想教小班的老师也不多，来教的可能就是想放松一下，学校就是根据老师意愿，最开始的时候，比较重视，找那些教得比较好的老师来教课，到后来，有好多老师想教大班，就不一定想教我们。

学生Z2：老师的教学是在改变，但是看某个老师的性格吧，有些老师可能特别注重，有一些可能就是完全没有在意。但有些课像管理、社会学之类的，当时就是采取讨论案例的方式，就一个问题共同探讨。我觉得还是这种探讨式的方式好，如果你参与讨论的话，你对知识的理解就会更深一些，自己也愿意下功夫，等大学毕业了，自己真正学到了，才是自己的。所以我们对那种满堂灌的方式，兴趣不大。其实我们非常在意老师的授课方式和授课效果。从全校来看，肯定是满堂灌式的教学多，尤其是上专业课以后，有时候是三四个班一起上，老师最多也就是上课提个问题，真正大家一起参与讨论的，没办法实行。

学生 Z4：因为我们是小班上课，很多老师的教学原来可能是传统的，但是看到我们班小，就愿意改变一下自己的教学方法。比如小组讨论，上去发言，像我们法学课，每一节都有同学上去讲，讲讲自己搜集的案例，然后分析一下，一般是同学自愿，谁想上去讲就上去讲，然后大家围绕这个案例讨论，老师最后再进行一下点评。总体来看，前两年探究的教学方式多一些。当然是探究式的教学方式好，喜欢传统教学方式的肯定不多。

学生 Z8：有的老师教学还是满堂灌，有的老师就比较注重跟学生互动，就是上课提问，把学生上课发言次数作为一个考核。我们是小班教学，但大部分老师还是很少跟学生互动，就是老师一个人讲。还有就是有的课程任务比较紧，老师要赶进度，没有时间跟学生互动。

学生 B6：教学有好有坏吧。有的课，老师讲的完全提不起学生的兴趣，学生也不想听，上课比较枯燥。大部分的课可能还是以老师讲为主吧，学生跟老师的互动挺少的。最尴尬的是，因为我们是学教育学的，老师上课的时候跟我们讲某个教学方法比较好，但老师自己都不用这个方法，让我们怎么知道这个方法有多好。

学生 B18：现在大部分的课还是满堂灌式的教学，老师从头讲到尾，很少跟学生互动。上大课的话，老师不可能把精力关注到那么多人身上。博雅计划这边的课只有英语口语课和科研方法课，是博雅班的人单独上。其他的专业课都是与教育学专业一起上。我们非师范班就有45个人，有时候有全院一起上的就是100多人。

## 六、教学管理模式刚性过强

民主化管理的程度较低是目前我国高校管理中最突出的问题，尽管很多高校提出了"实行民主管理"的口号和目标，但用行政权力专断决定的方式在不少高校中依然是最基本的管理方式，甚至这种方式在一些高校还有加强的趋势，"民主管理"较多停留在口头或形式上，由此造成学术权力长期积弱，广大师生参与民主管理的权力被削弱，师生的教学主体地位旁落，教学自主权难以保障，严重压抑了师生进行教学改革的积极性，阻碍了高校的学术发展和人才的脱颖而出[①]。我国高等教育实行学院制改革以后，目前大多数高校，包括本书调研的几所一流大学，在教学管理上均实行大学和学院二级管理。本书所调研的个性化人才培养模式，由于它们均挂靠在相应的专业学院，其教学管理也实行这种校院二级管理，其管理模式在很大程度上与其他普通学生的教学管理相同，虽然这种管理模式较之以前有很大的改进，但仍存在刚性有余而柔性不足的问题，难以适应个性化人才培养的要求。

首先，在管理理念上，传统教学管理的理念难以适应个性化人才培养的要求。传统的教学管理依据的是计划经济时代的专业化教育理念，与专业化教育相适应，其特点是使用刚性划一的教学计划，采用单一模式、集体管理、统一要求，学生难以做到主动积极地发展，这样的教学管理理念与个性化人才培养强调的独特性、主体性、创造性的发展不相适应。再加上本书调研的个性化人才培养模式基本上都挂靠在各专业学院进行主要的教学管理，而专业学院的教学管理更加强化了专业教育的特征，由专业学院主要负责个性化人才培养模式的教学管理自然存在不适应之处。

其次，教学管理制度建设难以适应个性化人才培养的要求。现行的教学管理制度主要以管理者为本位，以教学控制为中心，一定程度上限制了学生的学习自由。在自由选课制度上，目前学生选课的自由度仍然有限。虽然本书调研的模式都宣布可以在全校范围内自由选课，但由于教学管理制度上的制约，造成学生选课的自由度较小，例如"张之洞班"前两年实行小班独立上课，因此，为了避免出现选课人数过少的情况，前两年就主要安排大量的必修课程统一上课，未给学生提供充分的按照自己的兴趣、知识和能力差异进行自由选课的空间，另一方面，由于课业负担较重，学生也没有较多的空余时间去选修自己感兴趣的课程。在班级管理制度上，由于"专业"占据主导地位，班级划分依然是

---

① 叶澜. 深化中国高等学校内部管理体制与运行机制改革的研究报告[J]. 教育发展研究，2000（5）：9-13.

按照专业划分的固定的自然班，课程安排、教学管理也由专业决定，这在一定程度上造成教学管理制度的僵化，不利于适应学生的个性差异。本书调研的模式均有不同程度的体现，例如"弘毅学堂"专业小班不能进行自由转班或跨班学习，"博雅计划"和"楚才学院"基本上是随本专业的固定自然班一起上课，按专业进行教学管理的特征十分明显。在对教师教学的管理上，还存在对教师课堂教学的限制较多，教师的教学自主权不足的问题。例如，在本书调研的模式中，有的学校教务处规定教师上课必须做PPT课件，上课不能将学生带出教室以及规定课程考核的形式方法等，这种过度的限制压抑了教师进行个性化教学的探索热情，使教师很难根据学生的学习状况和课程特点灵活安排和调整教学。

其三，教学管理方法难以适应个性化人才培养的要求。校院二级分段管理的教学管理方法，往往使学校层面的教务处和专业学院权责划分不明，甚至造成互相推诿的情况。个性化人才培养模式所挂靠的专业学院，有的由于对个性化人才培养的意义认识不足，重视不够，形成了一种附带管理的心理，对个性化人才培养模式的教学管理不够积极主动，甚至认为个性化培养模式的学生不是本院的学生，产生冷漠和歧视心态。如在本书调研中，有的学生反映，自己为了选课的事情，被学校教务处和所挂靠学院的教学办公室互相推诿，自己感到无所适从。还有的学生反映自己被专业学院的老师和同学歧视等。在本书访谈中，一些教师和学生对教学管理模式提出了意见：

> 管理者Z1：我们现行的教学管理与个性化培养模式有很多不适应的地方，原因其实是"专业"依然是大学教学和管理的基本依据，教学计划和课程都是专业决定的。专业不仅仅是对知识领域的划分，它还牵扯到专业背后存在的实体，也就是学生、教师、经费、教研室、实验室等，涉及很多利益，在改革教学管理模式上，肯定要涉及组织实体的利益，所以困难比较大。

> 教师C1：老师投入教改的积极性很大程度上是由学校来引导的，对老师的考评标准不改革，对教学没有相应的激励措施，学校的很多建议就很难由老师去落实。比如考试，学校建议采用多种方法，加大平时成绩分量，淡化期末考试，但有的老师不愿意费时费

力，考试还是倾向用卷子统一考，觉得方便省事。

学生C1：我们楚才学院的教学管理存在界限不明的问题。由于我们是带着专业进到楚才学院的，对楚才学院缺乏归属感，但是我们毕竟是楚才学院的学生，我们评优评先都是在楚才学院，所以要求我们出去搞什么活动都必须以楚才学院的身份。在专业学习科研上我们平时是和专业学院的老师一起，如果有合作的科研成果或拿了奖项，如果你挂楚才学院的名，那专业方面的老师肯定不高兴。我现在做一个"挑战杯"的科研活动，是和专业学院的老师一起做，他就问我，你到底是资环（资源环境学院）的学生还是楚才学院的学生，我就不好表态，在导师面前只能说是资环学院的学生。在做科研的时候，我要用资环学院的实验室，但实验室的老师不是我的老师，他是资环学院的实验员，你要跟他合作的时候，他肯定会问你，你是哪个专业的，我又得撒谎说我是资环学院的。另外，现在很多学院出台什么规章政策的时候，都在下面注明一条："楚才学院学生除外"，因为不知道你到底属于哪里，你的性质不明确。还有，我们去专业学院请老师指导的时候，如果这个老师有点私心的话，他会想这个学生是楚才学院的，以后要回到楚才学院去，他给我们的帮助就会比给其他专业同学的少。

学生Z4：因为教务部要考核，我们老师总是说，我们改变一下教育形式怎么样，改变一下考试方法怎么样？我得先向教务部问一下，结果最后就是不行，不能把学生带出教室，不能私自更改考试方法，不能免考，每次还要点名，一个学期点三次，管得太死了。还有要求每个老师都必须做PPT，而且必须要做成什么样子。因为我在武大上课的时候，有好些老师是不做PPT的。老师要想改变考试方式，必须要跟教务部申请，有的能批准，有的就不行。我们应用写作的课，老师让我们到学校里面去找标语之类的材料，最后因为教务部不同意，还是得回到教室来上课。还有一门管理思想史的课，老师在考试上倒是做出了一些改变，出卷子的时候只出了三道题，最后一道题50分。其实就是内容可以小改，但形式非得是用卷子让你考，老师的自主权其实很小。

### 七、隐性课程建设重视不够

大学生活是丰富多彩的，学生获得的教育经验也应该是多方面的。大学教育更应使学生摆脱课堂教学的局限，使他们从校园生活、人际交往以及各种文化活动中接受熏陶，以弥补显性课程之不足。隐性课程与显性课程有着内在的互补关系，只有隐性课程和显性课程彼此支持、相互补充、辩证地联系起来，才能促进学生个性的全面和谐发展。隐性课程虽然具有内隐性，但却是可以有意识加以规划和开发的。从本书调研的情况来看，隐性课程建设还未得到足够的重视，具体体现在两个方面：首先，本书调研的一流大学在提出构建个性化人才培养模式时，所出台的各种规章、政策以及方案中，均未提到隐性课程的重要意义，更未对隐性课程的开发建设作出专门规划。其次，由于在大学层面未对隐性课程建设作出具体规划，导致各校的隐性课程处于一种自发性和粗放型的状态，无论是隐性课程自身单独发挥育人效应，还是与显性课程配合上，都未达到应有的效果，甚至一些消极的隐性课程还抵消了显性课程的效果。例如，从组织—制度层面的隐性课程来看，在管理制度上，一些大学的管理并未能体现以生为本的理念，在制定和调整个性化人才培养模式的培养方案时，几乎都是由校方单方面决定，未能充分听取和采纳学生的意见建议，不利于提高学生自主设计和规划学习进程的能动性和自主性。学分制和课程结构的不合理，导致学生选课的自由度有限，同样抑制了学生能动性和自主性的发展。从文化—心理层面的隐性课程来看，在师生关系上，由于导师制的缺陷，部分导师与学生关系疏远，适应学生个性差异，促进学生差异化发展的因材施教难以实现，学生也没有充分的机会在创新精神、创新能力、人格魅力上得到导师近距离的感染和熏陶。在生生关系上，本书调研的模式都存在模式内学生交往不够和模式内学生与专业同学之间交往不够的问题，导致模式小班的学生之间互相不熟悉，并与专业同学产生隔阂，无论是对于模式小班还是专业大班，都难以建立归属感。师生交往和生生交往对于培养学生健全的人格、实现个性的和谐发展具有十分特殊的意义，雅斯贝尔斯把交往作为大学的四项任务之一，认为其他任务的完成需要依靠师生之间和生生之间的交往。但现实中这种交往的不足极大影响了学生个性的和谐发展。在本书调研中，有许多学生对隐性课程提出了意见：

学生Z11：课堂教学之外，张之洞班的学生交流的机会比较少，我们曾经建议搞一个我们专属的活动室。在住宿方面，张之洞班的学生是一个年级的住在一起，但是大一的学生在入校的时候没有安排单独的宿舍，他们有一年的时间是跟别的专业住在一起，所以团体意识不强，没有归属感。

学生B16：博雅班的班级交流真的不太多，虽然有定期交流的规定，但仅仅是将大家聚在一起来听个讲座，我觉得在各个专业同学身上学到的东西其实有时候比在课堂上学的东西更有用一些，毕竟大家来自不同的专业，思维方式都不太一样。班级的归属感和凝聚力不是很强，而且有时候组织聚会，因为各种原因也聚不到一起。大家更倾向于说我是某个院的，平时的交往圈子比较小，甚至有的同学的名字都不知道。

学生C5：楚才学院的学生存在人缘困境，因为你在楚才学院又在专业学院，别人自然会说，这个人是楚才学院的，不是我们专业的。这对个人的影响是最大的，如果你人缘好，别的同学表面上不说什么，其实心里还是有隔阂，如果你人缘不好，别人就会有语言性的伤害。学校对我们的宣传不到位，你在学校里走，你看不到任何关于楚才学院的宣传。

学生Z18：在社团活动方面，我觉得有一些是很好的，但有一些是形式化的，没有意义的，到最后都没人参加。作为参与者，我觉得大多数社团活动没有意义，存在的必要性不大，它的受众太小群体了，对一部分人可能吸引力很大，对大多数人没有太大吸引力。有一些是任务式的，为了社团的存在而举办活动，有些是组织者为了自己利益的考虑，比如为了评优报材料之类的，没有太考虑活动的意义。但有一些比如支教，还是有意义的。

## 八、教学评价方式亟待改革

教学评价方式不仅是检验学生学习效果的手段，而且在适应学生的差异化发展，激励和引导学生在德智体美等方面和谐发展，提高学生创造性等方面发挥着重要作用。本书通过调研发现，目前我国一流大学个性化人才培养模式的教学评价方式还存在一些亟待改革的问题。

1. 评价目的偏颇

反馈、矫正和调控教学与学习是教学评价的根本目的，但本书调研的情况反映出，在教学评价目的上目前存在重鉴别、评定和淘汰目的，轻反馈、矫正和调控目的的倾向。由于教学评价目的对教师的教学和学生的学习具有导引和调控的作用，因此，评价目的偏颇对个性化人才培养模式的影响是全局性的，它使教师的教学和学生的学习悖离个性化培养的理念和要求，导致一些个性化培养的理念与制度面临落空的危险。从具体层面来看，如将考试成绩和班级排名与学生评优评先、升学、入党、就业等紧密捆绑，使评价目的功利化，造成学生重考试分数轻能力素养，考试从检验学习效果的手段变成了学习的终极目的。另外，考试的反馈目的被忽视，考试结束后，教师通常只需将成绩报送就算完成任务，基本上不会对考试结果进行分析和研究，不注重考试信息的反馈，更未对学生做出个性化的评价和形成针对性评价报告，学生只是得到一纸成绩单或一个笼统的分数，考试对教学和学习的矫正调控作用明显发挥不足。

2. 评价范围失衡

根据本书调研情况，在教学评价的范围上存在重结果评价轻过程评价的问题，导致评价范围失衡。本书调研的模式，其教学评价的范围几乎都以结果评价为主，对大部分课程而言，期末考试在学生总成绩中的比重一般都在70%左右，平时成绩的比重明显偏低。教学评价范围的失衡，尤其是过程评价的比重偏低，一方面降低了教学过程中的动态信息反馈，教师难以及时了解学生的学习情况和自己的教学效果，造成教与学的脱节，另一方面容易导致学生只关注考试结果而不重视学习过程，一些学生平时不努力，考前忙突击，不利于学生自学能力和自主学习习惯的养成，考试结果难以反映学生的实际水平。并且，对于学生的个性发展而言，个性素养的形成和提高是一个长期累积和不断强化的过程，适度的过程评价可以及时监测和引导这一过程，促使学生能够在个性优势上脱颖而出。例如通过过程评价发现某些学生在平时的学习中表现出较强的自学能力和创造性，教师则可以根据他们的特点，为他们设计适合的培养方案因材施教，为他们实现个性发展提供更加适切的条件。

3. 评价依据狭隘

在评价依据上，考试分数依然是评价学生的主要依据，创造性思维、创新能力、实践能力等个性发展的重要素养未受到应有的重视。如本书调研的模式，均未将反映学生创造性的科研创新能力作为教学评价的主要依据和毕业的必需标准，科研创新只是作为学生保研、评优评先等的加分项目，科研创新活动一定程度上成为学生达到一些功利目的的手段，而非出自对学术研究的真正兴趣。将评价学生的主要依据局限于考试分数，也导致部分学生在平时的学习中不注重创造性思维、实践动手能力等综合素质的提高，而只是通过考前死记硬背的方式考一个高分完事。评价也难以反映学生的真实水平，平时学习不用功的学生靠考前突击也可能取得较好成绩，而一些思维能力、动手能力较强的学生，成绩却不一定理想。

4. 评价方法单一

评价方法的选取，虽然需要综合考虑多种因素，但采用不同的方法和形式，从不同的角度考查学生的真实水平和综合素质，是评价的基本要求。在评价方法上，目前闭卷理论考试仍然是最主要的方法，其他评价方法和形式运用的较少。评价方法的单一主要表现为，闭卷考试多，开卷考试少；笔试多，口试、讨论等其他方式少；终结性考试多，过程性考试少；理论知识考试多，实践操作等能力考试少；标准化考试多，综合性考试少等。评价方法单一，使得学生的个性特长和兴趣志向无从展现和激发，不利于学生挖掘自己的创造潜能，不利于学生思维能力和实践能力的培养和提高。在本书访谈调研中，许多学生谈到了对教学评价方式的意见：

学生Z2：张之洞班的考核主要是考试成绩加课外的综合测评。考试成绩占60%，剩下的40%是自评、互评，综测是另外加分的，评奖学金用的，综测成绩不做强制性要求。自评、互评是班上一起打分的，最后大家打分都打一样的。所以成绩还是最重要的。实践能力和科研成果都是算做综测成绩，另外加分的。做学生工作也有固定的加分。如果不算综测加分的话，科研和实践能力是没有硬性要求的。

学生 Z5：自评互评是自己给自己打分，同学给自己打分。自评互评大家最后打的都一样，所以流于形式。我们当时规定有一个末位淘汰制，算是张之洞班特有的激励机制，就是如果连续两次考倒数第一，就要被清除出张之洞班，但我感觉这种制度第一是流于形式了，第二是因为一个人连续两年考倒数第一的概率太小了，所以我觉得这种制度的威慑力不是很大。

学生 Z8：总体看的话，考死记硬背的多，占绝对优势。整个课程，考实践能力都包含在比较小头的那一部分里，比如我们出去做实验，写论文搞评析，都包含在平时成绩里，而这个平时成绩只占20%～30%，不会占太多。

学生 Z9：试卷大部分还是考死记硬背的东西，考前老师会划一个重点，然后很多人书本也不用看，只看一下课件就行。

学生 Z11：我们希望所有老师上课的过程可以理论和实践相结合，把最终的考试淡化一点，注重平常的参与，加大平时成绩的分量。但我们还是以闭卷理论考试为主，期末考试比重还是最大的，占到总成绩的60%以上。

学生 Z12：考试方法应该多样化，越多样化越好，各种方法都可以尝试，不同的科目侧重点不一样，有的科目侧重你的口才，就应该上去讲，像英语这种考试要是光答题就没什么意思，所以还应该组成小组，在老师面前谈嘛。像社会学，我们就真的应该出去调查一下，写篇报告啊。不同学科是不一样的，像西方文化，每个人喜欢的文化方向不一样，所以就得给学生自主权，让他选择一个自己感兴趣的文化选题，然后围绕这个选题去阅读书籍，写出读后感或论文。总之形式越多样化越好，我们的考试方法还是单调了一些。

学生 Z13：我觉得考试方法还可以采用一些实践应用方法，以解决问题为目标的方法。比如工程类的，就可以采用测量和计算的方法；会计类的，就可以给你一些企业的材料，你把这个企业的账做好，看你做的结果和做的过程，这些都是离实际应用比较贴近的方法。

学生Z14：考试的结果是出来的比较晚的，有时候是下学期开学才知道，这种反馈是有些滞后，有时候知道了成绩，也很少有人回去补。其实，我得到这个成绩的时候，也希望和老师有个探讨，我为什么有突出表现，差的话我更想去探究我的缺陷在哪里，但是这种反馈机制没有建立起来。如果用我们微观经济学那种阶段性考试就比较好，一个学期考了四次，前三阶段上到哪考到哪，最后一次前面所有学过的都考，这样对你补救比较好。

学生Z15：大学的考试主要是看你掌握一些基本概念没有，没有多大的深度或难度，所以考核的目的是得出一个分数，然后进行排序，我感觉仅仅是为了这个吧，没有太多引申的含义，比如这个学生这学期到底能学多少知识啦，教学水平啦，这些都跟成绩没有太大关系。所以考试主要是为了一个排名，对反馈和矫正教学的作用不大。

学生Z18：我觉得有很多应该要求我们的地方，他们没有去要求我们，反而导致我们懒散。比如说志愿活动，我觉得这应该是大学生必备的社会体验，它不能说是笼统的社会实践，我觉得应该要求我们这方面能力的培养，社会责任感、公德心的培养都是要有的。学校现在这种加分机制，使得搞志愿活动有很多抱着一种功利目的。在我们这种班尝试在期末考核的时候，像互评自评，综测加分这些制度，可以调整一下，再细化一点，加强各方面素质能力品质方面的考核，学校在这方面没有怎么考核。

## 第二节　我国一流大学个性化人才培养模式存在的问题及原因

我国一流大学构建个性化人才培养模式的探索，是在整个高等教育人才培养体系中进行的，从系统的观点来看，它是整个高等教育人才培养系统中的一个子系统，它不可避免地要立足于和受制于高等教育人才培养的大系统，它在实践探索中所存在的问题以及产生这些问题的原因，应该从宏观的视野出发，将其放在整个高等教育人才培养系统中作全面深入的透视。

## 一、传统文化的影响

文化是教育的基础，文化对教育模式、人才培养模式和教育制度的制约力不仅广泛，而且深远，愈是古老的文化对教育的影响力愈持久。我国数千年来形成的传统文化，固然有许多积极的内涵，但也有不少消极的因素。我们今天在教育改革中所遇到的各种阻力，追根溯源，都与传统文化的消极因素有关。有的学者为了研究这个问题，曾选择处于东西文化两极的中国与美国进行比较，在详细地考察两国教育改革的起始与社会政治、经济背景之后的文化观念的关系，发现"与其说是少数教育家的教育思想在左右改革的方向，还不如说是植根于历史传统的文化在广泛的范围内影响着它们的进行"[①]。可以说，有什么样的文化模式就有什么样的教育模式，在文化模式没有改变的情况下，单独改变教育模式是非常困难的[②]。

中国传统文化的核心观念是天人合一，在孔孟所代表的儒家学说中，自然与人伦相通；在老庄所代表的道家学说中，人与自然浑然一体。对人与自然未分化的合一所进行的整体观点导致中国文化对人的整体、群体或类有着特殊的强调或偏好[③]。在传统文化的影响下，我国的教育历来比较重视人的群体性、共性的培养，这种教育容易导致培养出来的人盲从性和依赖性有余，主体性和创造性不足。因此，我国传统文化中的这种片面强调群体性、共性的发展，而对个体价值和个性培养有所忽视的倾向，给我国教育带来了很大的消极影响。

具体来看，以东、西方文化为例，以中国为代表的东方文化是一种尊重人际关系的伦理型文化，西方是一种尊重客观世界的科学型文化；在自然观上，东方认为自然界一切都是完美和谐的，无需人类再去改造，西方则认为自然界有许多奥秘需要人类去探索；在对待个人的态度

---

① 周南照. 教育改革与文化观念转变[J]. 教育研究，1987（2）：10-14.
② 董泽芳. 教育社会学[M]. 武汉：华中师范大学出版社，2009：68.
③ 张岱年，方克立. 中国文化概论[M]. 北京：北京师范大学出版社，1994：37.

上，东方强调群性至上，西方鼓励个性发展。沿着这两种不同的文化模式发展的人才培养模式，在教育目的、内容、方式与结构等各方面都有明显的差异：例如在教育目的与培养规格上，东方强调向内发展、完善自己，教育目的是"明人伦"，西方重视向外发展，在改造世界的过程中完善自己，培养的人应该追求科学和真理；在教育态度和方法上，东方强调师道尊严、唯上唯书，注入式教学被视为当然，西方从苏格拉底开始就注重师生平等、民主对话，启发式方法运用较多；在教育结构和管理体制上，东方倾向于大一统、集权制，西方则比较灵活多样[1]。

这种影响自然也延续和体现在高等教育上。如前文所述，从整体来看，我国一流大学个性化人才培养模式的构建是在整个高等教育大系统中进行，虽然我们提出了鲜明的个性化培养理念，并在实现个性化培养上作出了很多积极的努力和探索，但某种程度上我们依然没有脱离传统专业教育的窠臼，原因就在于这种个性化模式的构建是在当前我国高等教育人才培养系统中进行的局部性的改革探索，它的缺陷和问题与我国大一统的高等教育人才培养系统紧密相关。而造成我国高等教育人才培养系统整齐划一有余，灵活个性不足的原因，很大程度上来源于传统文化对高等教育价值取向的影响。高等教育价值取向对高等教育发展目标与发展模式的选择乃至整个高等教育都具有重大的导向作用。我国的高等教育价值取向受到传统文化重整体、重社会的价值观的深刻影响，长期以来形成了社会本位的高等教育价值取向，高等教育人才培养长期向服务社会需要倾斜，大学生的独立个性和个性自由发展受到排斥，在这种价值取向的指挥下，形成了划一性、僵硬性、封闭性的人才培养系统。要解决我国一流大学个性化人才培养模式构建过程中所存在的问题，有赖于高等教育人才培养系统及其价值取向的改革创新，有赖于强化高等教育的文化选择和文化创新功能。

## 二、基础教育的制约

基础教育决定了高等教育的起点，决定了高校生源的质量，进而直接影响高校的人才培养模式。我国基础教育特别强调"全面发展"，很

---

[1] 董泽芳. 教育社会学 [M]. 武汉：华中师范大学出版社，2009：69.

## 第五章　我国一流大学个性化人才培养模式的问题及原因剖析

少提及"独立个性"和"自由发展"。"全面发展"又往往被理解为平均发展、刚性要求和统一规格，德智体美劳五育全优，语数外理化五项全能。长期以来，我国教育在指导思想上把全面发展和独立个性对立起来，排斥受教育者独立个性的培养，从而也损害了受教育者的全面发展。例如，由于我们往往强调对人全面发展的统一要求，排斥个性自由发展，把社会化当作驯服化，不承认受教育者的主体地位，不爱护受教育者的独立人格，不尊重受教育者的个人尊严与价值，所以，在这种指导思想下，受教育者不能生动活泼主动地得到发展，有相当一部分人程度不同地存在唯书唯上、墨守成规、不思进取、平庸度日的心态①。有人批评我国学校教出来的学生像一个模子里压出来的标准件，其思想根源是对全面发展和个性发展、自由发展的关系产生了认识偏差。

前几年的"韩寒争议"其实质就是全面发展和自由发展的争议、统一规格和个性特长的争议。上海松江二中高一学生韩寒，在初中时就接连在杂志上发表小说、散文，高一时又获得全国新概念作文竞赛一等奖。后因写作长篇小说《三重门》致使数理化等学科不及格，进而对理科学习失去兴趣，不得不先留级、再休学离校。集作品金奖得主、少年作家和留级生、休学生于一身的韩寒，引起社会各界的广泛关注。有人称之为"偏才"、"怪才"，有人对其惋惜和规劝。现阶段我国普通高中所不容的这种"偏科"现象在别的国家可能被认为是正常的，在20世纪前期的我国高等学校也可能被认为是正常的——钱锺书数学成绩15分还能被清华大学录取，但在现阶段我国普通高中则视之为严重的问题。我国基础教育过于强调基本规格和共同基础，而基本规格和共同基础又被定得很高，这样就使自由发展失去了空间。基本规格尚未达到，还奢想什么自由、奢求什么特长呢？英国的18岁考试有几十门课程让你自由选择；法国在高中阶段就分成不同的学科方向，让学生选择。"每个人的自由发展是一切人的自由发展的条件"②，全面发展以自由发展为前提，

---

① 王道俊，郭文安. 教育学 [M]. 北京：人民教育出版社，2009：104.
② 中共中央马克思恩格斯列宁斯大林编译局，编译.《马克思恩格斯选集》：第1卷 [M]. 北京：人民出版社，1995：294.

只有每个人的个性得到充分自由的发展,社会成员显示出千差万别、丰富多彩的个性,社会的全面发展进步才能得以实现①。著名教育家苏霍姆林斯基说过,如果孩子到了十二三岁还没有自己的兴趣爱好的话,做教师的就要为他担忧,担心他将来成为一个对什么都不感兴趣、平平庸庸的人。而我国当前却缺乏这种教育思想,学生高中毕业报考大学时往往没有自己的志愿,只凭分数报志愿,这难道不值得我们担忧吗②?

我国一流大学个性化人才培养模式所存在的问题与基础教育的上述弊端有内在的联系。因为,这些问题不仅与办学者、教育者有关,还与受教育者即大学生有密切的关系。任何教育对受教育者来说都是一种外部的影响和动因,它只有通过刺激受教育者的内因,才能对他们的发展起作用。这种内因,就包括大学生的自主性、能动性等个性特质。大学生在通过高考的选拔进入大学后,高中时代的那些外来的管束和压力完全消除,大学的学习基本靠自己的自主性和能动性,尤其是对于参与个性化人才培养模式的学生,个性化培养模式中的许多制度设计,如导师制、科研制和研讨教学等,其育人效果的充分实现,很大程度上有赖于学生自主性和能动性的发挥。但往往大学生在基础教育阶段个性没有得到充分自由的发展,在进入高校后,在自主设计、自主选择和自主学习上存在困难。从本书的调研中也可反映出,如导师制的效果欠佳,一方面有制度缺陷的原因,另一方面也有学生主动性、能动性不足的原因。因此,有人批评我国教育的一大弊端是,基础教育摧残和泯灭学生的创造个性,又要求高等教育将学生的创造性重新培养出来,这句话虽然有否定过头之嫌,但一定程度上也指出了实情。虽然近年来我国基础教育提出了素质教育、创新教育等口号,但据有关调查显示,素质教育的现状是上热下冷,即素质教育的宣传只是热在教育理论界和教育决策部门,在教育的基层却是热度大减、困难重重③。

---

① 魏所康. 培养模式论[M]. 南京:东南大学出版社,2004:325.
② 顾明远. 个性化教育与人才培养模式创新[J]. 中国教育学刊,2011(10):5-8.
③ 钟启泉,吴国平. 反思中国教育[M]. 上海:华东师范大学出版社,2007:279.

## 三、高等教育的积弊

### 1. 高等教育价值取向偏颇

高等教育价值取向是指高等教育主体在高等教育的价值判断基础上根据自身需求来进行高等教育选择时所表现出来的一种价值倾向性。高等教育的价值取向不仅支配着高等教育领域的一切活动,而且成为判断和评价高等教育各项活动合理性的准则。新中国成立后,我国高等教育走过了一条异常曲折的发展道路,这与价值取向的模糊甚至偏颇密切相关[①]。从改革开放至今,我们对于人才培养模式的反思没有停止过,改革人才培养模式的探索也在持续进行,但总体上看成效不容乐观。究其原因,在于对人才培养模式弊病的批判和反思大多数时候还停留在现象和局部层面,缺乏深层的、系统的思考,在实践中企图通过微观和局部的改革来达到目标,这种舍本逐末和治标不治本的改革药方自然难以根除痼疾。实际上,制约人才培养模式变革的深层原因在于高等教育的价值追求偏颇[②]。

我国的教育传统在总体上是强调教育的工具性价值的,这在古代的"化民成俗,其必由学"、"建国君民,教学为先"等教育理念中表现出来,也在"洋务教育"实践中表现出来。新中国成立以后,我国高等教育价值取向也长期以社会价值观为主导,个人价值与学术价值没有得到足够的重视。有学者认为,之所以存在这种现象,是因为我国教育决策者的教育价值取向存在着偏差[③]。主要表现为:政府的教育决策者历来往往强调教育的社会工具价值,忽视教育培养学生个性、使个人潜能得到尽可能发挥的价值;强调教育的即时性、显性功效,忽视或轻视教育的长期效益。新中国成立几十年来,这种教育价值取向的基本模式和基本思维方法在我国高等教育事业中长期占据主导地位,至今仍未能有效

---

[①] 董泽芳,黄建雄. 60年我国高等教育价值取向变迁的回顾与思考[J]. 华中师范大学学报,2011(1):132-139.

[②] 熊庆年. 改革人才培养模式要着眼于价值重建[J]. 中国高等教育,2009(19):27-29.

[③] 叶澜. 教育概论[M]. 北京:人民教育出版社,2006:130.

突破。高等教育决策者依然主要从社会需要的角度强调高等教育的重要性与基础作用，尤其是从发展经济、生产的角度，而个人价值和个性发展，在高等教育价值取向上依然没有得到应有的重视。特别是在"科学技术是第一生产力"的改革开放时期，高等教育因其与科学技术进步和经济发展有着更为密切的关系，人们也就只是从高等教育这个"实体"出发来理解高等教育，而忽视其"人性"内涵，强调高等教育的社会经济价值，而忽视其对人的发展价值。不可否认，在新中国成立之初，这种价值选择有一定的必要性与合理性，但也必须承认，这一价值取向从具体内容到形成的思维方法都存在一些根本的缺陷，即它忽视了高等教育的本真内涵，抛弃了高等教育的个人价值取向。因此，随着时代的发展，其缺陷和弊端也日益明显，"长期以来，我们的大学教育的价值目标取向一直是为政党或政府的政治、经济等目标服务，而往往忽视、排斥甚至完全不顾及学生个体成长和未来发展的需求。长期以来的这种状况，已经给我国的大学教育及人才培养造成了相当不良后果"[1]。

在高等教育发展实际中，以什么样的价值为主导，取决于影响高等教育活动的各种力量之间的对比和平衡。但是，如果没有对个性的尊重，其他几方面的价值观都是片面的。只有以尊重个性价值为基础，才有可能更完善地实现其他几方面的价值[2]。

2. 人才培养顶层设计缺位

顶层设计就是用系统方法，以全局视角，对各要素进行系统配置和组合，制定实施路径和策略。从促进个性发展，培养个性化人才的角度来说，高等教育人才培养的顶层设计就在于引导各级各类高校合理定位，办出特色，实现高校的个性化、特色化发展。因为，高校的主要任务就是培养人才，有什么样的高校就可能培养出什么样的学生。学生个性发展与高校特色化发展是互为基础、相互促进的。一方面，学生个性发展建立在高校特色化的基础之上，高校如果不追求特色化，是不可能

---

[1] 陈学飞. 应确立为大学生未来发展服务的价值目标 [J]. 中国高等教育, 2001 (22).

[2] 王洪才. 高等教育大众化的文化: 个性度研究 [M]. 广州: 广东教育出版社, 2004: 34.

培养出有个性的学生的。另一方面，高校特色化发展必将以发展学生个性为主要内容和重要目标，并将部分地通过学生个性发展而表现出来。可以说，学生个性化是一所高校特色化的重要标志。

从国际上来看，越是一流大学，个性色彩就越鲜明。美国之所以能够执当今世界高等教育发展之牛耳，是因为产生了众多的一流大学，这些大学的成功与它们采取特色化、个性化发展策略是分不开的。例如东部的哈佛大学、普林斯顿大学和麻省理工学院，西部的加州大学、斯坦福大学和加州理工学院，这些大学虽然彼此相邻，但并没有同质化、趋同化发展，而是定位明确、扬长避短，大力培育自己的比较优势和个性特色，取得了卓越成就。从国内大学发展历史来看，民国时期的教会大学，蔡元培倡导"兼容并包"、"思想自由"的北大，以及抗战时期的西南联大，都以鲜明的个性风格和精神气质著称，并以杰出的人才培养成就加以体现。

我国当前尚未建立起适宜合理的大学分类标准和大学定位的机制，高等教育系统层次不够分明，从事不同层次教育的大学的职能模糊，人才培养定位不清。由此，在高等教育规划上，政府缺乏针对不同高校的分类发展政策，缺乏对高校的分类指导，不同层次类型的高校没有明确的分工定位和分类的质量评价标准。这种现状致使不同层次、不同类型、不同形式以及不同区域的高校，在自我定位、强化特色和个性化发展等方面缺乏政策引导和制度保障，导致趋同化发展，在人才培养模式上不同层次、类型的大学没有体现出层次和类型要求的不同特点。

我国一流大学的发展和人才培养不可避免地也存在层次定位不清的问题。一流大学应该有不同的层次定位，少数大学应该争创国际一流，一部分大学应该努力成为国内一流，其余多数大学应该定位为区域一流。不同层次的一流大学，其本科教育的定位和目标应该有所区别，人才培养模式也应不同。同时，一流大学内部应该根据不同学科的特点和特色，形成多样化的人才培养模式，尤其是完善优势学科和特色学科的人才培养模式。就本书调研的大学而言，武汉大学应该争创国际一流，其本科人才培养模式应该培养学术研究人才和各行业的领袖人才；华中农业大学和华中师范大学应该强化自己的农科优势和教师教育优势，在这两类学科上形成个性化的人才培养模式，推动学校整体发展，力争跻身国内一流大学前列和世界一流大学行列；湖北大学则可定位为区域一流，其本科人才培养模式则既要注重学术基础训练，又强化专业技能和服务当地社会发展的能力。就调研的情况来看，上述大学的个性化人才培养模式均存在一定程度的定位不清和趋同发展的情况，人才培养模式的个性化存在明显的欠缺。其他一流大学也存在类似的情况，北京师范大学王炳照教授曾指出："现在中国的高校，不光是北大清华，其他许多大学，都在追求综合性，各大学制定的发展目标都是综合性、研究型，再加上点自己的特色，原来以人文社科为主的，千方百计要把理科加进来，以文理为主的，千方百计要把工商法补起来。拿北师大来说，就是在师范专业的基础上拼命发展非师范专业，不仅文理兼顾，还想办法理工也要兼顾。大家的规划基本就是一个模子套出来的，从众现象非常突出。"①

3. 高等教育管理体制不活

我国一流大学在构建个性化人才培养模式过程中存在的问题，还与我国高等教育管理体制刚性有余弹性不足，大学缺乏充分的办学自主权有关。要构建个性化的人才培养模式，一流大学必须是一个自主的机构，如果在办学、人才培养等内部事务上都不能自己决定，处于事事被掣肘、处处受牵制的地位，又如何在人才培养中形成个性化的、特立独行的模式？

从上世纪90年代开始，我国加速了经济体制改革的步伐，经济体制由计划经济快速向社会主义市场经济转轨，在高等教育管理体制上，虽然政府推行了"合并、划转、共建、合作"的改革措施，但这些措施也只是调整了中央政府各部门之间以及中央政府与地方政府之间的权力分配，改革基本上没有触动政府与大学的关系，因此，从与社会的互动来看，高等教育管理体制改革严重滞后于经济体制改革和社会发展需求。虽然政府也在不断强调要下放办学自主权并出台了一些有关的

---

① 王炳照. 谈世界一流大学的共性与个性问题[J]. 清华大学教育研究，2003(3)：51-53.

政策文件，但由于高等教育管理体制的指导思想没有变，政府的基本职能没有变，因此往往出现进三步退两步的状况。高校一方面要在市场竞争中合理定位、调整学科专业结构和寻找经费来源，同时又被政府计划严格管理和束缚，在办学的主要方面缺乏自主权，发展受到了很大的制约[①]。

具体来看，与教育法、高等教育法等法律法规所规定的办学自主权相比，我国大学办学自主权的现状不容乐观，表现在：政府依然管制着大学的招生方式和招生规模，统一要求的成分多，灵活机动的成分少，大学自主选才的空间狭小；政府控制着大学的专业设置和专业调整，大学要调整或设置任何专业都需要上报审批，要增设新专业时更是程序繁琐、难度极高，不利于大学及时主动调整专业结构以回应社会需要，不利于大学办出特色；各级政府部门甚至对教学计划制订、教材选用、教学活动等办学的微观层面也有诸多限制，如统一规定教学计划中必须开设的课程、课程的名称、课程的内容和课时数等。占整个本科阶段40%左右的公共课也完全控制在管理部门手中，大学无法自主调整，有的地方甚至连公共课的教材也是指定的。这些限制不利于大学根据个性化人才培养的需要灵活制定培养方案和设计课程体系。此外，政府每年还开展大量的评审活动，过多的评审加重了大学的负担，大学被迫疲于应付，还有多少时间和精力去思考和优化人才培养模式呢？

以与个性化人才培养模式密切相关的教学自主权为例，我国高等教育法明确规定了大学拥有教学自主权，包括教学计划的自主制订、教材的自主选择以及教学活动的自主实施等方面。但2005年教育部1号文件印发了《关于进一步加强高等学校本科教学工作的若干意见》，进一步加强了对高校教学活动的干预。如其中明确规定"国家重点建设的高等学校所开设的必修课程，使用多媒体授课的课时比例应达到30%以上，其他高等学校应达到15%以上"。并且，还对大学开设马克思主义理论课和思想品德课也即"两课"的课程名称和学时作了严格规定。此外还

---

① 王英杰.学术神圣：大学制度构建的基石[J].探索与争鸣，2010（3）：13-14.

包括其他方面的规定等等①。上述文件中对有关必修课的设置、多媒体授课的课时比例、教授是否为本科生上课以及教学方法、教学投入的规定,无疑都属于高等教育法所规定的大学自主权范围。政府对高等教育质量进行监管是必要的和无可厚非的,但是否要越过大学的法定自主权力,采取这种直接干预的方式值得商榷。

中央集权式的高等教育管理体制有利有弊,利在政府充分掌握教育的领导权,使正确的教育决策政令畅通,便于集中统一管理全国高等教育;容易导致的弊端则是对大学的办学自主权、对受教育者的需求不能很好兼顾和满足。对大学统得过多、管得过死,以完成事先拟定的、带有主观色彩的招生计划、教学计划为本,如同工业化时代的企业一样,大批量地生产标准化产品的教育模式,不但使大学失去活力,更使得学生实现差异化发展的空间有限,主体性、创造性得不到发挥,个性发展步履维艰。

---

① 周川,马娟. 现代学校制度与学校自主发展研究 [M]. 哈尔滨:黑龙江人民出版社,2011:209.

# 第六章　我国一流大学个性化人才培养模式改革的对策思考

著名教育家蔡元培曾说过："教育者，与其守成法，毋宁尚自然；与其求划一，毋宁展个性。"① 构建个性化人才培养模式，培养个性化人才是我国高等教育改革发展的重要方向。一流大学进行个性化人才培养模式改革，既有得天独厚的条件，又可以形成示范带动效应。改革是一个系统工程，是一个上下互动、内外结合的过程，不仅仅涉及高等教育系统，还与高等教育系统所在的社会系统有关。思考我国一流大学个性化人才培养模式改革的对策，既需要宏观视野和系统思维，也要从现实出发，在现有的制度和条件下，继续深化和完善目前的个性化人才培养模式改革，最大限度地促进学生个性发展。

## 第一节　国家加强人才培养宏观调控

### 一、发挥高等教育文化功能，让一流大学积极引领文化创新

高等教育具有文化选择、文化传承和文化创新功能。要扭转传统文化对我国高等教育以及个性化人才培养模式的消极影响，必须注重发挥高等教育的文化功能。传统文化虽然以牢固的文化心理机构和稳定的心理价值取向，对包括高等教育在内的一切社会活动产生着重要的影响和制约作用，但这并不意味着高等教育对传统文化是被动适应的，相反，高等教育具有强大的文化功能，高校尤其是一流大学在选择、传承和创

---

① 高叙平. 蔡元培教育论著选［M］. 北京：人民教育出版社，2011：160.

新传统文化上具有独特的条件和不可推卸的责任。我国传统文化经过数千年的发展和积淀，在内容上形成了优劣同存，积极因素和消极因素兼备的局面，同时，优与劣也是相对的和不断发展的。对人才培养的影响，我国传统文化既有重共性塑造轻个性培养的消极一面，也有很多优秀的有价值的思想、理念和方法。高等教育的文化选择功能就是要对传统文化进行扬弃，全盘否定或全盘肯定的态度是不可取的，取其精华、去其糟粕的二分法也过于简单，而应该采取具体问题，具体分析的态度。一流大学构建个性化人才培养模式的目的在于更好培养学生和发展学生，而我国传统文化的核心是教人做人，是关于"修己治人"之学，如"人贵有志，学贵有恒"，"己所不欲，勿施于人"，"富贵不能淫，贫贱不能移"等对于培养大学生的意志，塑造他们高尚的个性都十分有利。优秀的传统文化还包括优秀的教育思想和教育方法，如尊师重教、淡泊宁静、学思并重、知行统一，以及因材施教、教学相长、循序渐进、温故知新、言传身教等，都是符合教育规律的。高等教育的文化选择就是要从促进大学生个性发展出发，从传统文化的精华中精选有益于大学生个性发展的理念、内容和方法，通过高等教育的文化传承功能，将其传递给大学生。同时，对于传统文化中不重视个性发展等缺陷，我们还要大力加强高等教育的文化创新功能，将传统文化注入现代血液，并吸收其他文化的精华，以补充和更新我们的传统文化，在这方面，我国一流大学应该发挥引领作用。

　　文化创新是大学创新的动力和引擎。让我国一流大学引领文化创新，是培养个性自由发展优秀人才的内源性动力。我国一流大学进行文化创新，既包括对传统文化的扬弃，也需要吸收外来文化的养料，弥补我国传统文化的不足。因为，中国传统文化需要创造性地转换，这个创造性转换必须由大学来完成，而且是在与西方文化对话中完成，否则就是在走一种自封的路线，是无法适应全球化局势发展要求的。同时，我们需要从传统文化中挖掘出促进大学个性化发展的动力，主动地反映人与社会发展的需要。没有个性化，就没有优质化，就没有效率，就难以适应社会发展的多方面需求，也无法适应个性的全方面发展需求①。围绕个性化人才的培养，我国一流大学应从办学理念与大学精神、制度建设、资源环境以及教育活动等方面进行文化创新，因为这些方面既是大学文化的载体，又是文化创新的重要途径。

首先，在办学理念与大学精神上，要将以生为本作为办学理念的核心，将科学精神和人文精神作为大学精神的根本。以生为本理念是对西方人本主义教育理念的继承，是马克思主义关于人的发展思想的弘扬，也是对我国传统文化和传统教育观重共性轻个性思想的纠偏。以生为本即将学生看成大学的生存之本，将促进学生个性发展看作大学的发展之本，将"一切为了学生、为了学生的一切和为了一切学生"作为推动大学改革发展的动力之本。并且，一流大学要将科学精神和人文精神作为自己的精神品格，一流大学不是政治目标和经济目标的工具，也不是社会的风向标，面对权势和功利，一流大学要有超脱世俗和特立独行的精神气质，要将关注的重点始终放在追求科学真理和促进学生发展上。其次，在制度建设上，一流大学要积极探索具有中国特色的现代大学制度，为个性化人才的培养构建完善的制度体系。例如在招生制度上，一流大学要大力推进招生制度改革，在全国统招的基础上，要完善自主招生制度，使那些在基础教育阶段虽然考试成绩不那么优异，但个性发展突出的"偏才""怪才"，能够进入一流大学学习。在教学制度上，要探索适应学生个性差异，有利于学生个性发展的教学制度体系，为在兴趣、志向、知识、能力等方面具有差异的学生提供多样化的选择机会和发展空间。在管理制度上，要建立有利于学生主动参与的管理制度，发挥学生在培养方案制定、教学计划调整等方面的主动性和能动性，提高他们自主规划、自主设计和自主发展方面的意识和能力。其三，在资源环境上，要将优质的教育资源更多地向人才培养上倾斜，并努力营造适合学生个性成长的校园物质和文化环境，尤其是要提高师资队伍的质量，激励教师重视本科教学，扭转重科研轻教学的倾向。其四，在教育活动上，要在大学层面将本科人才培养放在更加突出的地位，形成个性

---

① 王洪才. 论中国文化与中国大学模式 [J]. 华中师范大学学报，2012（1）：144-152.

化、特色化的人才培养理念，积极构建和完善个性化人才培养模式，同时促使大学教师转变教学观、学生观和质量观，形成科学而独立的教育品位和价值操守。

## 二、调整高等教育价值取向，更加重视促进大学生个性发展

首先，调整高等教育价值取向，重视促进大学生个性发展，还应该重视对高等教育目的的探讨。高等教育目的是高等教育价值选择的直接体现。从我国教育的总目的来看，1996年颁布的《中华人民共和国教育法》中规定：教育必须为社会主义现代化建设服务，必须与生产劳动相结合，培养德、智、体等方面全面发展的社会主义事业的建设者和接班人。这一总目标被认为包括三个基本点：培养劳动者或社会主义建设人才、坚持全面发展、培养独立个性[1]。高等教育目的自然也包含在这一总目标之中。但为了破除我国高等教育"大一统"思想的困惑，有必要在上述教育总目的的框架内进一步探讨和厘清高等教育目的，将促进大学生个性发展放在更加突出的地位。因为，从时代发展趋势来看，培养具有独立个性的人已成为当今世界各国教育普遍关心的问题，西方许多教育发达国家近年来在各种教育规划宣言中更多次强调个性发展的重要性。当前我国的社会主义改革已经发展到了一个新的历史阶段，各项改革的一个根本目的就是要解放、调动、发挥人的主体性，培养具有独立个性的人必将在教育目的价值取向中占有更突出的地位[2]。

其次，调整高等教育价值取向，重视促进大学生个性发展，应该从制定和落实高等教育政策与制度入手。因为价值取向上的失衡或冲突，最终可以还原为政策和制度问题。应该进一步完善和落实高等教育法，解决好政府和大学的关系，让大学按照自己的运行逻辑和本质属性进行知识探索和人才培养，使大学回复到育人机构的本真地位。另外，从促进学生个性发展，尊重学生教育的主体地位来看，应该重视建立学生的高等教育权益表达和保障机制，使大学生在自我的教育和发展中能够发挥自主性和能动性，保障自己有多样化发展的权利和空间，在

---

[1] 王道俊，郭文安. 教育学［M］. 北京：人民教育出版社，2009：102-104.
[2] 王道俊，郭文安. 教育学［M］. 北京：人民教育出版社，2009：105.

自己的发展权益受到损害时，有表达诉求的机制和渠道，同时也能使高等教育的政策制定者能够接收到受教育者的反馈，提高政策制定的科学性。

重视个性发展的价值取向，并不意味着将高等教育的个体价值和社会价值对立起来。高等教育要兼顾社会发展功能和个人发展功能的统一，通过促进个人发展来促进社会发展。因为，大学的功能，为学生发展服务应该是第一位的，为社会发展功能的实现在根本上取决于为学生发展服务功能的实现[1]。

### 三、做好人才培养顶层设计，引导一流大学构建个性化模式

我国一流大学要构建个性化人才培养模式，国家必须在宏观层面做好高等教育人才培养的顶层设计。只有在国家层面做好高等教育系统人才培养的顶层设计，包括各层次各类型大学的本科教育的层次定位以及人才培养的质量标准和规格要求等，各类大学才能从本校实际出发，有的放矢建构有特色、个性化的人才培养模式。全国性的人才培养顶层设计，宜粗不宜细，在总框架下应该给各类大学留有空间余地，不能再搞大一统、只搞一个规格一个模子，那样势必延续同质化、缺特色、乏活力的老路[2]。

首先，要建立科学合理的大学分层分类体系和大学评估标准，引导各层次各类型大学合理定位、办出特色，构建层次分明的高等教育系统，明确不同层次类型大学在人才培养目标、规格上的区别，引导大学构建符合学生个性发展特点和社会需要的本科人才培养模式。其次，加强对不同层次类型大学本科教育的分类指导。从培养目标来看，根据现代本科教育的发展趋势，不同层次类型大学的本科教育应该各有侧重，在人才培养模式上则可以形成至少三种设计思路，一是以提高综合素质为目标的通识教育，重视学生的心智训练和综合能力，强调培养各行业的领军人才；二是以形成专业素养为目标的专业教育；三是以适应就业

---

[1] 石中英. 我国高等教育改革的价值观研究[J]. 大学·研究与评价，2007 (4)：12-17.

[2] 浩歌. 改革人才培养模式亟需上下互动[J]. 中国高等教育，2010 (18)：1.

为目标的应用本科教育。本书调研的一流大学,从其本科教育的层次定位来看,应该倾向于以前两种目标来设计人才培养模式。从本科教育的范围和施教对象来看,可以分为精英的、大众的和普及的。不同层次的大学,其本科教育的施教对象是不同的,人才培养模式的设计必须适应不同施教对象的特点和个性发展水平,根据施教对象的特点来选择教育内容、教育方法等。本书调研的各一流大学个性化人才培养模式,其施教对象是少数经过高度选拔的优秀学生,他们的个性发展特点与其他层次大学的学生是不一样的,针对这些学生的人才培养模式必须适应他们的个性发展水平和特点,在人才培养理念、课程设置方式、教学评价方式等要素设计上,做出更有针对性的安排,例如在个性发展的创造性方面,应该根据这些学生的特点,在教学评价方式上明确提出要求和设置适当的标准,提高他们的创新思维和创新能力。其他层次的大学,其本科教育的施教对象有些是经过中等强度选拔的,其智力水平属于中上,有些没有经过严格选拔的,其起点则参差不齐,这些层次大学的本科人才培养模式,在培养理念、课程内容的难度、课程结构、教育方式等方面也必须适应学生的个性特点,力争做到因材施教。从本科教育的实现方式来看,不同层次的大学,其本科人才培养模式的设计可以在通识的方式、专业的方式和应用的方式上各有侧重,甚至同一所大学内不同的学科专业也可在培养模式上各有侧重。

### 四、改革高等教育管理体制,促进一流大学形成个性化模式

首先,改革高等教育管理体制,要转变政府高等教育管理职能,侧重宏观管理,放松政府对大学的管治。政府的宏观管理应该主要通过出台政策、制定法规、财政拨款等方式来引导高等教育的改革发展。从西方教育发达国家高等教育管理体制来看,政策、法规和拨款是政府影响和引导高等教育发展的有效手段。对我国一流大学构建个性化人才培养模式而言,要通过政府的宏观引导,使一流大学真正将人才培养置于一切工作的中心地位,理顺科研与教学、学科建设与人才培养的关系,让育人成为一流大学的宗旨。同时,加强宏观上的引导,减少不必要的行政干预,可以增加一流大学的活力,让一流大学有多样化发展的空间,在人才培养模式上能够根据自身的优势和特色,自主决定培养理念、教

育内容和培养方式,为一流大学的个性化人才培养模式实验提供充分而自由的空间。另外,我国一流大学要构建个性化人才培养模式,不可能只在大学内封闭性的建构,必须要充分考虑学生、社会等高等教育利益相关者的要求,政府的宏观管理可以为这些利益相关者提供表达诉求的渠道和机制,使他们有参与政策制定和实施评价的权利和机会。《国家中长期教育改革和发展规划纲要(2010—2020年)》中也明确提出:以转变政府职能和简政放权为重点,深化教育管理体制改革,转变政府教育管理职能,改变直接管理学校的单一方式,减少过多的和不必要的行政干预措施。

其次,改革高等教育管理体制,要坚决落实和确保高校的办学自主权。只有办学自主权得到充分的尊重,一流大学才能突破种种限制和禁区,学术的传承与创新、人才培养模式的改革与探索才能得到充分的保障。充分的办学自主权能够使一流大学在市场竞争中形成特色化、个性化的办学模式和人才培养模式,通过竞争培养出个性化有特色的人才,以满足不同天资、不同禀赋、不同层次的个人对高等教育多样化的需求。

其三,改革高等教育管理体制,要进一步完善高等教育立法。要对现有的《高等教育法》进行必要的修订,并制定相关配套法律,根据我国人口、经济、教育的分布状况,规范一定时期内全国各性质、各类型、各层次公立高等教育的比例、规模、任务,杜绝大学之间的升格攀比之风,促使各一流大学准确定位,办出特色,探索出个性化的人才培养模式。

## 第二节 一流大学推进个性化人才培养模式改革

### 一、凝炼人才培养理念,突出大学生个性培养

首先,我国一流大学要提高对人才培养理念功能的认识。人才培养理念对人才培养模式的建构发挥着重要的引导和调控功能,只有首先确立科学的人才培养理念,才能形成具体合理的培养目标,并对专业设置模式、课程设置方式、教学制度体系等人才培养模式的其他构成要素进行指导和设计,形成完善的人才培养模式。因此,要建构和完善个性化

人才培养模式，必须充分认识人才培养理念的功能。从本书调研的情况来看，在人才培养理念上存在的培养理念建构滞后和培养理念模糊等问题，很大程度上源于对人才培养理念的重要功能缺乏充分的认识。

其次，一流大学要根据自身的定位与特色，加强对人才培养理念的探讨和凝炼，并突出大学生个性培养。构建个性化人才培养模式，需要凝炼个性化人才培养理念。本书的调研反映出，我国一流大学在提出个性化人才培养理念时比较笼统和模糊，多数情况下只是简单地提出"进行个性化培养"，至于大学生个性发展的内容、特征、目标，以及如何培养等内容，都没有具体和明确的说明。这种对个性化人才培养理念关键核心内容的语焉不详，一定程度上造成人才培养模式建构上的盲目性。因此，我国一流大学要根据自身的定位和特色，认清自己的历史传统与比较优势，发掘自身独特的个性化的特质，合理借鉴国外一流大学的先进理念，认真凝炼个性化人才培养理念，瞄准大学生个性发展的内容与特征，科学设计人才培养模式。例如本书调研的华中农业大学，定位于国家重点农业高等院校，其特色主要体现在其农业方面的学科和专业，应该努力构建农科方面的个性化人才培养模式，其本科人才培养理念要兼顾学术型人才和应用型人才的培养，使培养的学生既可以进入科研院所、大专院校、上层农业行政管理和农业技术推广部门，也能够胜任农业农村基层工作，成为具有强农情感和兴农使命，下得去、用得上、留得住的人才，很难说这样的人才不是个性化的人才。又如本书调研的华中师范大学，是师范类全国重点高校并提出了建设教师教育特色鲜明的一流大学的规划目标，但其个性化人才培养模式"博雅计划"却将师范生排除在外。"博雅计划"可考虑将师范生纳入培养，凝炼教师教育先进理念，强化师范生技能培养，使培养的师范生既具有坚定崇高的教育理想和教育信念，又掌握扎实先进的教学技能，成长为个性化的教师，通过他们再培养出个性化的学生。

## 二、完善专业设置模式，适应大学生独特个性

我国大学传统的专业设置模式源自上世纪50年代对苏联培养模式的移植，即学生从进校开始就进行专业分流培养，专业设置注重与现实工农业生产的岗位需要对口衔接，专业口径十分细致，制度设计刚性划

一。这种传统的专业培养模式满足了特定时代对专家型人才的需求,有一定的历史合理性。但其弊端也十分明显,即导致人才过于专业化和片面发展,知识面狭窄,社会适应能力低,学生几乎没有自主性和选择余地。然而,传统的专业培养模式也有其自身的优点,不可全盘否定。改进我国大学的专业设置模式,应该立足于我国大学现有的专业模式的基础上,吸收国外一流大学专业设置模式的优点,形成适合我国国情和校情的专业设置模式。具体来讲,当前我们可以在调整专业分流时间、扩大专业设置口径及优化制度设计等方面进行改革。调整专业分流时间,即避免在学生一进校就确定专业,让学生在进校后有充分的时间发掘自己的潜能与兴趣,能够自主选择专业;扩大专业设置口径,即综合考虑学科发展和社会需要,减少专业数量,提高专业适应性;优化制度设计,即打破刚性划一的制度,增强制度设计的灵活性,以生为本,让学生在专业选择中有尝试和更改的机会。

具体而言,对本书调研的我国一流大学个性化人才培养模式,首先,在专业设置时间上,应该将专业分流时间适当延后,避免一进校就确定具体专业。例如"弘毅学堂"模式,虽然学生是按照自己的兴趣和特长参与各学科小班的选拔,但调研发现,仍有相当比例的学生在学习一段时间后,希望能有再次选择专业的机会。而"博雅计划"模式,则可以探索将选拔时间提前至大学一年级,并不分专业进行通识教育,在二年级设立专业分流制度,给与学生个性化选择的机会和空间。而对于"楚才学院"模式,应该在一年级进行通识教育的基础上,打通文、理两科的专业基础课,开阔学生的学科视野和知识面,如此学生才能在不同学科知识上形成迁移,使二年级的专业分流制度取得实效。

其次,在专业设置空间上,应该给予学生尝试和更改的机会。对于本书调研的 4 所一流大学个性化人才培养模式,参与的学生总人数在全校学生中比例很小,即便完全放开专业选择和允许专业确定后再次更改,也完全不会对各校的专业即使是热门专业形成冲击和负担。同时,各模式内部也应该允许学生转班或跨班学习,例如"弘毅学堂"各学科小班之间应该允许和鼓励学生转班或跨班学习,以最大限度的利用优质教育资源,为学生个性化发展提供更多的条件。其三,在专业设置口径上，除了要不断改进目前的专业口径外，还可以借鉴国外一流大学的举措，即鼓励学生广泛选修课程，尤其是跨学科选修课程，以厚基础、宽口径的课程设置来开阔学生的专业适应面。

### 三、优化课程设置方式，着眼大学生个性发展

首先，要调整课程结构。一是必须大力提高通识课程在课程结构中的比例。目前我国一流大学的通识课程中，以政治课、品德课、英语课、体育课为代表的公共基础课占了相当高的比例，这些课程并非不重要，但如果主要以这些课程充当通识课程的话，则很难达到通识教育的目的，因此，应该大幅度提高其他类型的通识课，例如自然科学类、社会科学类，尤其是人文学科的课程比例，以指定选修和自由选修的形式，既保证学生在较广的学科门类上全面涉猎，又给与学生充分的选择自由，照顾到每个学生的个性差异。二是降低必修课的比重，提高选修课的比重。以本书调研的情况来看，目前各一流大学个性化人才培养模式的课程结构中，必修课的比例仍然相当高，必修课比例过高，一方面加重了学生的学习负担，另一方面使学生自由选修的精力和时间变得十分有限，学生没有充分的时间去学习自己感兴趣的课程。从国外一流大学的课程结构看，通过降低必修课的比重，提高选修课的比重，开设大量的选修课程，是国外一流大学在课程改革中促进学生个性发展的重要举措。开设大量的选修课并给予学生充分的学习自由，能培养学生在规划自身学习进程和自我发展中的自主性、主动性和能动性，并在自由学习中找到自己的兴趣和特长，实现个性化发展。就如雅斯贝尔斯所言："如果经过严格条件挑选出来的大学生，在整个学习期间仍要走一条由学校规定控制的安稳之路，然后达其终点，这就不成其为大学了。高等学府的本质在于，对学生的选择是以每个人对自己负责的行动为前提，他所负的责任也包括了到头来一无所成、一无所能之冒险。"[①]

其次，要优化课程内容。课程内容优化的主要目标在于提高学生的创造性。一是必须大力提高通识课程的质量。在我国部分一流大学已经

---

① 雅斯贝尔斯. 什么是教育[M]. 邹进, 译. 北京：生活·读书·新知三联书店，1991：147.

开始尝试进行按学科大类招生、推迟专业分流的背景下,重视通识教育,提高通识课程质量显得尤为迫切。一流大学要在大学层面切实提高对通识课程建设的重视程度,提出合理的通识教育课程目标,摒弃将通识课程看做专业课程的点缀和补充的观念。要聘请专家对通识课程进行规划和设计,建设整体课程计划。同时要加大对通识课程的经费支持力度,激励各院系的优秀教师开设高质量的通识课程。要探索设立通识课程委员会,对通识课程进行独立的协调、监管和更新。另外,要研究通识课程与专业课程的融合和衔接,使通识课程与专业课程在学生四年学习中形成匹配互补。二是要提高专业课程的质量。要进一步提高单科性课程的深度和前沿性,注重学科研究思维和研究方法的启迪。对于个性化培养模式的学生,他们大都个性突出,智力水平较高,通过前期基础知识的学习,在专业课程质量上有更高的要求,因此可以有针对性的提高专业课程的深度和前沿性。同时,要加强跨学科课程的开发建设力度。当前国外一流大学课程改革的重要趋势之一就是极其重视跨学科课程的建设。就我国一流大学的现状来看,一方面要突破专业选修课的院系限制,鼓励和引导学生跨专业选修课程。还可以邀请不同学科背景的外校教授开设讲座或选修课;另一方面要加大跨学科课程的开发力度,吸引有交叉学科背景的教师设计开发跨学科课程;或者由不同学科背景的教师从各自学科的视角和研究方法出发,来共同讲授一门跨学科课程;或者以研究课题为基础组织课程,培养学生整合多学科知识解决问题的能力。

## 四、健全教学制度体系,促进大学生个性发展

首先,要进一步完善学分制。学分制体现了教育应该因人而异和因材施教的思想,通过对总学分的要求实现了对学生学习结果的最基本的测量和评定,而对学生的学习过程,包括学习时限、学习内容等都给予了充分的自由。要完善学分制,一是要大力完善选课制。从学分制在西方的起源和发展来看,其产生和发展与选课制密不可分,甚至可以说选课制是学分制建立的基础。提高选修学分占总学分的比例,开设多种多样的选修课,打破选修课的院系分割和限制,真正给予学生充分的选课自由,是学分制的优点得以发挥的根本前提。二是要调整学分分配比

例。各门课程的学分与计算学生成绩的学分绩点紧密相关，因此课程的学分很大程度上影响着学生的学习动机和学习态度。要改变不合理的学分分配，适当减少一些公共基础课过高的学分，提高选修学分比例。三是要推进配套制度改革。学分制的完善离不开人事分配制度、学籍管理制度、后勤服务管理和校际学分互认等制度的配合改革，完善学分制要同步推进上述相关制度的改革。

其次，要进一步完善导师制。导师制是实施因材施教的重要教学制度。完善导师制，一是各一流大学要在大学层面提高对导师制的重视程度，并通过探索建立导师委员会等机制，在大学层面对导师制进行制度设计和规范管理。为此，要首先在院系建立导师工作组，由各院系导师组的负责人和相关职能部门负责人组成校级导师委员会，导师委员会负责导师制的顶层设计、督导监督、经验交流等工作。院系导师工作组的职责在于遴选导师、协调导师工作职责、反馈导师意见建议、建立学生投诉和反馈渠道、考核导师工作成效等。二是要建立导师指导制度。应该建立明确规范的导师定期指导制度，要求以师生见面交流的形式，明确指导的周期或时间，指导的内容等。三是要建立导师激励和考评制度。导师受聘期间指导学生的工作要计算工作量，工作量的内容应该项目化和具体化，要完善学生评价导师机制，重视学生意见的反馈，将导师考核结果与年度考核、工资奖金分配、职务职称晋级相挂钩。

其三，要继续健全科研制。科研制是培养学生创造个性的重要制度。一是要结合导师制和课程设置，吸收学生参与导师在研课题，或者在课程教学中加大研究性教学和研讨性内容的分量，要求学生在教师指导下，提交研究论文或研究报告等。二是开设专门的科研课程，重点讲授研究思维和研究方法，并结合大量的科研练习，专门训练和培养学生的创造个性。三是为学生提供充分的科研项目和经费支持，加大对学生科研项目的指导力度。四是在教学评价中设置适当的科研评价内容和标准，引导学生重视创造个性的发展。

其四，要继续完善访学制。访学制是学生接触学术前沿，开阔学术视野和形成跨学科、跨文化理解交流能力的重要制度，对学生个性发展有重要的促进作用。完善访学制，一是各一流大学要从各自的校情出发，努力扩大学校的国际化程度，寻找更多的国外和国内合作高校，为学生提供更多的访学项目和访学机会。尤其是参与个性化人才培养模式的学生，应该保证每位学生都有国外或国内访学的机会。二是要提高访学项目的学术价值，使学生能够进入世界一流大学的研究所、实验室或参加高水平的学术会议，与世界一流大学的教授、科研人员、学生等近距离接触，获得学术上的提升。三是要加大对访学项目的经费支持力度，避免使"钱"的问题成为学生访学路上的障碍。

其五，要继续改革实习制。实习制是学生理论联系实际，培养实践动手能力以提高创造个性的重要途径。一是在实习形式上，要将集中实习和分散实习相结合，发挥二者各自的优点，同时探索更加多样化的实习形式。例如对于那些要求实践动手能力强的学科专业，集中实习的形式并不能完全达到理想的效果，比如"张之洞实验班"的农科班，集中实习主要是在大学三年级的暑假期间，时间较短并且不能保证每位学生都有充足的实践机会。可以探索将实习分散到平常的教学中，有的课程可以用理论教学结合实践教学和实习的形式来进行，有的实验课程也可以加入实习的内容，通过集中实习和平时的分散实习，可以更好地提高学生的实习效果。二是在实习内容上，要使学生能够深入到生产实践的一线，保证每位学生都有足够的操作动手机会，并加强对学生实习的指导。

### 五、革新教学组织形式，提升大学生主体个性

教育本来就是一种活动，构建个性化人才培养模式更需要关注这种活动的优化。知识的教育价值要经过学生的活动才能转化为学生的个性素质。如果我们承认学生是教育教学活动的主体，承认学生的活动是他们个性素质发展的基础，那么就必须清醒地认识到，学生在教育教学过程中的不同活动方式会引起不同的发展，选择一种教育活动方式意味着为学生选择一种发展方式和发展结果[1]。因此，教学组织形式很大程度上决定着学生个性发展的程度和水平。

要革新教学组织形式，一是要在现有小班化教学的基础上，努力扩

---

[1] 王道俊，郭文安. 主体教育论[M]. 北京：人民教育出版社，2005：42.

大实行小班化教学的课程的比例。一流大学要因校制宜,努力将优质教学资源向个性化人才培养模式倾斜。从本书调研的情况来看,尽管目前各个性化人才培养模式都没有独立组织教学的资源和条件,相当数量的课程教学都要依附专业院系开展,但教学组织形式仍有较大的改善空间,有的一流大学已经取得了较好的成效,例如本书调研的模式中,"张之洞实验班"实行小班独立上课的比例较高,应该保持并争取扩大小班教学的比例,而"楚才学院"和"博雅计划"则应该在小班教学上做出更积极的探索。二是提高小班教学的教学质量,积极探索启发式、参与式和探究式教学,突出学生的教学主体地位,在教学活动中通过引导学生的活动来提升学生的主体性、培养学生的创造性。在教学中,教师的讲解和演示是必要的,但目的在于引导和示范,教师的活动不能代替学生自主的思维操作和行动操作,只有经过自己能动地、自主地思考和实践,学生才能灵活掌握知识,养成良好的思维方式和行动方式,并将其内化为个性素质。在教学中要培养学生的创造性,就要引导学生发现问题和提出问题,鼓励学生探索和解决问题,支持学生的独立见解,宽容学生的失误①。唯有教师注意启发并善于引导学生独立思考、进行探索与反思的教育,才能使学生的个性、主体性充分发展,具有较高的创造性和自主性②。

## 六、创新教学管理模式,服务大学生个性发展

首先,要树立以人为本、以生为先的管理思想。转变管理思想是创新教学管理模式的前提,只有确立适应个性化教育的管理思想,才能够准确聚焦现有教学管理模式的弊端,有效引导教学管理模式改革。人才培养是大学的基本职能,培养一流人才更应是一流大学改革发展的出发点,离开人才培养,大学发展科学和服务社会的职能也难以实现。因此,大学教学管理模式的改革应紧紧围绕"一切为了学生,为了一切学生,为了学生的一切"原则,在改革中贯彻以人为本、以生为先的教学管理思想。

---

① 王道俊,郭文安. 主体教育论[M]. 北京:人民教育出版社,2005:43.
② 王道俊,郭文安. 主体教育论[M]. 北京:人民教育出版社,2005:60.

其次，要完善以学院为主体的教学管理体制。在大学整体的教学管理改革上，要继续完善院系作为管理主体的职、责、权。对于具体的教学管理事务而言，各个院系作为管理基层单位，它们与教学活动的关系直接和紧密，对于教学管理的现状感受更为敏感和准确，因此应该赋予院系更多的教学管理权限，适度下放学校的教学管理权力，明确学校和院系教学管理的职责权，减少对院系教学科研活动的直接干预，让院系在教学管理改革中担当更重要的角色。在此基础上，对于个性化人才培养模式的教学管理，应该建立与其他专业学院平行的专职学院进行管理，避免由其他专业学院代为管理所产生的诸多问题。例如"楚才学院"的教学管理模式就是实行单独自主管理，同时应该授予充分的教学自主权，使其能够有效协调与其他专业院系教学资源的使用。各一流大学应根据自己的实际情况，努力增加可供个性化人才培养模式专门使用的教学资源。

其三，要充分尊重学生的自主权。一是赋予学生知情权。一流大学在选拔招收参加个性化人才培养模式的学生时，就应该让他们完全充分了解教学管理上的特点，让学生知道培养方案、师资安排、经费使用、评优评奖以及住宿生活上的有关措施和规定，让他们明确自己所享有的学习权力和学习自由，同时教学管理部门应该加强与学生的沟通，让他们在有疑难困惑时能够得到及时有效的帮助。二是给予学生选择权。要充分保障学生的学习权力和学习自由，给予学生自我设计、自主选择和自主发展的空间，在学校的适当指导下，让他们自由选择专业、选修课程、选择教师、选择学习方式和学习年限等。三是授予学生参与权。一种科学民主的教学管理模式离不开管理者、教师、学生的共同参与，教学管理水平的提高必须要重视学生的需要和意见。大学生参与教学管理，对培养主体意识和自主自立能力有很大益处，在教学管理中，在制定培养方案、对教师的教学评价等事务上要保障学生的参与权，重视听取学生的意见，现在有部分大学实行的"教学听证会"就值得提倡。另一方面，学生参与教学管理为大学提高教学管理水平提供了重要的反馈渠道，一种教学管理模式是否合理，学生有很大的发言权，构建与个性化培养模式相适应的教学管理模式，离不开学生的积极参与。

## 七、加强隐性课程建设，培养大学生和谐个性

大学不仅是知识的殿堂，更应该成为大学生个性和谐发展的殿堂。事实证明，没有个性的和谐发展为基础，那么创新教育、素质教育、人的自由全面发展等也将成为空中楼阁。在大学这座殿堂里，被传扬的不应该仅仅是书本知识，被崇尚的不应该仅仅是一本本证书和文凭，更重要的是要在这座充满人文精神和人性关怀的殿堂里习得诚实、正直、善良、坚毅、责任心、同情心等许多无法用证书或分数来衡量，但却是一辈子受用不尽的财富。我国古代典籍《大学》提出："大学之道，在明明德，在亲民，在止于至善。"大学应该是培育有教养的人的神圣殿堂，而非有才无德的小人，更非恶人，甚至罪人的场所[①]。为此，我们在重视学生的个性教育的同时，不能不清楚地认识到和谐的个性才是创造未来的基石，才会真正地造福于人类和社会，而如果忽略甚至漠视个性的和谐发展，将导致一个人的极端个人主义思想与行为的膨胀和盛行，导致过分追求个人利益和自我实现而置社会和他人于不顾，其结果可能是灾难性的。

孕育丰富多彩的隐性课程形式，是促进大学生个性和谐发展的重要途径。国外一流大学隐性课程的特点在于构建了一种全时空的教育氛围，使校园学习生活的每个方面都与个人的全面发展紧密相连，让学生无论课堂内外都可以增进知识、培养能力、陶冶情操。要孕育隐性课程，一是要提升对隐性课程功能与地位的认识，要在各自大学精神的指引下，结合自身特色与定位，与课内教育形成合力，在政策与制度层面提出隐性课程建设的规划与方案。二是要以形成优秀的校园文化为目标。优秀校园文化的形成需要大学管理者、教育者、学生的全员参与，尤其是大学管理者要真正将育人放在大学工作的中心，倡导形成以学为尊、以师为先、以生为本的校园文化。三是要以引导和服务学生的课内、课外学习生活为依托。课内生活同样存在隐性课程，例如导师制的师生交往，如果学生的个性得到充分尊重，每一进步都得到赞扬，每一独立见解都得到呵护，每一积极发展倾向都得到鼓励，每一可能转化为

---

① 陈嘉. 大学的退却与坚守[M]. 昆明：云南大学出版社，2010：28.

进步的因素都得到珍惜,学生的主体性就能得到充分的发挥①。另外,国外一流大学的住宿学院制提醒我们,课外生活并不是放任自流的代名词,学生的课外时间与课内至少同等重要,必须要加以有效引导。要将学生宿舍变成一个学习、交流、自律的社区,对学生的社团活动要加强引导和规范,激励学生通过有意义的社团活动全面发展。

### 八、改革教学评价方式,关注大学生创造个性

教学评价方式一定程度上对教师的教学和学生的学习发挥着指挥棒的所用,教学评价方式得当,则可以引导学生的个性发展;教学评价方式不当,则阻碍学生的个性发展。改革教学评价方式,须从以下几个方面着手:

首先,在评价目的上,要将反馈、矫正与调控教学质量作为主要目的。教学评价的目的在于提高教学质量和人才培养质量。尤其对于个性化人才培养模式来说,教学评价更应成为促进素质教育和个性发展的有效手段,若将其目的定位于鉴别、选拔和淘汰,则评价很大程度上失去了促进教学的功能,加剧了唯考试唯分数的应试教育倾向。从调研的情况来看,目前教学评价的目的主要还是在于为学生排名、升学、评奖、就业等提供标准和依据。这种目的有存在的必要,但不应该成为主要的目的。要使教学评价目的真正向反馈、矫正和调控教学质量转移,各大学须提高对教学评价功能的认识,转变教学评价观,使教学评价发挥育人功能。

其次,在评价范围上,除了实施结果评价,要更加重视过程评价。过程评价是对学生学习一门课程的进程中知识、能力、情感等发展水平的全程性评价和综合性评价,包括学生平时课堂上的表现尤其是研讨课的发言讨论情况、课下个人阅读与研究的成果、与导师的交流情况、小组合作学习的成绩、测试成绩以及一些非智力素养的发展等。在评价课程成绩时,不应将期中、期末成绩简单相加,而应该将上述成绩综合而成,进一步提高过程评价的比重,使过程评价发挥对教学活动的良性推动力,引导学生主动学习、主动探索、主动研究,使学生的创新意识与

---

① 王道俊,郭文安. 主体教育论[M]. 北京:人民教育出版社,2005:46.

创新能力得以养成和提高。

其三，在评价依据上，要减少对考试分数的过分倚重，重视对创造性思维和实践能力的考察。在设计试题、试卷时，要充分认识试题试卷对学生能力培养的导向作用，试题应该基于课程教学的内容，为学生展现运用知识能力和创新思维提供空间。理论性课程的考试，在考察学生理解知识的基础上，更侧重于考察学生运用知识的能力；实践性课程的考试，在强调实践操作技能的同时，要更重视对学生运用理论知识创造性解决问题能力的考查。在考试的内容上，应该将考核基础知识、创新思维和实践能力合理组合，激发学生的创新意识和创新欲望，在评价时，加大对学生创造性思维和实践能力的考察力度。

其四，在评价方法上，要改变以考试为主的单一方法，探索更多元的教学评价方法。加德纳的多元智能理论指出，教学评价要通过多种渠道、采用多种形式，在不同的学习情境和生活情境下考察学生解决实际问题的能力。教师要做学生成长道路上的有心观察者，从多方面、采用多种形式和方法，来综合评价分析学生的优点与不足。要淡化一次性考核和单一考试方法，探索灵活的多样化的评价方法，运用课堂讨论、课下独立研究、撰写研究综述和小论文、设计实验方案、口试、面试等多种方法考核学生的科学素质、文化素质、心理素质。

# 结　　语

　　十年树木，百年树人。培养个性全面发展的杰出人才是一流大学孜孜以求的永恒目标。国外一流大学在相互学习和借鉴的基础上，经过长期的改革探索，形成了各有千秋、特色鲜明的个性化人才培养模式，培养出了大批杰出人才。当前我国一流大学正在通过个性化人才培养模式的改革探索迈向个性化教育的宏伟目标，在这一过程中，离不开对国外一流大学个性化人才培养模式特点和成功经验的认真研究与合理借鉴，同时也必须及时总结目前改革取得的成果与存在的不足，在理论研究和实践探索上不断完善、持续推进。

## 第一节　主要结论

　　本研究主要得出了以下几个方面的结论：
　　第一，一流大学个性化人才培养模式可以从八个构成要素和四个个性化维度进行构建和考察，八个构成要素是：人才培养理念、专业设置模式、课程设置方式、教学制度体系、教学组织形式、教学管理模式、隐性课程形式和教学评价方式。这八大要素主要通过前期大量的文献梳理，同时结合实地调研，按照一定的逻辑层次分析构建而来。各个要素既相互独立又有机联系，合理地构成了人才培养模式的系统，既能整体上把握又可从具体细节上考察人才培养模式的关键特征。四个个性化维度是：独特性、主体性、创造性、和谐性，体现了教育学、人才学视野中个性发展的合理内涵。
　　第二，重视人才培养模式创新，促进人才培养模式的个性化是国外一流大学保持领先地位和培养大批杰出人才的重要原因。本书所选取的美国、英国、德国、法国和日本等国家的八所一流大学，兼顾了地域、文化、大学类别和规模上的差异，具有较好的代表性。研究发现，无论是规模庞大的综合性大学如哈佛和斯坦福，还是规模很小的袖珍型大学如普林斯顿和巴黎高师，无论是西方还是东方的一流大学，都无不注重创新人才培养模式，通过在人才培养模式每一个要素和环节上的精雕细琢，促进学生个性的全面发展和实现全面发展的个性，从而保持了一流的教育质量和培养出大批杰出人才。

第三，我国一流大学个性化人才培养模式的个性化程度仍然较低。在理论建构、比较研究和实地调研的基础上，本研究发现，整体来看我国一流大学个性化人才培养模式的个性化程度仍然较低。本研究调研的四所一流大学，涵盖一流大学建设高校、一流学科建设高校和省属重点高校，具有较为广泛的代表性。四所一流大学的个性化人才培养模式各有特点，取得的成效差异较大，有的大学精心设计、大胆探索，取得的成绩值得肯定，有的大学则相对保守、踟蹰不前，面临较多的问题和困境。但从整体来看，我国一流大学个性化人才培养模式中存在的问题较多，无论是与国外一流大学人才培养模式的个性化程度相比，还是在满足我国一流大学学生个性发展的需求上，我国一流大学个性化人才培养模式改革探索的现状仍不容乐观。

第四，应该从宏观的视野出发，分析我国一流大学个性化人才培养模式存在问题的原因。我国一流大学个性化人才培养模式中的问题及其原因是多方面的，既有大学内部的教学科研失衡、师资建设等方面的原因，也有宏观层次的文化、教育等方面的原因。本书认为根源主要在于宏观层次的文化、教育大系统以及高等教育价值取向、人才培养顶层设计和高等教育管理等方面。中观和微观层面的原因很大程度上也是由宏观方面的原因所造成的。传统文化对于个性解放的压抑、基础教育对个性培养的制约、高等教育价值取向对个性发展的忽视以及人才培养顶层设计缺位和高等教育管理体制僵化，是造成我国一流大学个性化人才培养模式中的问题的主要原因。

第五，我国一流大学个性化人才培养模式的完善需要从不同的层面统筹协调进行。我国一流大学个性化人才培养模式的构建是在社会大系统和高等教育系统中进行，构建的成效取决于社会大系统和高等教育系统的变革与配合，只有社会产生出鼓励个性张扬的文化、高等教育系统更加向个性化教育转变，一流大学才能获得构建个性化人才培养模式的氛围、资源和条件。同时，一流大学也是文化创新和高等教育变革的发源地和主力军，在构建个性化人才培养模式、推动个性化教育上，一流大学不能被动等待，必须大胆探索、主动创新，通过深化个性化人才培养模式改革，推动建立个性化高等教育，引领高等教育系统和社会文化创新。

## 第二节 可能创新

本研究可能在以下方面有所创新：

第一，以一流大学个性化人才培养模式为研究选题，在当前尚属于新的研究课题。以往对于大学人才培养模式的研究多集中于对传统人才培养模式的泛泛批判，或集中探讨某一专业、类型的人才培养模式的问题与对策，对一流大学本科个性化人才培养模式的系统研究几乎处于空白。尤其是近年来我国一流大学纷纷探索构建个性化人才培养模式时，选择该主题进行研究具有极大的理论价值和现实意义，然而在现有研究中，以"一流大学个性化人才培养模式"为主题的研究甚为稀少，在期刊论文中仅有寥寥数篇文献，还没有发现与该主题相同或有关的专著和博士学位论文。因此，本书的研究将填补和充实这一较为薄弱的研究领域。

第二，构建了新的关于一流大学个性化人才培养模式研究的理论框架。本书全面梳理总结了迄今有关人才培养模式研究的文献，对个性、个性化、一流大学个性化人才培养模式等概念进行了充分界定，提出了一流大学个性化人才培养模式的八个构成要素，并以多元智能理论、个性发展理论和高等教育分流理论为理论基础，形成了具有一定创新性的理论分析框架。

第三，从本书的分析框架出发，对国外八所一流大学的个性化人才培养模式进行了详细的考察,并总结了国外一流大学人才培养模式创新的共同经验,在比较研究上具有较新的视角和内容。

第四,以本书分析框架为基础,运用调查研究方法对我国四所不同层次的一流大学进行了调查,获得了鲜活、详实的第一手材料,使本研究对当前我国一流大学个性化人才培养模式改革的现状有更真实和更准确的把握,通过分析调查材料,能够更加准确的聚焦问题和解析原因,并提高了对策探讨的针对性。本书所获得的调查材料也是目前有关研究所缺乏的,今后能为丰富相关研究提供有力支撑。

## 第三节 不足之处

由于作者水平及客观条件所限,本研究的不足之处至少有以下几点:

其一,对教师和管理人员的访谈有待加强。在调查研究中,访谈法对本研究来说是极为重要和有效的调查方法,本研究也做了大量的访谈,但对学生的访谈较多,对教师和管理人员的访谈还不够充分,如能在研究中加大对教师和管理人员的访谈,则更有助于深化原因分析和对策探讨。

其二,原因分析有待深入。虽然本书主要从宏观的角度分析我国一流大学个性化人才培养模式存在问题的原因,但对于宏观的因素如何在中观的大学层次以及更微观的教师层次对人才培养模式产生影响的分析有待深入。

其三,对策探讨有待加强。一流大学如何在现有条件下,克服目前阻碍人才培养的不利因素,在人才培养模式的各个构成要素上,更加深入和具体地聚焦大学生个性发展,有关于此的对策探讨有待加强。

## 第四节 研究展望

本研究可以拓展的方面除了上述不足之处提到的三点,还可以在以下两个方面深入研究:

其一,与国外一流大学个性化人才培养模式的比较研究。我国一流大学个性化人才培养模式的构建和改革，需要结合自身国情校情，认真研究和合理借鉴国外一流大学人才培养模式创新的成功经验。本书虽然已进行了这方面的比较研究，但在材料挖掘和经验借鉴上还可以深入探索，加强对国外一流大学个性化人才培养模式改革动态的追踪和关注，更好地吸收他们的成功经验。

其二，进一步拓展调查的范围，调查更多的一流大学个性化人才培养模式，藉以加强研究的代表性和说服力。

# 参考文献

## 一、中文著作类

[1] 卡西尔. 人论 [M]. 甘阳，译. 上海：上海译文出版社，2017.

[2] 雅斯贝尔斯. 什么是教育 [M]. 邹进，译. 北京：生活·读书·新知三联书店，1991.

[3] 纽曼. 大学的理想 [M]. 徐辉，译. 杭州：浙江教育出版社，2001.

[4] 联合国教科文组织国际21世纪教育委员会. 教育：财富蕴藏其中 [M]. 北京：教育科学出版社，1996.

[5] 联合国教科文组织国际教育发展委员会. 学会生存：教育世界的今天和明天 [M]. 北京：北京教育科学出版社，1996.

[6] 赵祥麟，王承绪. 杜威教育论著选 [M]. 上海：华东师范大学出版社，1980.

[7] 查有梁. 教育建模 [M]. 南宁：广西教育出版社，1998.

[8] 鲁洁. 超越与创新 [M]. 北京：人民教育出版社，2001.

[9] 金耀基. 大学之理念 [M]. 北京：生活·读书·新知三联书店，2008.

[10] 王道俊，郭文安. 教育学 [M]. 北京：人民教育出版社，2009.

[11] 王道俊，郭文安. 主体教育论 [M]. 北京：人民教育出版社，2005.

[12] 林崇德，沈德立. 创造力心理学 [M]. 杭州：浙江人民出版

社，1996.

[13] 董泽芳. 教育社会学 [M]. 武汉：华中师范大学出版社，2009.

[14] 董泽芳，陶能祥. 高等教育分流的理论与实践 [M]. 武汉：华中师范大学出版社，2010.

[15] 王洪才. 大众高等教育论：高等教育大众化的文化：个性度研究 [M]. 广州：广东教育出版社，2004.

[16] 张应强. 高等教育现代化的反思与建构 [M]. 哈尔滨：黑龙江教育出版社，2000.

[17] 董云川. 找回大学精神 [M]. 昆明：云南大学出版社，2001.

[18] 刘献君. 高等学校个性化教育探索 [M]. 武汉：华中科技大学出版社，2012.

[19] 郭思乐. 教育走向生本 [M]. 北京：人民教育出版社，2001.

[20] 陈向明，等. 大学通识教育模式的探索：以北京大学元培计划为例 [M]. 北京：教育科学出版社，2008.

[21] 陈洪玲，于丽芬. 高校扩招后人才培养模式的理论与实践 [M]. 北京：北京师范大学出版社，2011.

[22] 魏所康. 培养模式论 [M]. 南京：东南大学出版社，2004.

[23] 熊思东，李均，等. 通识教育与大学：中国的探索 [M]. 北京：科学出版社，2010.

[24] 亨利·罗索夫斯基. 美国校园文化：学生·教授·管理 [M]. 济南：山东人民出版社，1996.

[25] 林金辉. 高素质创新人才培养模式研究 [M]. 厦门：厦门大学出版社，2016.

[26] 何秀煌. 从通识教育的观点看：文明教育和人性教育的反思 [M]. 香港：海啸出版事业有限公司，1998.

[27] 怀特海. 教育的目的 [M]. 徐汝舟，译. 北京：生活·读书·新知三联书店，2002.

[28] 杨东平. 大学精神 [M]. 沈阳：辽海出版社，2000.

[29] 王义遒. 文化素质与科学精神 [M]. 北京：北京大学出版社，

2003.

［30］林一. 走进世界一流大学［M］. 北京：当代世界出版社，2003.

［31］向洪. 哈佛理念［M］. 青岛：青岛出版社，2005.

［32］张家勇. 哈佛大学本科生课程改革研究［M］. 广州：广东教育出版社，2011.

［33］王则柯. 我所知道的普林斯顿［M］. 北京：中信出版社，2009.

［34］肖木，丽日. 普林斯顿大学［M］. 长沙：湖南教育出版社，1992.

［35］梁丽娟. 剑桥大学［M］. 长沙：湖南教育出版社，1996.

［36］金龙哲，王东杰. 东京大学［M］. 长沙：湖南教育出版社，1996.

［37］钟启泉，吴国平. 反思中国教育［M］. 上海：华东师范大学出版社，2007.

［38］弗洛姆. 为自己的人［M］. 孙依依，译. 北京：生活·读书·新知三联书店，1988.

［39］陈学飞. 美国高等教育发展史［M］. 成都：四川大学出版社，1989.

［40］陈学飞. 当代美国高等教育思想研究［M］. 沈阳：辽宁师范大学出版社，1996.

［41］李曼丽. 通识教育：一种大学教育观［M］. 北京：清华大学出版社，1999.

［42］朱清时. 21世纪高等教育改革与发展［R］. 北京：高等教育出版社，2002.

［43］冯增俊. 教育创新与民族创新精神［M］. 福州：福建教育出版社，2002.

［44］眭依凡. 学府之魂［M］. 南昌：江西教育出版社，2001.

［45］陈玉琨，等. 高等教育质量保障体系概论［M］. 北京：北京师范大学出版社，2004.

［46］董泽芳. 高等教育的生命线［M］. 武汉：武汉大学出版社，2009.

［47］孙昊哲. "世纪之问"的思索：大学生创新素质培养模式研究［M］. 北京：首都经济贸易大学出版社，2013.

［48］王战军. 中国研究型大学建设与发展［M］. 北京：高等教育出版社，2003.

［49］叶澜. 教育概论［M］. 北京：人民教育出版社，1991.

［50］柏林. 自由论［M］. 胡传胜，译. 南京：译林出版社，2003.

［51］杜威. 人的问题［M］. 傅统先，译. 上海：上海人民出版社，1986.

［52］陈厚丰. 中国高等学校分类与定位问题研究［M］. 长沙：湖南大学出版社，2004.

［53］刘文霞. 个性教育论［D］. 南京：南京师范大学，1997.

［54］过广宇. 素质教育的新思路：个性教育的理论与实证研究［D］. 上海：华东师范大学，2007.

［55］李伯黍，燕国材. 教育心理学［M］. 上海：华东师范大学出版社，2001.

［56］皮连生. 学与教的心理学［M］. 上海：华东师范大学出版社，2003.

［57］冯惠敏. 中国现代大学通识教育［M］. 武汉：武汉大学出版社，2004.

［58］潘懋元. 中国高等教育百年［M］. 广州：广东高等教育出版社，2003.

［59］陈嘉. 大学的退却与坚守［M］. 昆明：云南教育出版社，2010.

［60］布洛克. 西方人文主义传统［M］. 董乐山，译. 北京：生活·读书·新知三联书店，1997.

［61］加德纳. 智能的结构［M］. 兰金仁，译. 北京：光明日报出版社，1990.

［62］奇凯岑特米哈伊. 创造性：发现和发明的心理学［M］. 夏镇

平,译.上海:上海译文出版社,2001.

[63] 丁钢.创新:新世纪的教育使命[M].北京:教育科学出版社,2000.

[64] 田建国.创造教育学[M].大连:辽宁教育出版社,1989.

[65] 上官子木.创造力危机:中国教育现状反思[M].上海:华东师范大学出版社,2004.

[66] 刘道玉.创造教育新论[M].武汉:武汉大学出版社,2003.

[67] 林金辉.大学生创造性的发展与教育[M].厦门:厦门大学出版社,1995.

[68] 李兴业,等.非智力因素与创造力的培养[M].武汉:湖北教育出版社,2002.

[69] 杨国祥,等.创新人才培养理念与模式[M].南京:江苏大学出版社,2007.

[70] 张秋生,张力.创新人才培养模式培养拔尖创新人才[M].北京:北京交通大学出版社,2015.

## 二、中文论文类

[1] 董泽芳.高校人才培养模式的概念界定与要素解析[J].大学教育科学,2012(3):30-35.

[2] 董泽芳,张国强.科学发展观与高等教育和谐发展[J].高等教育研究,2006(1):1-6.

[3] 雷先科娃.个性的民主化[J].外国教育资料,1988(1):17-24.

[4] 顾明远.个性化教育与人才培养模式创新[J].中国教育学刊,2011(10):5-8.

[5] 冯建军.论个性化教育的理念[J].教育科学,2004(2):11-14.

[6] 刘文霞.对与人的个性相关的几个概念的辨析[J].心理科学,1997(3):280-281.

[7] 胡克英.教育与个性发展[J].教育研究与实验,1989(2):1-7.

[8] 俞信.对素质和人才培养模式的基本认识[J].高等工程教育研究,1997(4):9-11.

[9] 阴天榜，张建华. 论培养模式 [J]. 中国高教研究，1998（4）：46-47.

[10] 周建华，曹瑾. 论个性与重视个性发展 [J]. 中国高教研究，2001（7）：70-71.

[11] 文新华. 论人的全面发展与个性发展 [J]. 华东师范大学学报（教育科学版），2004（1）：7-13.

[12] 龚怡祖. 略论大学培养模式 [J]. 高等教育研究，1998（1）：86-87.

[13] 王树国. 关于一流大学拔尖人才培养模式的思考 [J]. 中国高等教育，2011（2）：9-11.

[14] 韩维仙，陈世瑛. 培养模式多样化的内涵、动因和特点 [J]. 现代大学教育，2001（3）：49-51.

[15] 徐和清，胡祖光. 人才培养模式及其绩效的实证研究 [J]. 高等工程教育研究，2007（5）：72-77.

[16] 刘献君，吴洪富. 人才培养模式改革的内涵、制约与出路 [J]. 中国高等教育，2009（12）：10-13.

[17] 刘献君. 创新教育理念推动人才培养模式改革 [J]. 中国高等教育，2009（1）：18-20.

[18] 曾冬梅，黄国勋. 人才培养模式改革的动因、层次与涵义 [J]. 高等工程教育研究，2003（1）：21-24.

[19] 曾冬梅，黄国勋. 人才培养模式整体改革探析 [J]. 中国高教研究，2003（7）：79-80.

[20] 郑群. 关于人才培养模式的概念与构成 [J]. 河南师范大学学报，2004（1）：187-188.

[21] 付景川，姚岚. 研究型大学本科人才培养模式：问题及改进策略 [J]. 教育研究，2010（6）：77-82.

[22] 熊庆年. 改革人才培养模式要着眼于价值重建 [J]. 中国高等教育，2009（19）：27-29.

[23] 邬大光. 本科教育需要更深入更全面的改革 [N]. 科学时报，2008-08-19.

[24] 王伟廉. 提高教育质量的关键：深化人才培养模式改革 [J]. 教育研究，2009 (12)：30-34.

[25] 王伟廉. 人才培养模式：教育质量的首要问题 [J]. 中国高等教育，2009 (8)：24-26.

[26] 王伟廉，马凤岐，陈小红. 人才培养模式的顶层设计和目标平台建设 [J]. 教育研究，2011 (2)：58-63.

[27] 唐一科. 高校人才培养模式的改革与实践创新 [J]. 中国高教研究，2003 (1)：39-41.

[28] 赵菊珊. 依托"三创"教育探索建立综合性大学创新人才培养模式 [J]. 中国大学教学，2011 (5)：15-18.

[29] 李彬. 产业结构的调整与人才需求及其培养模式 [J]. 高等工程教育研究，2006 (5)：70-74.

[30] 郝克明，马陆亭. 关于培养高素质创新人才的探讨 [J]. 教育研究，2007 (6)：3-12.

[31] 浩歌. 改革人才培养模式亟需上下互动 [J]. 中国高等教育，2010 (18)：1.

[32] 浩歌. 探寻创新大学人才培养模式的突破口 [J]. 中国高等教育，2011 (1)：1.

[33] 刘智运. 创新人才的培养目标、培养模式和实施要点 [J]. 中国大学教学，2011 (1)：12-15.

[34] 刘朝亚，王润孝，支希哲. 以优化课程考试推进人才培养模式改革 [J]. 中国大学教学，2011 (3)：31-33.

[35] 张家勇，张家智. 哈佛大学本科生住宿制和导师制 [J]. 比较教育研究，2007 (1)：75-79.

[36] 刘宝存. 大学的创新与保守：哈佛大学创建世界一流大学之路 [J]. 比较教育研究，2005 (1)：35-42.

[37] 周南照. 教育改革与文化观念转变 [J]. 教育研究，1987 (2)：10-14.

[38] 徐晓媛，史代敏. 拔尖创新人才培养模式的调研与思考 [J]. 国家教育行政学院学报，2011 (4)：81-84.

[39] 王英杰. 学术神圣：大学制度构建的基石 [J]. 探索与争鸣, 2010 (3)：13-14.

[40] 陈学飞. 应确立为大学生未来发展服务的价值目标 [J]. 中国高等教育, 2001 (22)：23-24.

[41] 王炳照. 谈世界一流大学的共性与个性问题 [J]. 清华大学教育研究, 2003 (3)：51-53.

[42] 陈尤文. 感受哈佛的研究式教学 [J]. 党政论坛, 2007 (9)：44-45.

[43] 王静. 访巴黎高师校长加伯利埃尔·于杰 [N]. 科学时报, 2002-9-7.

[44] 加伯利埃尔·于杰. 巴黎高等师范学校的专业：怎样共存和竞争 [J]. 北京师范大学学报, 2002 (6)：36-39.

[45] 别敦荣, 蒋馨岚. 牛津大学的发展历程、教育理念及其启示 [J]. 复旦教育论坛, 2011 (2)：72-77.

[46] 别敦荣, 张征. 斯坦福大学的教育理念及其启示 [J]. 国家教育行政学院学报, 2011 (4)：85-90.

[47] 高宗泽, 蔡亭亭. 斯坦福大学的人才培养模式及其特点 [J]. 外国教育研究, 2009 (3)：61-65.

[48] 茹宁. 剑桥大学的住宿制和导师制 [J]. 考试研究, 2012 (4)：45-48.

[49] 王英杰. 在创新与传统之间：斯坦福大学的发展道路 [J]. 北京大学教育评论, 2004 (3)：80-86.

[50] 刘兆青, 陈敏. 基于情境认知理论的工科生企业实习现状研究 [J]. 高等工程教育研究, 2013 (2)：170-175.

[51] 董泽芳, 王晓辉. 国外一流大学人才培养模式的共同特点及启示 [J]. 国家教育行政学院学报, 2014 (4)：83-89.

[52] 董泽芳, 王晓辉. 普林斯顿大学本科人才培养模式的特点及启示 [J]. 高教探索, 2014 (2)：77-81.

[53] 杜智萍. 牛津大学本科生导师制教学模式探析 [J]. 大学教育科学, 2006 (6)：50-53.

[54] 郝翠屏. 剑桥大学本科教育观察与启示 [J]. 中国大学教学, 2012（8）: 93-96.

[55] 张楚廷. 全面发展实质即个性发展 [J]. 北京大学教育评论, 2004（2）: 70-74.

[56] 朱志勇. 人的个性: 涵义、类型与价值 [J]. 社会科学战线, 2007（5）: 38-41.

[57] 加德纳. 多元智能理论二十年 [J]. 人民教育, 2003（17）: 7-11.

[58] 加德纳. 我是怎样提出多元智能理论的 [J]. 人民教育, 2008（9）: 6-7.

[59] 刘树仁. 多元智能理论及其对个性培养的启示 [J]. 教育探索, 2007（7）: 113-114.

[60] 罗志敏. 基于多元智能理论的大学创新文化培育 [J]. 高等工程教育研究, 2010（2）: 47-49.

[61] 吴伟. 德国创业型大学人才培养模式探析: 以慕尼黑工业大学为例 [J]. 高教探索, 2011（1）: 69-73.

[62] 唐胜景. 对慕尼黑工业大学及德国高等教育的一点认识 [J]. 北京理工大学学报, 2007（4）: 181-184.

[63] 徐灵, 杨传贵. 基于启发式教学的德国高校科研创新机制研究及启示 [J]. 中国建设教育, 2012（6）: 21-24.

[64] 彭安臣. 慕尼黑工业大学本科教育特点及其启示 [J]. 高等教育研究学报, 2012（1）: 34-39.

[65] 徐辉. 实施大学生个性化教育改革的几点思考 [J]. 江苏高教, 2011（3）: 105-106.

[66] 王庭波, 刘艳平. 个性化教学模式的实践探索 [J]. 课程教材教法, 2011（8）: 24-29.

[67] 王速. 个性化教育及其本质涵义 [J]. 华北电力大学学报, 2007（2）: 124-126.

[68] 顾明远. 铸造大学的灵魂: 一流大学建设的关键所在 [J]. 清华大学教育研究, 2003（3）: 48-49.

[69] 刘道玉．论一流大学的功能定位［J］．高教探索，2010（1）：5-9．

[70] 丁学良．什么是世界一流大学［J］．高等教育研究，2001（3）：4-9．

[71] 王义遒．建设世界一流大学究竟靠什么［J］．高等教育研究，2011（1）：1-6．

[72] 谷贤林．比较视野中的中国一流大学建设［J］．比较教育研究，2001（5）：8-15．

[73] 刘承功．探索一流大学建设的中国模式：2010研讨会综述［J］．复旦教育论坛，2010（6）：5-7．

[74] 汪明义．关于加快教育理念和人才培养模式转变的探索［J］．中国高等教育，2011（8）：9-11．

[75] 林建华等．创新人才培养模式为学生提供最好的教育［J］．中国高等教育，2005（1）：9-11．

[76] 黄建钢．培养模式创新与创新人才培养［J］．中国高等教育，2010（9）：41-42．

[77] 徐高明，张红霞．我国一流大学创新人才培养模式的新突破与老问题［J］．复旦教育论坛，2010（6）：61-66．

[78] 李海鹏．我国创新型人才培养模式的改革与探索［J］．西安交通大学学报，2011（3）：95-98．

[79] 卢晓中．高等教育走向"社会中心"与人才培养模式变革［J］．教育发展研究，2011（19）：27-30．

[80] 杨学义．创新人才培养模式造就高端国际化人才［J］．中国高等教育，2010（19）：19-20．

[81] 魏萍．大学生综合素质培养模式研究与改革实践［J］．江苏高教，2011（2）：135-136．

[82] 张建斌，张颖洁．高等教育大众化背景下人才分型培养模式探析［J］．黑龙江高教研究，2010（12）：144-146．

[83] 马廷奇，史加翠．创新人才培养与大学人才培养模式改革［J］．现代教育科学，2011（5）：104-107．

[84] 王平祥，唐铁军，刘薇，等．构建人才培养模式创新实验区的探索［J］．中国大学教学，2010（5）：50-52．

[85] 刘建清，郑伦楚．重点大学复合型创新英才培养模式探讨［J］．中国大学教学，2009（12）：36-38．

[86] 洪大用．积极探索人文社会科学拔尖创新人才培养模式［J］．中国高等教育，2010（13）：41-43．

[87] 陈智勇．学分制管理视角下的大学生创新能力培养模式研究［J］．黑龙江高教研究，2010（8）：140-142．

[88] 周洪宇，鲍成中．第三次工业革命与人才培养模式变革［J］．教育研究，2013（10）：4-9．

[89] 莫甲凤．中国研究型大学人才培养模式：概念模型与基本特征：基于全国15所"985工程"高校学生的调查分析［J］．中国高教研究，2016（9）：69-76．

[90] 聂建峰．关于大学人才培养模式几个关键问题的分析［J］．国家教育行政学院学报，2018（3）：23-28．

## 三、外文类

［1］LIVINGSTONE R. The future in education［M］. London：Cambridge University Press，1941.

［2］WHITEHEAD A N. Science and the modern world［M］. London：Cambridge University Press，1927.

［3］NEWMAN J H. The idea of a university［M］. New York：Images Books，1959.

［4］PETERS R S. Ethics & Education［M］. London：George Allen，1970.

［5］ASHBY E. Technology and the academics［M］. New York：St. Martin's Press，1984.

［6］FLEXNER A. University：American，English，German［M］. New York：Oxford University Press，1930.

［7］Bell R E. Present and future in higher education［M］. London：Tavistock，2005.

[8] KERR C. The great transformation in higher education [M]. New York: State Universtiy of New York Press, 1991.

[9] ALLEN M. The goals of university [M]. Buckingham: Open Universtiy Press, 1992.

[10] SAMUEL ELIOT MORISON. Three centuries of harvard: 1636-1936 [M]. Cambridge. MA: Harvard University Press, 1994.

[11] HUTCHINS R M. Education for freedom [M]. Baton Rouge: Louisiana State University Press, 1943.

[12] BERLIN, ISAIAH. the Crooked timber of humanity: chapters in the history of ideas [M]. New York: Alfred A. Knopf, 1991.

[13] MARITAIN, JACQUES. Education at the Crossroads [M]. New Haven: Yale University Press, 1960.

[14] MOBERLY, WALTER HAMILTON. The university and cultural leadership [M]. Oxford: Oxford University Press, 1995.

[15] VEYSEY L R. The emergence of the American univesity [M]. Chicago: University of Chicago Press, 1974.

[16] ROGER G NOIL. Challenges to research universities [M]. Washington, D. C: Brooking Institution Press, 1997.

[17] AMABILE T M. The social psychology of creativity [M]. London: Cambridge Univercity Press, 1983.

[18] GARDNER H. Creating minds: an anatomy of creativity seen through the lives of Freud, Einstein, Picasso, Seravinsky, Eliot, Graham, and Ghandi [M]. New York: Basic Books, 1993.

[19] GUILFORD. The nature of human intelligengce [M]. New York: McGraw-Hill, 1967.

[20] ANIEO, JOSEPH ANTHONY. Teacher and student relationships for improvements in creativity [D]. Jashville: Peabody Colledge of Vanderbilt University, the Degree of Doctor of Education, 2003.

[21] NEIHUA. Individual and enviroment influences on chinese student creativity [D]. New Haven: Yale University, in Candidacy for the Degree

of Doctor of Philosopgy，2003.

［22］ DAVIS C. Realising our potertial［J］. Higher education review，2011（5）.

［23］ SEGAL M. Creativity and personality type：tools for understanding and inspiring the many voices of creativity［J］. Higher education review，2011（5）.

［24］ GRODON VN. Advising major-changers：students in transition［J］. Nacada-joural，1992（12）.

［25］ SMITH K. Making an good art of assessment form［J］. Higher education review，2012（1）.

# 附　　录

**附录一：**

### 高校个性化人才培养模式调查问卷

亲爱的同学：

　　你好！我们是重点课题"高校人才培养模式改革研究"项目组的成员，目前正在进行一项有关高校个性化人才培养模式的调查研究，恳请你抽出宝贵时间帮助我们完成问卷。此问卷采用不记名方式，不涉及个人隐私，你的回答仅供本次研究分析使用，请按照自己的感受如实填答。谢谢你的支持与合作！

湖北省高等教育学会

"高校人才培养模式改革研究"课题组

（填答说明：问卷中所有问题，如无特别说明，均为单选题。）

一、请选择符合你个人情况的一项，并在相应的选项上划"√"。

　1. 性　别： A 男　　　B 女
　2. 年　级： A 大一　　B 大二　　C 大三　　D 大四
　3. 你所在高校的类别是：A 985 高校　B 211 高校　C 省属重点高校　D 省属一般高校
　4. 入学时你的专业所属学科是：A 哲学　B 经济学　C 法学　D 教育学　E 文学　F 农学　G 理学　H 工学　I 历史学　J 管理学　K 医学　L 军事学

5．在参加本校的个性化人才培养模式之前，你对它的了解程度如何？

　　A非常了解　　　B比较了解　　C不太了解　　D完全不了解

6．你参加个性化人才培养模式的主要目的是：A提升自我，追求卓越　B发挥个人特长，追求个性发展　C想重新选择专业　D想在申请推荐免试研究生时获得加分奖励　　E出于好奇　F从众心理，身边同学的带动　G其他＿＿＿＿＿＿＿＿＿＿（请填写）

**二、请认真阅读下列问题，并在相应的选项上划"√"。**

1．你进入专业学习的时间是

　　A一年级开始　　B二年级开始　　C三年级开始

2．专业选择的范围是

　　A全校所有专业　　B在一定学科大类内选择专业　　C不能更改专业

3．进行专业分流的依据是（请按照重要程度由高到低的顺序将下列有关选项填入表格中）：

　　A学生本人的志愿和兴趣　　B知识结构　　C学习成绩　　D学分绩点　E专业预修课要求　　F院系接收名额

| 1 | 2 | 3 | 4 | 5 | 6 |
|---|---|---|---|---|---|
|   |   |   |   |   |   |

4．专业选定后是否可以再更改　　　　A是　　B否

5．如果没有合适的专业，学生是否可以设计新专业　A是　　B否

6．是否有交叉学科专业供学生选择　　　A是　　B否

7．是否实行完全学分制　　　A是　　B否

8．是否实行弹性学制　　　A是　　B否

9．是否能在全校范围内跨专业自由选修课程　　　A是　　B否

10．是否实行主辅修制　　　A是　　B否

11．是否实行双学位制　　　A是　　B否

12．是否实行全程导师制　　　A是　　B否

13．是否有国内访学（交流）制度　　　A是　　B否

14．是否有国际访学（交流）制度　　　A是　　B否

15．是否有实习制度　　　A 是　　　B 否

16．是否有本科生科研训练制度　　A 是　　B 否

17．在考核学生时，考核的范围是

A 学习结果　B 学习过程　C 学习结果和学习过程相结合

18．考核学生的主要目的是

A 鉴别和淘汰学生　　B 反馈和矫正教学与学习

19．考核学生的主要依据是（可多选）

A 考试成绩　B 学分要求　C 科研成果　D 实践能力　E 思想品德

20．考核学生的主要方法是（可多选）

A 统一闭卷理论考试　B 实践操作　C 提交论文　D 口试、答辩

**三、以下描述与你参加的个性化人才培养模式的符合程度如何？请在下表中相应处划"√"。**

| 描述 | 符合 | 比较符合 | 普通 | 不太符合 | 不符合 |
| --- | --- | --- | --- | --- | --- |
| 1．将"以生为本"理念作为教育活动的根本出发点 | | | | | |
| 2．教育活动注意了解和尊重学生的个性差异 | | | | | |
| 3．教育活动尊重学生主体地位，重视学生主体性培养 | | | | | |
| 4．重视学生创新能力的培养 | | | | | |
| 5．促进学生个性发展和全面发展相统一 | | | | | |
| 6．进入专业教育的时机恰当 | | | | | |
| 7．专业分流时能充分满足个人的志愿和兴趣 | | | | | |
| 8．专业选择的范围能充分满足个人的志愿和兴趣 | | | | | |
| 9．专业口径设置较宽，专业适应面广 | | | | | |
| 10．专业教育时间充足，专业功底扎实 | | | | | |
| 11．总体课程门类开设合理，能掌握专业应具备的知识和能力 | | | | | |
| 12．课程内容理论与实践并重 | | | | | |
| 13．课程内容反映学科的主要知识、方法论和发展前沿 | | | | | |
| 14．通识课程能明显提高自己的科学素养和人文素养 | | | | | |

续表

| 描　述 | 符合 | 比较符合 | 普通 | 不太符合 | 不符合 |
|---|---|---|---|---|---|
| 15. 学分制中必修学分要求合理 | | | | | |
| 16. 学分制中选修学分要求合理 | | | | | |
| 17. 实习制度效果好 | | | | | |
| 18. 导师与学生有定期交流制度 | | | | | |
| 19. 导师能因材施教，进行个性化指导 | | | | | |
| 20. 导师制度效果好 | | | | | |
| 21. 科研训练制度健全，每位学生都有充分的科研机会 | | | | | |
| 22. 为本科生科研提供充分的设施条件和经费资助 | | | | | |
| 23. 教学组织形式灵活多样 | | | | | |
| 24. 经常举行小班研讨课 | | | | | |
| 25. 注重采用启发式教学 | | | | | |
| 26. 注重采用参与式教学 | | | | | |
| 27. 校园文化良好，对学生产生潜移默化的熏陶 | | | | | |
| 28. 社团活动丰富、有意义 | | | | | |
| 29. 在课堂教学之外，师生之间交流管道畅通 | | | | | |
| 30. 在课外，在学习、生活、人际交往等方面都能得到指导和帮助 | | | | | |
| 31. 与同班其他专业同学交流机会多 | | | | | |
| 32. 教学管理制度灵活，能够适应学生的个体差异 | | | | | |
| 33. 教师能自主决定所教课程的考核内容和方式 | | | | | |
| 34. 课程考试内容重视对创造性思维能力的考核 | | | | | |
| 35. 考试结果能促进教师了解教学不足，改进教学效果 | | | | | |

四、你对所参加的个性化人才培养模式感到最不满意的是什么，你对学校改进这种培养模式有何建议？

～问卷到此结束，再次感谢你的支持与合作！

## 附录二：

### "我国一流大学个性化人才培养模式研究"访谈提纲
#### （学生卷）

1. 请你谈谈你们是如何进行专业分流的？

分流的程序是怎样的？（核实一下分流的依据：个人的志愿和兴趣，知识结构、学习成绩、学分绩点、专业预修课要求及院系接收名额？）

在选择专业时，对专业是否有充分的了解？若有，是哪些途径？（通过选课？导师指导？）

你觉得你的专业口径是宽还是窄？你认为应如何改进？你觉得应该设置成交叉学科专业么？

2. 请你谈谈对课程设置的看法？（提供带课程表和学分的培养方案）

课程结构和课程内容是怎样的？你有何意见？

总的课程体系是？选课模式是怎样的？

前两年是否只学习通识课程？是否可以自由选修其他课程，以发现自身的兴趣和提前了解专业？通识课程有哪些课程？选课模式是怎样的？通识课程是否由相关院系开设？

后两年的专业课程是否课程学习压力较大？

在课程内容上，通识课程的效果如何？你有何意见？两年的专业课程是否能获得充分的专业知识和能力？你对专业课程有何意见？实践课程是否满意？不满意的原因是？

3. 你们学分制是如何实行的，请你谈谈对学分制的看法？

总学分是多少？必修学分和选修学分是多少？你觉得是否合理？不合理的地方是？

课程开设是否丰富，能否达到学分制自由选课，满足学生兴趣和特长的效果？

你们的科研训练制度是如何实行的？你有何意见？

请你谈谈对导师制的看法？你不满意的地方是？你认为该如何改进？

你对国际国内访学制还有实习制有何看法？

4. 你们主要采用哪些教学组织形式？（全是大班上课还是也有小班

研讨课?)

教师教学是满堂灌还是注意培养学生独立思考和主动探究能力？

你对教学有何意见？你认为该如何改进？

5. 你认为现行的教学管理是否能适应这种培养模式？

是否实行单独的教学管理，学生能否自主制定培养方案？根据个人情况自主安排学习进程？

你认为教学管理的主要问题在哪里？该如何改进？

6. 你认为在课程教学之外，应该在哪些方面加强校园学习生活的教育氛围？（如校园文化、师生交往、情感和心理指导、宿舍管理、社团活动等）

7. 如何考核学生？你认为在考核目的上应如何调整？你认为在考核范围上应做哪些改进？你认为在考核依据上应侧重什么？你认为在考核方法上应做哪些改进？

8. 你觉得这种培养理念是否科学先进？根据你的总体感受，培养模式是否与这种培养理念相符？如果不符，你觉得哪些地方有欠缺？

## "我国一流大学个性化人才培养模式研究"访谈提纲
### （教师卷）

1. 你认为人才培养理念有哪些问题？原因是什么？
2. 你认为专业设置模式有哪些问题？原因是什么？
3. 你认为课程设置方式有哪些问题？原因是什么？
4. 你认为教学制度体系有哪些问题？原因是什么？
5. 你认为教学组织形式有哪些问题？原因是什么？
6. 你认为教学管理模式有哪些问题？原因是什么？
7. 你认为隐性课程形式有哪些问题？原因是什么？
8. 你认为教学评价方式有哪些问题？原因是什么？

# 后 记

本书是在我的博士论文的基础上修改完善而成。书稿即将付梓之际，首先要感谢导师董泽芳教授！在我攻读博士学位期间，董老师在学术和智慧上的启迪，在精神和意志上的砥砺，在为人和处世上的示范，让我受益良多；在书稿修改过程中，董老师作为丛书的总设计师，多次主持召开丛书出版工作会议，对于丛书的出版定选题、指方向、提要求，并单独给我的书稿提出了许多具体而宝贵的修改意见。

在本书的调研过程中，感谢华中农业大学陈新忠教授，武汉大学王恒老师，华中师范大学胡中波老师的大力支持和热情帮助。华中农业大学经管学院、植物科学学院，武汉大学化学与分子科学学院，华中师范大学2011级博雅班，湖北大学楚才学院的老师和同学们积极参与了本书的调研，谢谢你们的配合和支持。

有幸结识同门许多志同道合的学友，给了我很多学术上的启发和精神上的鼓舞，尤其是师兄张茂林教授，与我从同门师兄弟再到一个单位的同事，师兄在学习、工作和生活上给了我很多关心和帮助，感谢师兄。

感谢信阳师范学院教育科学学院各位领导和同仁对本书稿出版的支持，以及对我工作生活的关心和帮助。

在我求学到工作的征途中，家人一直是我坚强的后盾，给予了我全力的支持，但我愧疚于对家人的照顾远远不够。感谢我的父母和妻子的理解与支持。

本书在写作和修改的过程中，参考引用了国内外许多专家学者的著作和论文，无法逐一列出，在此，对所有列出和没有列出的参考文献作者致谢。

王晓辉
2018年7月